新编21世纪职业教育精品教材·民航服务类

客舱安全与应急处置

（含活页实训手册）

主　编　严文婷　池锐宏
副主编　叶　赪　罗晓妍　杨丽明

Cabin Safety And Emergency Response

中国人民大学出版社
·北京·

图书在版编目（CIP）数据

客舱安全与应急处置 ：含活页实训手册 / 严文婷，池锐宏主编．-- 北京 ：中国人民大学出版社，2023.8
新编 21 世纪职业教育精品教材．民航服务类
ISBN 978-7-300-32039-7

Ⅰ.①客… Ⅱ.①严… ②池… Ⅲ.①民用航空－旅客运输－客舱－安全管理－职业教育－教材②民用航空－旅客运输－客舱－突发事件－处理－职业教育－教材 Ⅳ.① F560.82

中国国家版本馆 CIP 数据核字（2023）第 150108 号

新编 21 世纪职业教育精品教材·民航服务类
客舱安全与应急处置（含活页实训手册）
主　编　严文婷　池锐宏
副主编　叶　赪　罗晓妍　杨丽明
Kecang Anquan yu Yingji Chuzhi (Han Huoye Shixun Shouce)

出版发行	中国人民大学出版社		
社　　址	北京中关村大街 31 号	**邮政编码**	100080
电　　话	010－62511242（总编室）		010－62511770（质管部）
	010－82501766（邮购部）		010－62514148（门市部）
	010－62515195（发行公司）		010－62515275（盗版举报）
网　　址	http://www.crup.com.cn		
经　　销	新华书店		
印　　刷	中煤（北京）印务有限公司		
开　　本	787 mm × 1092 mm　1/16	**版　　次**	2023 年 8 月第 1 版
印　　张	21	**印　　次**	2023 年 8 月第 1 次印刷
字　　数	472 000	**定　　价**	55.00 元

前言

PREFACE

党的二十大报告指出，“必须增强忧患意识，坚持底线思维，做到居安思危、未雨绸缪”。一直以来，民航以安全为底线，民航乘务员应急处置的能力、水平直接关系客舱安全。

本教材依据空中乘务专业教学标准，结合行业标准、职业岗位要求，对客舱安全运行规则、客舱应急设备认知、舱门及翼上出口操作、客舱失火处置、客舱释压处置、客舱应急撤离程序、颠簸处置、旅客安全管理、机组资源管理、机上医疗处置、野外求生技能、机组成员安全管理、机上危险品共13个模块进行讲授，系统培养学生的安全意识，提升客舱突发事件的应对能力。

本教材为新形态活页式教材，聚焦客舱安全，强调理论、实训的相互融合；注重信息化教学资源的开发，课程团队制作了与教学模块相关的配套微课，以二维码扫码观看的形式为师生服务；注重课程思政的浸润教育，通过案例分享等方式，将民航精神、“三个敬畏”、工匠精神等自然融入教材内容中，培养学生的安全意识、爱国情怀、责任担当等。

本教材编写团队人员结构合理，背景多元。本教材由严文婷、池锐宏担任主编，叶赪、罗晓妍、杨丽明担任副主编。池锐宏、杨丽明具有多年的民航院校空乘专业客舱安全管理方面的教学经验，对客舱安全有较深刻的认识。严文婷、叶赪、罗晓妍曾为中国南方航空股份有限公司、阿提哈德航空公司、阿联酋航空公司资深乘务员，现为客舱应急处置训练课程授课教师，行业实践经验丰富。

在编写过程中，我们还充分听取了来自中国国际航空股份有限公司、深圳航空有限责任公司、中国东方航空集团有限公司在职乘务员的意见与建议，对教材内容加以修改完善。

本教材的编写参考了大量文献、手册、案例，并借鉴了诸多专家、同行的研究成果，在此一并表示衷心感谢！

对于不足之处，恳请各位专家和读者不吝赐教，以使本书日臻完善。

编者

2023年6月

目录

CONTENTS

模块一 客舱安全运行规则

知识目标

- 熟悉客舱安全规章要求
- 掌握客舱安全运行规则的处置要领

技能目标

- 能通过团队协作进行航前准备会
- 能判断适合飞行的健康情况
- 能执行起飞前客舱的安全检查
- 能对旅客进行安全简介
- 能对出口座位旅客进行资格评估
- 能向特殊旅客作个别简介
- 能在飞行中对客舱及旅客进行安全监管
- 能对不同醉酒程度的旅客进行处理
- 能组织乘务组进行航后讲评

素养目标

- 树立“三个敬畏”意识，弘扬当代民航精神
- 培养安全意识、大局意识

案例导入

紧急迫降！俄罗斯一客机起火，已致 41 人遇难

莫斯科时间 2019 年 5 月 5 日下午，从莫斯科飞往摩尔曼斯克的俄罗斯国际航空公司客机（SSJ-100）由于故障返回莫斯科谢列梅捷沃机场，紧急迫降。

据俄罗斯卫星网报道，由于天气恶劣，飞机在第二次降落时才成功降落。落地时飞机起落架折断，发动机起火。

据新华社报道，有消息人士对俄罗斯媒体称，着陆时飞机左侧机翼已剧烈燃烧，一些乘客在飞机尚在滑行时即从机舱跳出。目击者拍摄的视频显示，在飞机停稳后，机身后部迅速被火焰吞没，机身前部两侧有撤离滑梯展开，部分乘客逃离火场。莫斯科市消防人员和急救车随即抵达现场展开救援。

飞机上共有73名乘客和5名机组人员。俄罗斯侦查委员会发言人斯维特兰娜·彼得连科表示，根据现场情况，78人中共有41人遇难。

塔斯社报道称，造成事故的原因可能是飞机遭遇雷击，雷击后飞机上自动化设备失灵，在着陆期间飞机两次撞上跑道。另有消息称，火灾原因可能是电气设备故障。

（资料来源：屈佩，吴焰．紧急迫降！俄罗斯一客机起火，已致41人遇难．人民日报，2019-05-06.）

讨论：客舱安全是飞行安全的重要组成部分，客舱乘务员的应急处置能力是保证旅客生命财产安全的根本基础，客舱乘务员的第一职责也是安全职责。请通过此次事故，结合客舱安全规章要求及实际运行，对客舱运行管理进行分析，讨论如何减少机上事故及增加逃生率。

任务一　预先准备阶段

预先准备阶段是乘务工作四个阶段的起始阶段，是乘务员接受航班任务后至登机的过程，包括乘务员个人准备和集体准备。充分的预先准备是保障航班客舱安全的关键。乘务员必须根据准备要求逐项认真执行。

一、乘务员适航检查

（一）酒精、药物和健康管理

视频

乘务员适航检查

机组成员在执行任务时不得饮酒或服用违禁药物。航空公司应制定程序，规定对滥用酒精或药物进行检测。根据中国民用航空局（简称民航局）《客舱运行管理》咨询通告，机组成员在飞行前和飞行中必须符合体检鉴定结论及限制条件的要求，保持良好的心理状态；在身体或心理状况发生异常变化，可能不符合航空人员体检合格证相应医学标准时，暂停履行职责并及时报告合格证持有人并咨询航空医师，经允许方可继续履行职责，不得隐瞒或自行采取医疗措施。

空勤人员如果其呼出气体中所含酒精浓度达到或者超过0.04克/210升以上，或者在酒精作用状态下，不得上岗或者继续留在岗位上担任安全敏感工作。客舱乘务员在上岗值勤前 8 小时之内不得饮酒，且不得在酒精作用状态下执行飞行任务；在值勤时不得饮用含有酒精的饮料，服用可能造成生理异常或影响正常履行职责的非处方药或处方药（但航空医师确认但不影响正常履行职责的治疗药物除外）；不得使用或者携带鸦片、海洛因、甲基苯丙胺（冰毒）、吗啡、大麻、可卡因以及国家规定管制的其他能使人形成瘾癖的麻醉药品和精神药品。

（二）飞行装具

客舱乘务员执行航班任务时必须携带有效证件。不得携带违反相关国家规定的其他无关物品。国内航班乘务员应携带的飞行证件类型包括乘务员执行任务时准许登机的中国民航空勤登机证、航空人员体检合格证、中国民用航空客舱乘务员训练合格证（简称合格证）。中国民航空勤登机证应妥善保管，禁止转借他人使用或在非执行飞行任务时使用该证件进入机场控制区。如有丢失，应立即报告所属航空公司，航空公司查明情况后及时通报全国民航公安、安检等有关单位，发生相关费用由丢失证件人承担。航空人员体检合格证是乘务员每年体检合格后由民航局下属的地方管理局颁发的，有效期为 1 年。中国民用航空客舱乘务员训练合格证是乘务员每年一次复训合格后由相关部门颁发的，有效期为 12 个月。执飞地区航线需要携带港澳通行证、国际预防接种证书以及国际旅行健康证明书；执飞国际航线需要携带中华人民共和国因公护照、国际预防接种证书以及国际旅行健康证明书。

民航乘务员执行国内航线或短程国际航线需要携带制式飞行箱。过夜航班视需要携带制式衣袋一只，但不得单独携带。若额外携带电脑包，限用黑色。还需要携带最新版本的《客舱乘务员手册》，与本次飞行航线有关的手册、客舱管理文件和民航乘务员广播词。需要带齐手表、围裙、针线包、化妆包、备份丝袜等。如果需要佩戴矫正视力眼镜的机组成员，必须携带一副随时可用的备份眼镜。

二、航前准备会

视频

航前准备会

飞行组成员包括飞行期间在航空器驾驶舱内执行任务的驾驶员、飞行通信员和飞行机械员。机组成员包括飞行期间在航空器上执行任务的航空人员，包括飞行组成员、乘务组成员和航空安全员。

航前准备会是飞行准备的重要组成部分，它鼓励沟通和团队合作，建立机组成员之间良好的协同关系，促进团队的高效合作，为航班正常运行奠定基础。通常情况下，乘务组和飞行组先分开进行航前准备会。乘务组航前准备会主要内容是客舱安全和服务程序，飞行组航前准备会主要内容是飞行操作程序和飞行航路情况。然后，乘务组和飞行组共同进行机组协同会。飞行组和乘务组之间的沟通和协调至关重要。机组协同会不仅为飞行工作的沟通交流奠定基础，而且通过对航班安全和服务重要的信息和程序的检查，能确保安全愉快的飞行，还能增强团队合作的概念，对飞行的安全产生积极的影响。

根据国际航空运输协会（IATA）规定，以下是进行航前准备会的建议地点：

（1）飞行基地的会议室；

（2）没有旅客的飞机客舱中；

（3）离开驻外地酒店前某处合适的地方；

（4）去往机场的机组车上；

（5）其他合适的私人场所。

（一）乘务组航前准备会

乘务组航前准备会必须在当天所执飞航班的第一趟航段前召开。一般在航班起飞前2小时左右由乘务长负责组织召开。乘务长在航前准备会中向乘务员传达需要特别注意的航班信息和特殊情况。

乘务长在会议中执行以下内容（包括但不限于）：

（1）检查客舱乘务员的人数是否达到规定的最低人数；

（2）介绍本次飞行任务的机型信息；

（3）对客舱乘务员进行号位分工、明确应急情况的责任分工；

（4）分发机上应急设备的检查清单（如有）；

（5）有关机上安全演示程序的信息；

（6）对个别机组成员进行任务分配（例如：客舱广播员和需要照顾特殊旅客的乘务员）；

（7）选取特定的应急处置程序和应急设备共同复习；

（8）选取特定的空防程序共同复习；

（9）飞行目的地的具体信息；

（10）气象信息；

（11）客舱故障记录；

（12）客舱服务问题。

（二）机组协同会

通常情况下，机长会组织全体机组成员在飞行前召开一次机组协同会。但当飞行组成员和乘务组成员不遵守相同的飞行时间表或转机乘客在飞机上时，机长应向乘务长单独做简报，乘务长再向其他空乘人员汇报情况。

机长的简报至少包括以下内容：

（1）预期天气和飞行情况（例如：预计气流颠簸）；

（2）预计飞行时间和飞行高度；

（3）任何可能影响航班或客舱服务的故障，或无法使用的设备；

（4）其他必要问题，如滑行时间短、客舱广播的翻译要求等；

（5）驾驶舱门操作注意事项；

（6）驾驶舱无干扰阶段；

（7）安全程序。

乘务长还应酌情与机长一起审查下列项目：

（1）客舱乘务员到岗人数；

（2）飞机滑行时间；

（3）航班上特殊旅客的运输，例如被押送的囚犯；

（4）飞行组的服务要求；

（5）为飞行需要提供的任何其他资料（包括有关机上失效设备、服务项目或可能影响飞行的异常情况的资料）。

任务二　直接准备阶段

一、旅客登机前客舱准备

旅客登机前，客舱乘务员必须完成飞行前客舱准备工作，确保客舱安全以及设备处在正常状态。通常情况下需有客舱安全检查清单，适用于每一种机型和各乘务员工作区域。另外，机组成员必须检查他们指定的座椅、安全带及其惯性轴是否可以正常操作。乘务长应在每次飞行前查阅客舱记录本（CLB）中的故障维修情况。

视频

安全管理内容

全体乘务组成员要检查各自责任区域，包括但不限于：

（1）确认防护式呼吸装置（PBE）在位；

（2）确认应急和漂浮设备在位；

（3）确认客舱乘务员手册现行有效；

（4）检查外来人员证照；

（5）清点机供品总量不超过合格证持有人的规定，避免隐载。

二、登机阶段飞机加油的客舱安全管理

飞机在加燃油时，飞机驾驶员通常会在驾驶舱进行必要的预防措施和程序协调。飞机驾驶员和客舱乘务员必须接受紧急疏散和撤离方面的培训。飞机上的“禁止吸烟”标志必须打开，“系好安全带”标志必须关闭。所有客舱灯光必须调亮用以识别应急出口，并且一直保持直到加燃料操作完成。在加油操作开始之前，应急照明总开关应定位在“预位”（ARM）状态，直到加油操作完成。机舱内必须停止所有需要使用飞机内电气设备的活动。

乘务组成员须通过客舱广播系统向旅客说明加油正在进行。告知旅客应避免以下行为，如：未系紧安全带，使用洗手间，在客舱内走动而导致阻碍过道和通道、吸烟，操作潜在的火源（例如：闪光灯）。另外还需要告知旅客便携式电子设备的使用和存放。

加油期间，乘务长应该在主舱门处。如果在机舱内发现任何燃料烟雾或在机舱内出现任何其他危险，乘务长有责任立即通知加油人员。

当旅客登机后，机舱内必须要有乘务员值班，每个应急出口必须有一名乘务员看

守，包括在 B747 和 A380 的上层舱门，以备紧急撤离。乘务员要监管旅客，保证厨房设备已固定好，机舱过道和应急出口畅通无阻。

需要注意的是，要确保最少前后各打开一个连接登机桥或旅客梯的舱门，或一个舱门加一个翼上出口。在整个加油过程中，这些舱门必须由客舱乘务员时刻监控。另外，要确保登机桥外、旅客梯或地面的滑梯展开区没有障碍物。

三、乘务员迎客任务

客舱乘务员需要在登机时对旅客进行观察，以便发现任何异常情况，如生病、醉酒或可能难以控制的旅客，这对飞行安全起到非常重要的作用。另外，要注意旅客手提行李的大小，判断它是否能装进飞机的行李架。因此，在旅客登机阶段，机组成员必须确保所有机舱隔帘和遮挡物已收起；时刻关注旅客在机舱内的走向，关注出口和过道是否保持畅通没有障碍物以及受限制的座位排，例如翼上应急出口座位排；随时留意并帮助有需要的旅客，特别是特殊旅客。

四、旅客安全简介

视频

旅客安全简介

（一）起飞前安全简介

每次飞机在从登机口推出前，机组成员必须向所有旅客提供安全和紧急程序的安全演示，演示内容如表 1－1 所示。安全演示可以由乘务组成员进行，或者通过由合格证持有人开发的视频进行，并在起飞前呈现给旅客。在播放安全演示录像时，机组成员站在机舱内指定的“演示位置”指出应急出口，并在机舱内保持警惕，确保安全录像正在播放。

表 1－1　安全演示

安全演示任务	具体内容
安全带	安全带的使用方法，包括如何系好和松开安全带。告知每个旅客，什么时候、什么地方、在什么情况下应当系好安全带。要求旅客遵守客舱信息灯给出的信号和安全带的使用说明。
应急出口	应急出口位置及其引导标志和灯光。
救生衣	救生衣的使用方法以及充气注意事项。旅客需要的任何应急漂浮设备的位置及其使用方法。
氧气系统	对于飞行高度 7 600 米（25 000 英尺）以上的飞行，须告知每个旅客一旦座舱释压时使用氧气的重要性，向他们指出氧气分配设备的所在位置并演示其使用方法。
禁止吸烟相关规定	告知每个旅客飞机机舱内禁止吸烟。要求旅客遵守客舱信息灯的信号、标志牌的指示，说明现行法规禁止摆弄、损伤或者毁坏飞机洗手间内烟雾探测器。
便携式电子设备相关规定	关于禁止或者限制旅客在机上使用便携式电子设备的规定。
安全须知卡	安全须知卡的位置以及指导旅客在起飞前阅读。

（二）特殊旅客安全简介

在每次起飞之前，被指定担负该次飞行任务的客舱乘务员，应当对在紧急情况下需由他人协助方能迅速移动到出口的旅客进行个别简介。需要告诉该旅客及其随行人员（如有的话），在应急情况下，通往每一适当出口的通道，以及开始撤往出口的最佳时间。征询该旅客及其随行人员（如有的话）关于帮助此人的最适宜方式，以免使其痛苦和进一步受伤。

（三）延伸跨水运行中对旅客的简介

使用飞机作延伸跨水运行的合格证持有人，应当保证由适当的机组成员向所有旅客补充提供口头简介，讲解救生衣、救生筏和其他漂浮装置的位置和使用方法，包括演示救生衣穿戴和充气的方法。

五、旅客安全须知卡

每架飞机上都会配备旅客安全须知卡，一般存放在旅客座椅前方的口袋里。旅客安全须知卡以文字和图片呈现，其中文字说明应至少为中文和英文。旅客安全须知卡应包括相应机型的适用应急设备的其他必要说明。在旅客安全须知卡上不得刊登广告或宣传品，它应该只包含与安全相关的信息。

旅客安全须知卡的设计应便于旅客识别飞机类型，有醒目的标题或符号（鼓励使用国际符号），使用彩色呈现。尺寸合适，以便旅客容易看到并取用。材料耐用，发现破损应及时更换。所有描述简单易懂便于旅客理解。卡上显示的操作程序步骤应正确并且明确（例如：编号的步骤）。

旅客安全须知卡的语言应清晰并以可理解的方式呈现。在旅客安全须知卡上提供的信息应与在客舱内安装的旅客安全信息标志、标记和标语的说明书一致。

旅客安全须知卡的具体内容如表 1－2 所示。

表 1－2　旅客安全须知卡内容

旅客安全须知卡内容	具体介绍
客舱安全方面	如正确安放手提行李、小心打开行李架箱、禁止堵塞过道和通道、起飞和着陆时小桌板位置、座椅靠背、脚蹬、IFE 和窗户遮光板位置等。
座椅安全带	存放位置、使用方法以及注意事项。
氧气面罩	存放位置以及使用方法。特别是在帮助他人佩戴氧气面罩前，自己应先戴好。
救生衣或单独的漂浮装置	存放位置、使用方法以及如何取出救生衣、充气的方法和时机，特别是在离开客舱之前不能充气。
漂浮装置	取出和使用诸如坐垫之类的漂浮装置。
应急出口 （包括翼上出口）	位置；操作方法，包括如何处理出口舱门，如果可拆卸；检查打开出口舱门的危险性（即火灾、水、碎屑）；不可用出口；在不可用的出口情况下的替代出口路线；不携带手提行李；通过出口而不用撤离辅助设施的方法；出口距地面高度的认识；螺旋桨认识（如适用）。

续表

旅客安全须知卡内容	具体介绍
逃生路线和撤离路线	描述飞机内部出口的路线；应急照明系统（地板接近紧急逃生路线标记的形式、功能、颜色和位置）；双层飞机上的移动；通过机翼到达地面或水面的移动；撤离飞机后在地面或水面上的移动。
协助撤离	可用设备的位置（例如救生筏、滑梯救生筏）；可用救生筏的位置、取下和使用；滑梯救生筏的使用方法；登上救生筏或滑梯救生筏的方法，包括婴儿和儿童；携带婴儿和儿童时通过出口的方法；在撤离过程中脱掉高跟鞋。
防冲撞姿势	基于座位类型的适当方法；替代姿势（例如：对于孕妇、婴儿、儿童、身材高大的人）。
禁止吸烟	航班全程禁烟。

六、出口座位的安排

（一）出口座位定义

视频

出口座位旅客的安排规定

出口座位是指旅客从该座位可以不绕过障碍物直接到达出口的座位和旅客到达出口必经的成排座位中从出口到最近过道的每个座位。乘务组不值勤的应急出口被称为无人值守出口（或自助出口）。紧急撤离时，由旅客操作无人值守出口。飞机可以在无人值守出口座位或其附近没有人员的情况下运行，但在紧急撤离时，可能存在无人操作这些出口的情况，可能导致撤离中可用出口数量的减少。

（二）出口座位旅客能力要求

在出口座位就座的旅客应当具备的能力是指完成下列职责的能力：

（1）确定应急出口的位置；

（2）认出应急出口开启机构；

（3）理解操作应急出口的指示；

（4）操作应急出口；

（5）评估打开应急出口是否会增加由于暴露旅客而带来的伤害；

（6）遵循机组成员给予的口头指示或者手势；

（7）收藏或者固定应急出口门，以便不妨碍使用该出口；

（8）评估滑梯的状况，操作滑梯，并在其展开后稳定住滑梯；

（9）协助他人从滑梯离开；

（10）迅速地经应急出口通过；

（11）评估、选择和沿着安全路线从应急出口离开。

（三）不宜在出口座位就座旅客

不宜在出口座位就座的情况是指机组成员确认旅客可能由于下述原因不具备出口座位旅客能力要求所列的应当具备的一项或者多项能力。

1. 原因一

该人的两臂、双手和双腿缺乏足够的运动功能、体力或者灵活性导致下列能力缺陷：

（1）向上、向旁边和向下达不到应急出口位置和撤离滑梯操纵机构；

（2）不能握住并推、拉、转动或者不能操作应急出口操纵机构；

（3）不能推、撞、拉应急出口舱门操纵机构，或者不能打开应急出口；

（4）不能把与机翼上方出口窗门的尺寸和重量相似的东西提起或放在旁边的座椅上，或者把它越过椅背搬到下一排去；

（5）不能搬动或握住在尺寸与重量上与机翼上方出口门相似的障碍物；

（6）不能迅速地到达应急出口；

（7）当移动障碍物时不能保持平衡；

（8）不能迅速走出出口；

（9）在滑梯展开后不能稳定该滑梯；

（10）不能帮助他人用滑梯离开。

2. 原因二

该人不足 15 岁，或者如没有陪伴的成年人、父母或者其他亲属的协助，缺乏履行出口座位旅客能力要求所列出的一项或者多项能力，如：

（1）该人缺乏阅读和理解本条要求的、由合格证持有人用文字或者图表形式提供的有关应急撤离指示的能力，或者缺乏理解机组口头命令的能力；

（2）该人在没有隐形眼镜或者普通眼镜以外的视觉器材帮助时，缺乏足够的视觉能力导致缺乏出口座位旅客能力要求列出的一项和多项能力；

（3）该人在没有助听器以外的帮助时，缺乏足够的听觉能力听取和理解客舱乘务员的大声指示；

（4）该人缺乏足够的能力将信息口头传达给其他旅客；

（5）该人具有可能妨碍其履行出口座位旅客能力要求所列出的一项或者多项能力的情况或者职责，例如要照料幼小的孩子，或者履行前述功能可能会使其本人受到伤害。

（四）调换出口座位情况

在出口座位就座的旅客，按照出口座位旅客须知卡或者按照机组成员向旅客进行的简介进行自我对照，有下列情形之一时可以向机组成员提出调换座位：

（1）属于不宜在出口座位就座的情况的；

（2）不能确定自己是否具备应当具备的能力的；

（3）为了履行出口座位处的功能有可能伤害自己身体的；

（4）不能履行出口座位处可能要求其履行的职责的；

（5）由于语言、理解等原因，不能理解出口座位旅客须知卡内容和机组成员讲解内容的。

（五）出口座位旅客的安全介绍

机组成员应当向坐在翼上应急出口排的旅客进行安全介绍。除了和旅客交流他们所需要了解的安全信息外，机组成员在给予指示的时候还应该观察、聆听和评估旅客。由此，他们可以判断旅客的反应，并回答他们可能提出的任何问题。

在紧急情况下，时间是至关重要的。在应急撤离中，坐在翼上应急出口附近的旅客在协助机组成员方面发挥着非常重要的作用。在撤离过程中，所有旅客都必须按照机组成员的指令行事，而坐在翼上应急出口排的旅客的反应则更为关键。机组成员的指令因许多因素而有所不同（例如：紧急情况的性质和发生的位置，以及飞机内外的其他危险）。因此，坐在翼上应急出口排上的旅客了解如何、何时打开特定的出口，以及何时不打开这些出口是至关重要的。

航空公司应制定程序，让机组成员进行翼上应急出口介绍（采取简报卡、录像或一对一，视管理局的规定而定）。对翼上应急出口排旅客进行一对一的交流的主要好处是，机组成员可以评估旅客是否真正理解在应急撤离时需要做什么。他们还可以判断旅客是否适合就座这个受限制的座位，如不合适则需要调换座位。

如有下列情况，机组成员应协助旅客重新安排座位：

（1）他们不愿意操作应急出口；

（2）他们不能执行舱门操作的程序；

（3）机组成员认为旅客没有清楚地理解简报内容（即语言障碍）。

七、起飞前安全检查

视频

起飞前安全检查

在关闭全部旅客登机门，准备滑行或者推飞机前，按照合格证持有人的程序，客舱乘务员应该核实以下内容：

（1）机舱内所有出口和翼上应急出口没有异物阻挡。

（2）洗手间没有旅客并锁闭；洗手间没有存放乘客的超大行李、厨房用具或客舱设备。

（3）所有储物柜、行李架关紧锁好。

（4）所有客舱行李妥善放置在座椅下方或头顶行李架里。

（5）乘客桌椅收好和锁好，座椅靠背完全竖直。

（6）确保所有乘客都系好安全带。

（7）扣好婴儿安全带并确认由成人抱好。

（8）存放好电子设备。

（9）打开遮光板。在安装了电子调光窗（EDW）的飞机上，建议客舱乘务员在飞机滑行、起飞和爬升至10 000英尺期间设置和锁定“全亮”模式；当飞行高度超过10 000英尺后，乘务员可以解除灯光锁定，让旅客自由操作。

（10）厨房乘务员固定好厨房设备和服务车。如果有液体倒洒在地面上要及时清理。

（11）厨房乘务员关闭烤箱、热水器、厨房灯光等电器电源。

（12）乘务长调暗客舱灯光。

（13）客舱乘务员回到执勤座位坐好，系好安全带和肩带。

此外，提醒旅客将任何安全隐患告知乘务人员也是很重要的。旅客是信息的重要来源，有时可能是第一个将重要信息（例如：一种不寻常的气味）告诉机组成员的人。经常考虑乘客对以下事项的意见：

（1）客舱（如噪声、烟雾、烟雾、火灾、动物体等）；

（2）其他旅客的行为（如大声喧哗等）；

（3）飞机外观（如机翼、机身等）；

（4）外部环境（如跑道、天气等）。

机组成员应跟进任何来自旅客的异常报告，并确保乘务长和驾驶员收到通知。航空公司应鼓励旅客与机组成员的交流。一些航空公司在旅客安全介绍中包括了这方面的通告，例如："在飞行过程中，如果您有任何安全问题，请不要犹豫，立即通知机组成员。"

八、飞行关键阶段

飞行关键阶段是指滑行、起飞、着陆和除巡航飞行以外在 3 000 米（约 10 000 英尺）以下的飞行阶段。在飞行的关键阶段，合格证持有人不得要求乘务组成员完成安全所必需的工作之外的任何其他工作。

（一）安全默想

飞机在地面移动、起飞和着陆期间，客舱乘务员除完成保障安全的任务外，应坐在其值勤位置并系好安全带，默想本次航班各种应急预案、应急设备、紧急情况处理方法等。这能使机组成员在紧急情况下反应更迅速、更正确。

默想的内容包括但不限于以下几点：

（1）本次航班的机型；

（2）飞机起飞或降落是经过陆地还是海面；

（3）我所在的机舱出口属于哪种类型；

（4）我在乘务员座位上是否已经扣好系紧安全带；

（5）机长有可能会发出哪些指令；

（6）现机舱外的环境；

（7）要如何疏散撤离旅客；

（8）舱门辅助把手的位置；

（9）开启舱门的步骤；

（10）人工充气把手的位置；

（11）撤离时口令；

（12）应该在何时撤离旅客，指引他们逃往什么方向；

（13）撤离时要带的应急设备；

（14）离开飞机之后我的职责；

（15）防冲撞姿势和口令；

（16）援助者的座位号；

（17）撤离时需要帮助的旅客座位号。

部分航空公司为了帮助机组成员记忆，采用“OLD ABC”口诀，每个大写英文字母代表要默想内容的缩写：

O：Operation of exits，操作的机舱出口；

L：Location of emergency equipment，应急设备的位置；

D：Drills（e.g., brace for impact），应急训练的内容（例如：抱紧防撞）；

A：Able-bodied passengers and passengers with reduced mobility，援助者以及行动不便旅客；

B：Brace position，防冲撞姿势；

C：Commands，口令。

另有部分航空公司采取“ALERT”口诀：

A：Aircraft type，飞机型号；

L：Location of jump seat，乘务员座椅的位置；

E：Equipment，应急设备；

R：Responsibility，应急撤离的职责；

T：Threat，任何潜在的威胁。

不管采用何种形式的默想，都能帮助机组成员回顾如何根据情况按照正确的顺序完成应急任务。航班上，客舱乘务员需要处理各种事项，例如登机、餐饮、旅客询问、延误管理等，容易造成对客舱安全管理分心。因此，在准备起飞和降落的时候进行默想将有助于把注意力集中在应急撤离的职责上。此外，对突发事件的预判将使机组成员对应急情况做出更快速更准确的行动。因此，机组成员应该时刻保持警惕，关注如烟雾、火情、金属间的摩擦声，或其他不寻常的噪声、冲击力，或不寻常的飞行高度。

（二）飞行关键阶段的值勤要求

乘务组成员不得完成安全所必需的工作之外的任何其他工作，乘务组任何成员也不得接受这些工作。预订厨房供应品，确认旅客的衔接航班，对旅客进行合格证持有人的广告宣传，介绍风景名胜的广播，填写与运行无关的公司报告表、记录表等工作都不是飞机安全运行所必需的工作。

（三）驾驶舱无干扰阶段

驾驶舱无干扰是指在飞行的关键阶段，除安全问题或紧急情况外，乘务组成员不得进入驾驶舱或与飞行组通话。这样的目的是让飞行组集中精力完成他们的任务和职责，保障飞机的运行安全。

飞行的关键阶段通常是：

（1）滑行阶段；

（2）起飞阶段；

（3）攀升阶段（起飞后约 10 分钟）；

（4）进近着陆阶段（离落地前约 10 分钟）；

（5）在 10 000 英尺以下的任何其他飞行阶段；

（6）降落阶段。

在飞行的关键阶段，驾驶舱无干扰程序通常包括在发生紧急情况时，乘务组成员和飞行组成员之间的沟通程序。表 1－3 为驾驶舱无干扰程序示例。

表 1－3　驾驶舱无干扰程序

飞行阶段	开始	结束	限制
推出	乘务员进行舱门预位	飞机滑行	乘务组成员不得联系飞行组成员 *
滑行	飞机滑行	发动引擎	仅限乘务长联系飞行组成员
起飞	发动引擎	飞机在空中正常情况下收回起落架	乘务组成员不得联系飞行组成员 *
攀升	起落架收回	安全带信号灯熄灭 **	仅限乘务长联系飞行组成员
巡航	无	无	无
下降	安全带信号灯亮	飞行高度 3 000 米	仅限乘务长联系飞行组成员
着陆	飞行高度 3 000 米（乘务长或机长发出就座指令）	飞机降落在跑道	乘务组成员不得联系飞行组成员 *
滑行	飞机离开跑道	飞机停泊在廊桥或停机坪	仅限乘务长联系飞行组成员

*除非飞机的安全受到迫切威胁。

**如果飞机遇到气流颠簸，飞机攀升到正常高度后仍须保持安全带信号灯亮，机长应给乘务组成员相应提示（通过客舱广播、客舱通信系统或铃响）。

任务三　飞行实施阶段

一、驾驶舱门的安全规定

任何人不得进入飞机的驾驶舱，除非此人是当班机组成员或经过机长授权。为了安全起见，机长有权拒绝任何人进入驾驶舱。民航局制定明确的政策，规定驾驶舱门何时可以打开，何时允许进入。乘务组成员应密切监控前舱洗手间、厨房和驾驶舱周围等区域，防止旅客在这些区域聚集。飞行组成员在离开驾驶舱时，应确保驾驶舱门外区域畅通，没有人员聚集，并监控该区域直到返回驾驶舱。与驾驶舱安全相关的政策或程序属于敏感性信息，通常情况下只提供给相关人员以防止内容泄露。

以下人员可以进入飞机驾驶舱，但并不限制机长为了安全而要求其离开驾驶舱的应急决定权：机组成员、正在执行任务的民航局监察员或者民航局委任代表、得到机长允许并且其进入驾驶舱对于安全运行是必需或者有益的人员、经机长同意并经合格证持有人特别批准的其他人员。

对于被准许进入驾驶舱的非机组成员，应当在客舱内有供该人员使用的座位，但下列人员在驾驶舱有供其使用的座位时除外：

（1）正在对飞行操作进行检查或者观察的民航局监察员，以及经授权的民航局委任代表；

（2）民航局批准进行空中交通管制程序观察的空中交通管制员；

（3）合格证持有人雇用的持有执照的航空人员；

（4）合格证持有人雇用的其他持有执照的航空人员，该航空人员得到运行该飞机的合格证持有人的批准；

（5）运行该飞机的合格证持有人的雇员，其职责与飞行运作的实施或者计划，以及空中监视飞机设备或者操作程序直接有关，此人进入驾驶舱对于完成其任务是必需的，并且已得到在运行手册中列出的有批准权的主管人员的书面批准。

载运旅客飞机的机长应当保证，如果驾驶舱和客舱有门分隔的话，在飞行期间关闭并锁定该门。但下列情况允许开启驾驶舱门：

（1）起飞和着陆期间，如果驾驶舱门是通往必需的旅客应急出口或者地板高度出口的通道；

（2）在执行任务的机组成员需要进入客舱或者驾驶舱时。

二、便携式电子设备的安全规定

任何人不可以使用，合格证持有人或机长也不得允许在按照规则运行的飞机上使用任何便携式电子设备，但有几种设备除外，分别是便携式录音机、助听器、心脏起搏器、电动剃须刀，以及合格证持有人认为使用时不会影响飞机导航和通信系统的便携式电子设备。但需要由合格证持有人对特定便携式电子设备使用情况验证后决定。

在飞行期间，当机长发现存在电子干扰并怀疑该干扰来自机上旅客使用的便携式电子设备时，机长和机长授权人员应当要求其关闭这些便携式电子设备；情节严重的应当在飞机降落后移交地面公安机关依法处置，并在事后向民航局报告。

三、客舱手提行李的安全规定

乘务员要积极帮助旅客安放手提行李。行李存放应符合安全规定，放置在许可的储藏区域内。乘务员如发现因超出规定而不能存放的行李，要及时通知乘务长，呼叫地面工作人员到场，按要求办理托运手续，并将行李牌交给旅客。

客舱手提行李要遵循相关的规定：

（1）当旅客被允许携带行李登机时，应当按照运行规范内规定的手提行李程序，允许手提行李被检查，其尺寸、重量和数量应符合要求。如果旅客的手提行李超过合格证持有人运行规范内手提行李程序规定的允许量，则该旅客不得登机。

（2）合格证持有人在关闭全部旅客登机门，准备推出飞机或者滑行前，应当至少有一名机组必需成员，核实了每件行李都已按照规定存放好。

飞机在起飞或者着陆前，每件行李应当按照要求存放。行李可存放在合适的隔间、行李舱、货舱，这些舱室标有最大重量标牌并提供了固定所有行李或者货物的装置，该装置不影响任何应急设备的使用。可以按照在客舱内载运货物的相应规定存放，也可以放在旅客座椅下面。盲人携带的手杖可以平放在成排座椅下的地板上（不得伸到通道上）、非应急出口窗旁座椅下的地板上或者民航局批准的任何其他地方。除散放的衣服类物品之外，其他行李应当放在经批准的装有限动装置或者门的行李架上。每位旅客应当遵守机组成员给予的指示。允许在下方放置行李的每个旅客座椅，应当装有防止置于其下的行李物品向前滑动的装置。此外，每个靠过道的座椅应当装有防侧滑装置，防止置于其下的行李物品在该飞机型号合格审定的应急着陆条件规定的极限惯性力冲撞下滑到过道上。

四、客舱酒精饮料供应的安全规定

提供优质的客户服务，确保旅客满意是航空公司的共同目标。餐饮服务过程中向旅客提供酒精饮料是一种已经持续多年的做法，而且很可能会在未来持续下去。然而，为享乐而小酌和醉酒是有区别的。醉酒旅客的行为会对自己及飞机上其他人员造成危害。在出现异常或紧急情况时，醉酒旅客可能无法理解、配合、反应，或听从指令撤离。

在登机柜台、候机楼、休息室、登机口和飞机上如果没有及时发现和劝阻醉酒旅客，可能会破坏航空公司为旅客提供安全、可靠和优质服务的目标，以及机组成员安全的工作环境。因此，航空公司不应允许旅客在明显醉酒状态下登机，以免对飞机、机上乘员（机组成员和旅客）或醉酒旅客本人造成危害。客舱乘务员应本着安全为首要任务而进行酒精饮料服务。例如：当旅客表现出醉酒的迹象时，乘务员应委婉地拒绝为其提供酒精饮料。

按照《大型飞机公共航空运输承运人运行合格审定规则》(CCAR–127–R7）的规定：

（1）除运行该飞机的合格证持有人供应的含酒精饮料外，任何人不得在飞机上饮用其他含酒精饮料。

（2）合格证持有人不得允许任何处于醉酒状态的人进入其飞机。

当发现有人拒绝遵守以上两条规定，或者发生由于处于醉酒状态的人进入飞机引起的骚扰事件时，机长和机长授权人员应当场制止，合格证持有人应当在事发后5天内向航空局报告。

（3）合格证持有人不得向乘坐其飞机的下列人员供应任何含酒精饮料：1）表现为醉酒状态的人；2）按照适用的飞机安保要求，正在护送别人的人或者被护送的人；3）按照适用的飞机安保要求，在飞机上持有致命性或者危险性武器的人。

客舱乘务员应学会识别旅客的醉酒行为，以及针对不同行为采取相应措施，以确保客舱安全。世界一些主流航空公司使用“交通灯”系统用以识别和管理醉酒人员。表1－4是“交通灯”系统示例，三种颜色的交通灯分别代表不同酒醉行为级别。尽管有指标可供参考，但乘务员应把旅客的性格、文化背景或身体状况而导致的行为（例如大声说话）与醉酒行为区分开来。

表 1－4 “交通灯”系统示例

	绿灯行为	黄灯行为	红灯行为
具体行为	● 热情好客 ● 放松 ● 舒服 ● 愉悦	● 自制力减弱 ● 判断力减弱 ● 谈话声和笑声比正常情况大 ● 过度友好 ● 好争论或挑逗 ● 脏话使用频率高 ● 不在乎金钱	● 行动迟缓 ● 对问题反应慢 ● 目光呆滞 ● 失去思考能力 ● 发表非理性言论 ● 泼洒饮料 ● 走路笨拙 ● 踉跄或摔倒 ● 不能坐直
相应措施	◆ 可继续提供酒精饮料 ◆ 提供食物以减缓醉酒速度	◆ 通知乘务长和机长 ◆ 通过提供食物和非酒精类饮料来延迟酒类服务 ◆ 根据情况，停止向该旅客提供酒类	◆ 通知乘务长和机长 ◆ 通知全体乘务组成员停止对该旅客的酒类服务 ◆ 告知该旅客不再提供酒类服务 ◆ 准备突发医疗事故，需注意某些疾病可能会引起与醉酒相似的症状 ◆ 考虑宣布适当的空防级别（视需要而定） ◆ 乘务长填写并提交相应的报告

客舱乘务员在处理醉酒乘客问题时应当机智和谨慎。一旦发现有旅客醉酒或饮用了自己带上飞机的酒，必须通知乘务长和机组成员。如果旅客拒绝服从机组成员的要求，机组成员应该按照他们的公司程序处理该旅客。

五、飞行中安全管理

在飞行中，乘务员需要在客舱走动，观察旅客需求及安全状况，处理特殊情况，提供及时、周到的服务。此外，还要确认客舱各种设施符合安全规定，全程监控驾驶舱、客舱、洗手间、应急出口的安全。检查内容包括驾驶舱区域以及客舱区域。

对于驾驶舱区域的安全管理，飞行组在进出驾驶舱时应与客舱组进行沟通，保证进出时的安全。客舱与驾驶舱每小时进行一次不少于 5 分钟的交流，还须遵守飞行关键阶段不干扰驾驶舱的程序。

对于客舱区域的安全管理，客舱乘务员应监管所有进入客舱的餐饮车。如果在客舱中部停放餐车，要踩刹，并有乘务员看守。在可预知颠簸之前，客舱组应广播通知旅客。乘务员应时常检查洗手间，严格检查该区域有无火灾隐患。按照合格证持有人的程序，监控旅客医用氧气的使用。劝阻旅客不得长时间在无安全设备区域和应急出口处休息，不能躺在地板上睡觉。还需要密切关注并及时向带班乘务长、机长报告可疑人员、异常声响或异常气味。飞行期间，要提醒旅客小心开启行李架，防止行李滑落造成砸伤。当执飞夜航时，要随时监控客舱。不向受限制旅客（如武装人员、犯人、押送人员和醉酒人员）供应含酒精饮料。对旅客使用便携式电子设备进行管理。禁止旅客吸烟

（包括雾化类电子烟）。防止旅客触动和破坏机上烟雾探测器。检查旅客接入机上电源的用电设备，禁止使用未经合格证持有人允许的无关物品（如加湿器、烧水壶等）。

另外，飞行中要加强对餐车、厨房柜门、洗手间的监控，以降低机组成员和旅客的撞伤风险。

（一）餐车安全管理

在航前检查阶段，乘务员必须检查所有餐饮车辆刹车装置能够有效使用。如发现故障车辆，须按要求在显要位置悬挂“维修卡”，通知航食部门及时更换及维修，不能及时更换或维修的，在航班中不能使用。

所有餐饮车出客舱时，尽量避免一人推餐车，应采用拉餐车的方式回到厨房，以免撞伤过道旅客。中途停放餐车时必须有人监管，固定刹车。乘务员尽量拉车慢速行进，做好语言提示，避免撞伤旅客。乘务员在推拉餐车时也要注意自身安全，当颠簸发生时要将餐车归位或原地固定好，以免被餐车冲撞、砸伤。使用完的餐车必须归位固定好。需要注意的是，飞机在地面移动前，所有餐车必须在规定位置并固定好。

（二）厨房柜门安全管理

在航前检查阶段，乘务员在地面要认真检查设备固定锁扣是否在待用状态，如果存在故障应及时要求机务部门进行维修，同时填写客舱记录本。乘务员要养成随手关闭柜门、别好锁扣的良好工作习惯，随时保持行李架、柜门、供应品箱、餐车车门等处于关闭、扣好状态。

（三）洗手间安全管理

在飞行过程中，乘务员应当加强对洗手间的监控。特别关注外开门的洗手间使用，注意旅客使用洗手间时做好防撞、防碰伤安全提示，特别提示小旅客或抱小孩旅客。当洗手间使用情况指示灯故障时，注意提示洗手间外等候的旅客洗手间内有人。

六、着陆前旅客安全检查

着陆前旅客安全检查是指，飞机在降落前30分钟，广播员进行降落前广播，乘务员确认乘客及各种设施符合安全规定而进行的检查。具体包括：

（1）确认每位旅客系好安全带；

（2）提醒旅客调直椅背，收起脚垫；

（3）提醒旅客扣好小桌板；

（4）所有帘子拉开系紧；

（5）拉开便于观察窗外情况的遮光板；

（6）扣紧行李箱；

（7）提醒旅客应急出口、走廊过道及机门附近不能放置任何行李；

（8）扣好婴儿安全带并确认由成人抱好；

（9）提醒所有旅客关闭移动电话、便携式电脑等电子设备；

（10）确认旅客座椅处无饮料和餐具；

（11）放下马桶盖并锁闭洗手间；

（12）厨房乘务员固定好厨房设备及机供品；

（13）厨房乘务员关闭烤箱、热水器、厨房灯光等电器电源；

（14）确认每个电视屏幕已被收藏好（有录像设备的飞机）；

（15）乘务长调暗客舱灯光；

（16）乘务员回座位坐好，系好安全带和肩带。

七、落地后简介及安全检查

乘务组在飞机着陆后应告知旅客保持座椅安全带系紧，直到“系好安全带”指示灯熄灭；保持手提行李安放得当，直至“系好安全带”指示灯熄灭。旅客下机完毕后，乘务员需要进行清舱检查，包括机上所有部位，确保机上无遗留旅客以及遗留物品。

任务四　航后讲评阶段

航班结束后，机组成员必须对该航段进行讲评、记录和报告。

一、飞行记录本

每一架飞机都配备飞行记录本（FLB）。飞行记录本用于记录飞机运行中发现的问题和工作不正常情况等事件，需要及时进行维修工作。另外，它还用于记录与飞行安全有关的运行信息、飞行组成员和维修人员需要了解的有关数据。

飞机飞行记录本中应当包括飞机运行信息、影响飞机适航性和安全运行的任何缺陷及保留状况、要求的维修项目、维修工作记录、飞机旅行等内容。

飞行记录本的格式应当固定，各项内容应当使用墨水或者不可以更改的书写工具及时填写，并且有足够的复页以保证满足使用和保存要求。

合格证持有人应当在飞机上飞行组成员易于取用的地方放置一份飞机飞行记录本原件，其中至少记录包括每次飞行前三次飞行期间填写内容的连续记录，并且每次起飞前在地面保存一份记录上一次飞行和本次飞行前填写内容的飞机飞行记录本的复页。

视频

机上紧急事件报告撰写

二、机上紧急事件报告撰写

（一）紧急医学事件

当发生造成飞机改航、备降等不正常运行的人员伤病或死亡，飞机不正常运行导致的人员伤病或死亡，以及突发公共卫生事件时，乘务员应填写紧急医学事件并在事发 5 天内报告民航局，记录应保存 24 个月。当航班中使用了应急医疗箱、急救箱、卫生防疫包时，乘务员须填写相关单据。当机组成员发生因身体原因不能正常履职或造成不安全事件时，乘务员应及时填写航空人员航空卫生信息报告表，并在24小时内报告民航局。

（二）机上扰乱及非法干扰行为

当发生违反酒精饮料相关管理规定，或由醉酒状态、受毒品麻醉品影响而行为异常的人进入飞机引起的骚扰事件时，乘务员须及时填写机上应急事件报告单，并在事发后5天内向民航局报告。

在旅客登机前或下机后，乘务组成员应对客舱做排除可疑物和外来物的清舱检查，如发现可疑物须立即记录与报告。

对于违反《公共航空旅客运输飞行中安全保卫工作规则》的机上扰乱行为和非法干扰行为，乘务员应及时填写记录，并视情节严重性上报航空局。

（三）客舱紧急（非正常）事件

当发生紧急撤离、烟雾 / 火警、客舱释压、危险品泄漏、滑梯包脱落或滑梯展开等事件，乘务员须填写机上应急事件报告单并上报航空局。

三、短停

在中途过站停留时，机组成员应禁止未经批准的人员进入驾驶舱。如果乘坐该机的旅客仍停留在飞机上，且保留在飞机上的客舱乘务员数量少于最低配备要求的数量，应保证飞机发动机关闭并且至少保持打开一个地板高度出口，供旅客下飞机。此外，保留在飞机上的客舱乘务员数量应当至少是最低配备要求数量的一半，有小数时，舍去小数，但至少为1人。另外，可以用其他人员代替要求的客舱乘务员，代替客舱乘务员的人员应当是符合应急撤离训练要求的合格人员且应当能够为旅客所识别。

如果在过站时该飞机上只保留1名客舱乘务员或者其他合格人员，则该客舱乘务员或者其他合格人员所在的位置应当符合经航空局批准的该合格证持有人运行程序的规定。如果在飞机上保留1名以上客舱乘务员或者其他合格人员，这些客舱乘务员或者其他合格人员应当均匀分布在飞机客舱内，以便在紧急情况下最有效地帮助旅客撤离。

四、驻站

机组驻站期间，应当由机长负责管理，机组成员必须服从管理并完成分配的工作。如果乘务组单独驻站，则由乘务长负责。机组驻站期间应注意人身安全和饮食卫生，避免发生意外。

飞行前饮酒不得超出《大型飞机公共航空运输承运人运行合格审定规则》（CCAR-121-R7）第121.579条的限制；机组驻站期间不得过量饮酒，每日累计饮酒不应超过1标准杯，其当量值如下：（1）350毫升啤酒（abv 酒精度5%）；（2）150毫升葡萄酒（abv 酒精度12%）；（3）50毫升烈酒（abv 酒精度40%）。

驻站机组成员必须严格遵守作息时间，根据飞行任务妥善安排休息，保证恢复体力和精力；保持健康的心理状态，保持稳定的心理情绪，严禁进行“黄、赌、毒”；必须严格遵守各国海关、边防、检疫的规定；应严格遵守当地的法律法规，尊重当地的风俗习惯及宗教信仰。机组成员在境外住宿必须服从公司安排，遵守住宿纪律，遵守公共秩序和酒店管理要求，发生不安全事件时及时按规定报告；机组成员外出必须严格遵守请、销假制度，注意人身安全，应着装整齐，注意文明礼貌，应严守外事纪律。

素养园地

客舱机组该如何把握安全风险管理？

随着民航业大踏步地前进，航空公司规模也在飞速地壮大，乘坐飞机出行已经普及到了普通老百姓的生活中，乘机出行不再是一种身份和地位的象征，而是成为一种舒适便捷的出行方式。但不论航空市场如何变革，安全永远是民航业的生命线。有了安全不一定会拥有一切，但是没有安全必定会失去一切。安全是指不受威胁，没有危险、危害、损失，无为则安，无险则全。但对于航空公司而言，安全不仅仅是一句口号，不仅仅是一套适合发展需要的管理体系，更重要的是将安全责任意识扎根在每一个员工的心中和行动中，做到关口前移，防患于未然。

随着SMS安全管理体系的推行，安全管理体系也正面临着一场变革，实施安全风险管理，建立自我监督、自我完善的安全机制已然成为安全管理体系的核心内容。从牢固安全意识，居安思危，防止麻痹思想的产生，吸取教训，引以为戒，到无论安全风险评估显示是否在可接受范围内，都要尽可能将风险降至最低，以持续改进安全状况。

客舱安全作为飞行安全的重要组成部分，对于民航整体安全水平具有直接影响。作为客舱领导者需要肩挑安全责任，指引并带领全体组员规避安全风险，互相弥补，相互提醒，团结协作，将安全风险降低到最低。那么客舱机组（乘务组）该如何把握安全风险管理呢?

首先，注意颠簸，即飞机在飞行过程中突然出现忽上忽下、左右摇晃及机身震颤等现象。在天气多变的日子里，空中气流活动频繁，使得飞机在飞行过程中常常遇到颠簸。为了将颠簸的风险降到最低，乘务长在机组协同会上需要预先准备颠簸的预案和处置程序，并通过提问和共同学习等互动形式使机组成员加深印象，便于机组成员在颠簸发生时能够在第一时间做出正确的惯性判断。直接准备阶段，乘务组和飞行组制定防颠簸预案，飞行组准备颠簸信息并通报全体机组成员，飞行组告知乘务组预知颠簸等级和准备时间：一声铃响为轻度颠簸，大声提醒旅客系好安全带，小心餐饮烫伤或弄脏衣物，洗手间停止使用；两声铃响为中度颠簸，立即停止客舱服务，发布客舱广播，乘务员做好自身防护，固定好浮动物品，短时间颠簸须固定好餐车上物品做好自身防护，长时间颠簸须将餐车推回服务间固定好，在回乘务员座椅的途中提醒旅客系好安全带。尽量将风险降到最低，才能避免出现差错；将差错降到最少，才能避免事故发生；做好闭环管理才能防患于未然。

其次，舱门管理已经成为安全风险管理的重中之重。紧急情况下，舱门是生命通道，只有保护好机上全体成员的生命通道，作为一名合格的乘务员才有资格承诺在90秒内帮助旅客撤离到安全区域，而如果因为工作疏忽导致出口失效，阻碍撤离，那一切都只是纸上谈兵，都只是对生命的戏谑。21 天能养成一个习惯，每天飞行前的机组协同会时，乘务长都要带领全体机组成员温习记忆自己所负责的舱门、应急撤离时负责的区域和所携带的物品，每天的记忆会将书本上的文字变成一种惯性，当紧急情况发生时，乘务员能够淡定从容履行自己的职责，准确操作舱门帮助旅客撤离。

安全无小事，事事皆重要。作为一名乘务员，要具有高度的细心、耐心、责任心，清醒认识安全风险，牢固安全意识，做到心到、眼到、口到、手到，居安思危，警钟长鸣，关口前移，防止麻痹思想的产生，防患于未然，用心而至，做好客舱安全风险管理，给每一次飞行一个完美的飞越。

（资料来源：胡媛媛. 客舱机组该如何把握安全风险管理. 民航资源网，2014-06-19.）

模块一
案例阅读

模块二 客舱应急设备认知

知识目标

- 了解客舱应急设备名称和主要特征
- 了解客舱应急设备的检查方法
- 熟悉客舱应急设备的操作方法和注意事项

技能目标

- 能够识别客舱应急设备
- 能够描述客舱应急设备的名称和特征
- 能够对客舱应急设备进行飞行前检查
- 能够正确使用客舱应急设备

素养目标

- 提升安全意识、集体意识、团队意识
- 树立“三个敬畏”意识，弘扬当代民航精神
- 践行社会主义核心价值观

案例导入

锂电池机上着火的特殊处置

2018年2月25日，中国南方航空一航班上发生了旅客移动电源（充电宝）意外着火的事件，幸运的是当时飞机尚未起飞，机组人员处理也及时得当，没有造成更大的损失。

事发之后，有网友提出质疑，认为空姐使用瓶装水灭火的方法不够专业，为何不使用灭火器？

事实上，对于锂电池在机上着火的标准操作处置方式，民航局有详细的明确规定，其中第一条就是：因为锂电池存在特殊危险性，海伦灭火器（卤代烃）是无法彻底扑灭的，只能扑灭外部火焰，阻止周围物品燃烧，而水灭火瓶既可以消除明火，又有一定的冷却作用，是锂电池机上应急处置的首选。所以，机组人员的处理方式是十分专业、得当的，从视频中也能看到火被迅速扑灭。

另外，民航局还规定：（1）禁止使用灭火毯等类似用品覆盖或包裹锂电池或含锂电池设备灭火，禁止移动或从行李中取出正在起火、冒烟的锂电池或含锂电池设备，禁止从含锂电池设备中取出正在起火、冒烟、发热的锂电池。（2）在有效实施灭火处置后，应立即用水或其他不可燃液体对锂电池、含锂电池设备或相关行李进行淋洒冷却降温，防止锂电池复燃。（3）确认冷却后的锂电池或含锂电池设备状态稳定后，由做好个人防护的人员使用注入水的垃圾箱、冰桶等辅助工具将其移动至盥洗室、操作间、最低爆炸风险区等风险较小区域，指定客舱机组人员负责监控，直至落地后移交。

还有网友做出了相应的解释：机上锂电池起火的处置方法就是要求以最快的速度灭火，乘务员在提供餐饮服务的时候，最快捷的处置方法就是用大瓶矿泉水灭火，而后将锂电池放入洗手池，浸泡在冷水里面，并派专人看管。

（资料来源：饶赟．锂电池机上着火的特殊处置．民航资源网，2018-03-24.）

讨论：案例中提到多种用于灭火的应急设备，这些设备有什么区别？为什么我们需要了解应急设备的使用注意事项？

任务一　灭火设备

客舱灭火设备指的是飞机客舱内具有探测、防火和灭火等功能的设备。飞机上的探测和防火设备（如洗手间烟雾探测器和洗手间自动灭火系统等）可以对指定防护区的过热、烟雾或着火状况进行探测、监控和警告，或提供有效的火情抑制措施。一旦探测到防护区发生过热、烟雾或着火等危险情况，探测和防火设备将发出警告，以便乘务员采取相应处理程序。

火灾发生的三个必要条件是可燃物、助燃物和火源，缺一不可。因此，可以通过灭火设备破坏燃烧条件，如降低温度到燃点以下或隔绝氧气，来达到灭火的目的。常用的灭火剂有水、卤代烃、干粉、惰性冷却气体等。

手提式灭火瓶、防护式呼吸装置、防烟护目镜、应急斧、防火手套、灭火毯、防火衣等各类客舱灭火设备可以帮助飞行组更好地执行灭火程序，保证飞机和人员的安全。应对飞机客舱中发生的各类火警有特定的灭火程序，为保障飞行安全，乘务员应依照火警的基本分类和具体情况选择适合的灭火设备。

一、洗手间烟雾探测器

为了在洗手间发生火灾或出现烟雾时给机组成员提供预警，飞机上所有的洗手间内都装有烟雾探测器（Smoke Detector）。

（一）结构与特征

根据机型和配置，洗手间通常配备离子型烟雾探测器或光电型烟雾探测器。两者检测烟雾的原理不同，但都包含报警喇叭、报警指示灯（红色）、电源指示灯（绿色）、中断开关、自检开关或按钮（选装）。正常情况下，烟雾探测器的指示灯为绿色。

（二）工作原理

检测到洗手间内出现烟雾时，洗手间烟雾探测器会自动发出警报，乘务员应第一时间到达现场，及时处理。

（三）适用范围

洗手间烟雾探测器位于洗手池顶部的天花板上，紧靠通风口的位置，用于探测洗手间火情。

（四）使用方法

（1）示警：烟雾探测器自动检测，当洗手间内的烟雾和温度达到一定标准时，报警指示灯（红色）亮，并发出响亮的报警声，同时洗手间外部上方的琥珀色灯闪亮。

（2）恢复：当烟雾或火灾排除后，警报声会自动停止，电源指示灯（绿色）亮。

（五）注意事项

（1）飞行前检查：确保电源指示灯绿灯亮起，确保烟雾探测器的取样口没有被遮盖。当烟雾探测器带自检开关时，按住自检开关 5 秒钟后能听到警报声，能看到红色报警指示灯。

（2）如果发现烟雾探测器不能正常工作，如指示灯不亮等，须通知乘务长，根据乘务工作的不同阶段，或联系机务人员维修，或将具体情况登记在客舱记录本上。

二、洗手间自动灭火装置

视频

洗手间自动灭火系统

洗手间自动灭火装置（Lavatory Automatic Fire Extinguishing System）固定在洗手盆下方，检测到废物箱内高温时，自动启动对废物箱灭火。

（一）结构与特征

洗手间自动灭火装置由海伦灭火瓶、温度指示器或压力表和指向废物箱的热敏感喷嘴组成。

（二）工作原理

洗手间废物箱达到一定高温（如 77 ～ 79℃）时，温度指示器（如有）从白色变成黑色，热敏感喷嘴的密封剂熔化并自动向废物箱喷射灭火剂。当灭火剂释放完毕后，喷嘴尖端的颜色为白色。

（三）适用范围

该自动灭火装置用于废物箱自动灭火。洗手间其他区域失火时，应使用手提式灭火瓶进行灭火。

（四）使用方法

检测到废物箱内出现高温时，灭火剂自动释放。

（五）注意事项

1. 飞行前检查

（1）波音系列飞机：检查废物箱上方的温度指示器是否为灰白色，如果任何一灰白色变为黑色或洗手间自动灭火装置喷嘴颜色改变，通知机长及地面机务人员。

（2）空客系列飞机：检查海伦灭火瓶压力指针是否在绿色区域。

2. 洗手间自动灭火装置已经释放

如果发现洗手间自动灭火装置已经释放，须通知机长和乘务长，根据乘务工作的不同阶段，或联系地面机务人员更换海伦灭火瓶和温度指示器（如有），或将具体情况登记在客舱记录本上。

三、手提式灭火瓶

视频

海伦灭火瓶、水灭火瓶

常用的手提式灭火瓶（Portable Extinguisher）有水灭火瓶、海伦灭火瓶、干粉灭火瓶和二氧化碳灭火瓶，通常储存在飞机的驾驶舱、客舱和货舱内。目前飞机客舱配备的手提式灭火瓶一般为水灭火瓶（Water Extinguisher）和海伦灭火瓶（Halon Extinguisher）。

（一）水灭火瓶

1. 结构与特征

水灭火瓶包括释放喷嘴、触发器（释放活门）、手柄和铅封等部分。

2. 工作原理

水灭火瓶内装有水和防冻剂的混合液，能够降低燃烧温度，隔绝空气，防止火势蔓延。

3. 适用范围

（1）一般性火灾（A 类）处理，如：纸张和衣物、隔帘、座椅垫等织物引起的火灾。

（2）锂电池（如充电宝、手机、电脑等）相关的火灾。

4. 使用方法

（1）解开固定锁扣，从支架上取出。

（2）一手握住瓶体，保持瓶体竖直。

（3）一手握住手柄，顺时针转动手柄到底（触发二氧化碳气瓶）。

（4）距离火源 2 ～ 3 米，喷嘴对准火源底部。

（5）拇指向下按动触发器，释放混合液。

（6）移动灭火瓶喷向火源底部，直到火熄灭。

5. 注意事项

（1）飞行前检查：在指定位置存放并固定好，瓶身完好，铅封完好，数量齐全。

（2）使用时间约为 40 秒。

（3）不能用于电器和油类火灾。

（4）瓶体不要横握或倒握，注意保持竖直握瓶。

（5）瓶内装有防冻液，不能饮用。

（6）使用后填写客舱记录本。

（二）海伦灭火瓶

1. 结构与特征

海伦灭火瓶包括喷嘴、触发器、安全销、手柄和压力表等部分。

2. 工作原理

海伦灭火瓶内装有卤代烃等灭火剂，能够喷射惰性气体，从而隔绝空气，制止燃烧反应。

3. 适用范围

海伦灭火瓶适用于 A、B、C、D 类火灾，尤其适用于油脂类、电器类火灾，制止 A 类火灾燃烧的效果没有水灭火瓶好。

4. 使用方法

（1）解开固定锁扣，从支架上取出。

（2）一手握住手柄，保持瓶体竖直。

（3）一手转动并拔出安全销或扳下保险架。

（4）距离火源 2 ～ 3 米，喷嘴对准火源底部。

（5）拇指向下按动触发器，释放灭火剂。

（6）移动灭火瓶喷向火源底部，直到火熄灭。

5. 注意事项

（1）飞行前检查：在指定位置存放并固定好，安全销（如有）穿过手柄和触发器的适当位置，压力指针（如有）在绿色区域，瓶身完好，铅封完好，数量齐全。

（2）使用时间约为 7 ～ 12 秒。

（3）瓶体不要横握或倒握，注意保持竖直握瓶。

（4）化学灭火剂有低毒，可以用于人身灭火，但不能对人体面部喷射，以免窒息。

（5）当灭火剂与火接触时火势会突然加大，是短暂的正常现象。

（6）海伦灭火瓶喷出气化的惰性气体只能快速扑灭表层的火。灭火后，应将火区用水浸透以焖灭余火（电器失火除外）。

（7）如需在驾驶舱区域使用海伦灭火瓶，所有飞行组成员应佩戴氧气面罩并将氧气调节器置于 100% 和 EMERGENCY 档位。

（8）使用后填写客舱记录本。

四、防护式呼吸装置

视频

呼吸保护装置

防护式呼吸装置（Protective Breathing Equipment，PBE），又称呼吸保护设备或防烟面罩，用于定位和灭除飞机舱内或舱内高度下任何易于进入的舱段内里的火情。如果将氧气用作呼吸用气体，该设备亦可用于氧气供应管理或旅客的紧急用氧。

（一）结构与特征

防护式呼吸装置通常包括防烟头套、颈部密封橡胶圈、送话器（某些种类无）、化学氧气发生器、呼吸袋和启动绳或启动带等。整个装置被密封在真空袋中，外配储存盒。

（二）工作原理

防护式呼吸装置的氧气由其后部的化学氧气发生器提供。拉动启动绳后，化学氧气发生器启动，与使用者呼出的二氧化碳反应并产生氧气。

（三）适用范围

防护式呼吸装置用于出现火情时的飞机紧急情况和地面紧急撤离情况。在客舱封闭区域内失火或有浓烟的情况下，该装置能保护灭火者的眼睛和呼吸道不受烟和火的侵害，并可提高能见度。

（四）使用方法

1. Drager 型防护式呼吸装置

（1）打开储存盒，拆开包装并展开面罩。

（2）观察窗面向地面方向，掌心相对用力向两边撑开橡胶圈。

（3）低下头，将面罩从头后部向前套戴，移动送话器使面罩与口鼻完全吻合。

（4）把长头发放入头套内，将带子在腰间系扣好。

（5）向下拉化学氧气发生器的启动绳，使面罩开始工作。

（6）确认化学氧气发生器工作，且能听到“嘶嘶”的气流声。

（7）拉动调节带后若无氧气流出，再用力重复一次，否则取下口罩。

（8）Drager 型防护式呼吸装置的化学氧气发生器工作持续约 20 分钟。

2. Scott（Avox）型防护式呼吸装置

（1）打开储存盒，拆开包装并展开面罩。

（2）拉动触发环，启动化学氧气发生器。

（3）听到“嘶嘶”的气流声，并确认化学氧气发生器工作后开始使用。

（4）观察窗面向地面方向，掌心相对用力向两边撑开橡胶圈。

（5）低下头，将面罩从头的后部向前套下，把长头发放入头套内。

（6）用力下拉直到面罩内松紧带与头部紧贴。

（7）Scott（Avox）型防护式呼吸装置的化学氧气发生器工作持续约 15 分钟。

3. Aerospace 型防护式呼吸装置

（1）打开储存盒，拆开包装并展开面罩。

（2）观察窗面向地面方向，掌心相对用力向两边撑开橡胶圈。

（3）低下头，将面罩从头后部向前套戴，移动送话器使面罩与口鼻完全吻合。

（4）将头发放进头套内，整理颈部保证面罩密封良好。

（5）将黑色调节带向前拉动以触发供氧。

（6）向后拉动调节带，使面罩收紧固定。

（7）确认化学氧气发生器工作，且能听到“嘶嘶”的气流声。

（8）拉动调节带后若无氧气流出，再用力重复一次，否则取下口罩。

（9）Aerospace 型防护式呼吸装置的化学氧气发生器工作持续约 15 分钟。

4. Eros 型防护式呼吸装置

（1）打开储存盒，拆开包装并展开面罩。

（2）观察窗面向地面方向，掌心相对用力向两边撑开橡胶圈。

（3）低下头，将面罩从头的后部向前套下，把长头发放入头套内。

（4）化学氧气发生器因头部触动触发板启动。

（5）听到“嘶嘶”的气流声，并确认化学氧气发生器工作后开始使用。

（6）Eros 型防护式呼吸装置的化学氧气发生器工作持续约 15 分钟。

（五）注意事项

（1）飞行前检查：在指定的位置固定好，数量齐全。密封包装盒或内包装（Aerospace 型）完好。“状态完好指示标识”（Eros 型）显示为绿色。

（2）穿戴前要取下身上的锋利物品，如发夹、耳环、手表等；须擦掉面部浓重的油脂，如口红等。

（3）必须在非烟区穿戴和取下，头发必须全部放入密封胶圈。

（4）戴框架眼镜者，必须在装置外部调整眼镜位置。

（5）在呼吸过程中，当该装置向内凹陷、观察窗上有雾气或感到呼吸受阻时，调整一下面罩，然后做五次深呼吸。如果上述现象依然存在，可能氧气已用完，或该装置本身存在问题，应立即离开火源，到安全区域取下面罩。

（6）化学氧气发生器一旦启动不能停止，正常工作时会发出“嘶嘶”的气流声。当气流声变小或终止时，氧气停止充入面罩中，应离开失火区域脱下面罩。

（7）取下面罩后要充分抖动头发，以免氧气残留。

（8）化学氧气发生器工作时会产生高温，使用过后应妥善存放，不要随意乱扔，以免引起火灾。使用完毕后，先确认化学氧气发生器停止工作，远离火源区域，再用湿透的毛毯包裹降温，放置于可以移动、不易燃的储物柜、空餐车或废物箱内，并做好监控。

（9）使用后填写客舱记录本。

五、防烟护目镜

防烟护目镜（Smoke Protection Goggles/Smoke Goggles）供机组成员在驾驶舱充满烟雾时使用，以保护眼睛不受伤害，继续飞行，通常储存在驾驶员和观察员座位旁边。使用方法：和氧气面罩一起戴在脸上，把橡胶带套在脑后并固定。调整眼镜和面罩，使眼镜的密封边紧贴在眼部和氧气面罩边缘。

六、应急斧

应急斧（Emergency Axe）可以在灭火时清理障碍物和劈凿舱壁等结构。应急斧手柄包裹橡胶材料，不导电，并能承受 2 400 伏电压。客舱发生火情时，可以劈开障碍物靠近着火点。应急斧存储在驾驶舱内（部分机型存放在客舱储物柜，取用时应避开旅客视线，以免被用作凶器，危害飞行安全）。

使用应急斧时的注意事项：（1）使用前乘务员应征询机长同意（应急撤离时除外）并解释其用途，使用完后放回原位；（2）当客舱隐蔽区域冒烟 / 失火时，不要用应急斧的斧刃砍断壁板，以防止切断电线。

七、防火手套

防火手套（Fire Protection Gloves/Protecting Gloves）可用于驾驶舱失火时保证驾驶员正常操作飞机仪表、操作杆和各种按钮，也可用于乘务员处置客舱火灾时佩戴，防止手部受伤。防火手套为石棉材质，具有防火隔热的作用，一般存储在驾驶舱内。防火手套使用后，须填写客舱记录本。

八、灭火毯

（一）结构与特征

灭火毯（Fire Blanket）是由玻璃纤维等为原料，经过特殊处理编织而成的柔软织物，具有防火和隔热等功能。

（二）工作原理

灭火毯的工作原理为覆盖火源、阻隔空气。当灭火毯盖在燃烧的物品上时，燃烧因无法得到氧气而熄灭，达到灭火的目的。

（三）适用范围

（1）在火灾发生的初始阶段，可以有效隔氧灭火。

（2）人身上着火时，可将灭火毯完全包裹在人体上，扑灭火源。

（3）将灭火毯抖开披在身上，可有效减少逃离火场时的人身伤害。

（四）使用方法

（1）将涂有阻燃、灭火涂料的一面朝外，迅速覆盖在火源上。

（2）注意包裹完全火源，不留任何缝隙，才能起到迅速阻隔空气并熄灭火源的作用。

（3）灭火毯持续覆盖在着火物体上，并采取积极灭火措施，直至火完全熄灭。

（五）注意事项

（1）飞行前检查：在指定位置。注意：灭火毯非机载必备设备，如未配备飞机仍可正常运行。

（2）禁止使用灭火毯覆盖或包裹锂电池或含锂电池设备进行灭火。

九、防火衣

防火衣（Fire-proof Suit）主要供灭者在主货舱灭火时使用，防止灭火者四肢和躯干受到火的侵害。在进入火场前灭火者须穿好防火衣，并将其完全扣好。

任务二　氧气设备

客舱内的氧气设备可在紧急情况下（如发生紧急医疗事件或发生客舱失压时）为机上乘员提供氧气，一般分为驾驶舱氧气系统、客舱氧气系统和便携式供氧设备（如手提式氧气瓶）三种。

驾驶舱氧气系统为驾驶舱内的飞行员和观察员供氧，通常采用高压氧气瓶，其优点是储氧量大、供氧时间长，并且可以重复使用。客舱氧气系统为客舱内所有旅客和乘务员供氧，通常采用化学氧气发生器（只有少数飞机采用氧气瓶供氧），其优点是供氧安全可靠，并且系统质量小。便携式供氧设备为机组成员和旅客在移动过程中供氧，常见的有手提式氧气瓶，主要用于医疗急救或其他紧急情况。

一、驾驶舱氧气系统

驾驶舱氧气系统（Flight Deck Oxygen System）又称机组氧气系统，在紧急情况下为驾驶舱内的机组成员提供氧气以维持正常飞行。

（一）结构与特征

驾驶舱氧气系统位于前驾驶舱，由机组高压氧气瓶和机组氧气面罩（见图 2－1）组成，可供氧 1 小时以上。每个机组成员座椅旁边都有一个易取用的存放箱，箱内装有一个可快速佩戴的氧气面罩。机组成员可以根据需要随时戴上氧气面罩使用氧气，避免因为失压、烟雾和有毒气体影响飞行安全和对人体造成影响。

图 2－1　机组氧气面罩

（二）使用方法

用手抓住存放箱边上的红色氧气面罩充气手柄，从存放箱中拉出面罩后挤压充气手柄，把氧气面罩拉到面前，转动面罩使其朝上并且拉向面部中央（确保大量的轮管已伸展），朝面部中央微微倾斜并把面罩对着脸以便于面罩下部首先接触到下巴。再将面罩上部贴近额头，让氧气面罩套住头部，最后释放充气手柄将面罩固定在头上。

戴好后按需调节流量：

（1）选择“NORMAL”（正常）档位时，使用者可在一定的客舱高度以下呼吸客舱空气与氧气的混合气体；超过了这一客舱高度，调节器就会提供 100% 纯氧。

（2）选择“100%”档位时，使用者可在所有的客舱高度范围内呼吸到纯氧。

（3）在紧急情况下，应按下“EMERGENCY OVERPRESSURE KNOB”（应急超压供氧按钮），可以正压力提供纯氧。

（三）注意事项

（1）驾驶舱氧气面罩为快速穿戴型，不能自动打开。

（2）无需供氧时捏住红色手柄取下氧气面罩，可以重复使用。

（3）“NORMAL”和“100%”两个挡位属于断续供氧，只有使用者呼吸才提供氧气，可用于客舱缓慢释压；“EMERGENCY OVERPRESSURE KNOB”档位属于连续供氧，可用于客舱快速释压。

二、客舱氧气系统

客舱氧气系统（Cabin Oxygen System）又称旅客供氧系统，能在飞机发生失压的紧急下降期间为旅客和乘务员提供氧气。根据飞机类型的不同，客舱氧气系统有两种氧气来源：化学氧气发生器和氧气瓶。

许多民用客机使用化学氧气发生器供氧，部分客机使用高压氧气瓶供氧，例如波音 787 客机。另外在特殊情况下，如飞机在高原地区运行时，因高原地区海拔相对较高，氧气含量相对较低，会增加紧急供氧时间，因此旅客使用的氧气来源也可能是氧气瓶。高压氧气瓶为一次性装置，使用后必须更换。

无论是哪种氧气来源，当客舱失压发生时，氧气面罩都会从每排座椅、乘务员座椅、乘务员休息铺位和洗手间上方天花板的隔间中掉落。一般情况下，客舱氧气系统提供用氧的时间足够飞行员将飞行下降到安全高度。

（一）结构与特征（由化学氧气发生器供氧的客舱氧气系统）

（1）一般情况下，客舱氧气系统的氧气是由安装在特定容器内的一个专用化学氧气发生器供给，该发生器可为若干个面罩供氧。它们位于旅客座椅上方、乘务员座椅上方、洗手间天花板、乘务员休息铺位（如有）上方和各个厨房（选装）。

（2）如果客舱压力高度超过 14 000 英尺，氧气面罩（见图 2－2）会自动落下，此时自动脱落的面罩并没有氧气输出。当拉下氧气面罩时，才会开始供应氧气。这是因为用力向下拉面罩时，面罩和氧气发生器之间的一根细绳也会被拉动，这根绳会触发化学氧气发生器的释放，让发生器内的物质混合进行化学反应产生氧气。

图 2－2　客舱氧气面罩

（3）并联的座椅共用一个氧气发生器。因此，当同一排座椅任意一个氧气面罩被拉下时，并联座椅上的所有氧气面罩都会开始供应氧气。

（4）化学氧气发生器产生的氧气通过导管输出到面罩供乘客呼吸。导管内有形似小球的气体流动指示器，小球跳动时表明正在输出氧气。

（5）氧气面罩和导管之间有一个氧气储存袋，在未脱落时呈干瘪状态，随着化学氧气发生器输出氧气而逐渐膨胀。它的作用是缓存产生的氧气，保证一定时间内有较均衡的氧气输出，避免因为化学反应速度导致的氧气输出不平均。

（6）化学氧气发生器一旦被触发不能停止，面罩会供氧直至氧气发生器内的氧气用完为止。发生器内的化学物质是有限的，因此氧气输出的时间约为 15 分钟左右。

（7）每一排并联的旅客座椅上方的服务组件内都有 1 个化学氧气发生器和若干个氧气面罩（机型不同，数量亦不同），乘务员座椅和洗手间天花板内也各有 1 个化学氧气发生器和有 2 个面罩。

（二）使用方法

氧气面罩可通过自动、电动、人工三种方式脱落释放。

（1）自动脱落：当座舱气压高度超过 14 000 英尺时，氧气面罩储藏箱自动打开，氧气面罩会自动脱落。

（2）电动脱落：当自动方式失效或有需要时，飞行员可以在驾驶舱操作电门释放客舱内的氧气面罩。

（3）人工脱落：当自动和电动都无法打开氧气面罩储藏箱时，可人工用如名牌、别针、发卡等尖细物品打开氧气面罩储藏箱的门，使氧气面罩脱落。

无论哪种方式使氧气面罩脱落，旅客均要下拉氧气面罩以触发氧气发生器。使用时将面罩罩在口鼻处，带子套在头上进行正常呼吸。在帮助别人之前，先戴好自己的氧气面罩。

（三）注意事项

（1）化学氧气发生器触发后会随着化学反应释放出热能，因此有可能会闻到类似燃烧的气味，并有可能出现烟雾。

（2）氧气面罩使用后不能塞回储藏箱内，容易引发火灾，应放进前方椅背的口袋中。

（3）当座舱高度低于 14 000 英尺而客舱有烟或热源时，不要使用氧气面罩。氧气面罩不能阻止机上乘员吸入烟雾，吸入的是舱内空气和氧气的混合气体。

三、手提式氧气瓶

各机型客舱内都配备有手提式氧气瓶（Portable Oxygen Cylinder），这是一种机动应急的便携式供氧装置。手提式氧气瓶通常存放在驾驶舱和客舱，可以用于机上医疗救护，也可以在紧急情况下为机上乘员提供可移动的氧气。

视频

手提式氧气瓶

（一）结构与特征

手提式氧气瓶由压力表、调压器、开 / 关阀门、流量出口和氧气面罩组成。氧气瓶的增压为 1 800 磅力 / 英寸^2。不同机型可能配备不同容量的手提式氧气瓶，一般有 120 升（波音）和 310 升（空客）。双出口氧气瓶有高低流量两个出口。一般情况下，氧气瓶使用低流量时供氧约 2 升 / 分钟，多供走动时使用或肺气肿患者的治疗；使用高流量时供氧约 4 升 / 分钟，多供医疗救护使用。

（二）使用方法

1. 双出口氧气瓶

（1）取出氧气面罩。

（2）将氧气瓶的背带背好，或将氧气瓶放在腿上。

（3）选择流量出口，打开防尘帽（如适用），确认氧气面罩的导管插头插入并连接好。

（4）逆时针打开开关阀门到底，打开氧气瓶。

（5）检查面罩，确认氧气流出。

（6）将面罩罩在使用者口鼻处，带子套在头上，拉紧面罩上的调节带。

（7）停止使用时，顺时针转动开关阀门并拧紧，关闭氧气瓶。取下氧气面罩。

2. 单出口氧气瓶

（1）取出氧气面罩。

（2）将氧气瓶的背带背好，或将氧气瓶放在腿上。

（3）打开防尘帽（如适用），确认氧气面罩的导管插头插入并连接好。

（4）逆时针打开开关阀门到底，打开氧气瓶。

（5）开关打开后，观察窗会出现“2”或“4”的字样。“2”为低流量，“4”为高流量，选择好需要的流量，确保相应的数字完全出现在观察窗内。

（6）检查面罩，确认氧气流出。

（7）将面罩罩在使用者口鼻处，带子套在头上，拉紧面罩上的调节带。

（8）停止使用时，顺时针转动开关阀门并拧紧，关闭氧气瓶。取下氧气面罩。

注意：使用时如果观察窗的数字有所偏移，会导致氧气停止，因此使用时除了需要注意使用时间外，还要注意不要随意触动开关阀门；超过“4”以后不要过分旋转开关手柄，避免引起不必要的伤害。

3. 脉冲式氧气瓶

（1）取出氧气面罩。

（2）将氧气瓶的背带背好，或将氧气瓶放在腿上。

（3）打开防尘帽（如适用），确认氧气面罩的导管插头插入并连接好。

（4）将开关调到“开”位，氧气瓶启动后 LED 灯闪烁。

（5）检查面罩，确认氧气流出。

（6）将面罩罩在使用者口鼻处，带子套在头上，拉紧面罩上的调节带。

（7）停止使用时，将开关调到“关”位，关闭氧气瓶。取下氧气面罩。

（三）注意事项

（1）飞行前检查：在指定位置并固定好，数量齐全。铅封（如有）完好，氧气输出口防尘帽（如有）完好，与之配套使用的密封包装的氧气面罩与氧气瓶放在一起。开关阀门在“关”位。压力表指针在有效区域（红色），如果压力指示针低于红区，应立即通知乘务长并联系机务人员。

（2）不要摔或撞氧气瓶。

（3）用氧周围 4 米之内不能有火源。

（4）避免氧气与油或脂肪接触，使用时要擦掉口红或润肤油。

（5）切勿将氧气瓶中氧气放空，每瓶氧气瓶应至少保留 500 磅力 / 英寸 ^{2} 的氧气。压力指针指示为 500 磅力 / 英寸 ^{2} 时，应停止使用，以便再次充气。

（6）肺气肿患者使用低流量氧气。

（7）氧气面罩为一次性使用产品。除非使用者为同一人，否则应更换新的氧气面罩。

（8）使用后填写客舱记录本。

任务三　应急撤离设备

当飞机发生严重紧急情况时，应急撤离是机组在地面或水上采取的，保证机上乘员安全或减少飞机上乘员伤害的措施。在撤离过程中，为了避灾、逃生和求生而使用的机载应急设备称为应急撤离设备，主要包括舱门、撤离滑梯、翼上出口、安全演示包、应急定位发射机、救生衣、救生筏、救生包、逃生绳、便携式扩音器、应急手电筒等。

一、舱门

（一）结构与特征

大部分民用客机左右两侧均配备了客舱舱门（Cabin Doors）。左侧的舱门俗称“登机门”，供旅客上下飞机时使用，其中 L1（左前）门为主要登机门。右侧的舱门俗称为“服务门”，主要供机上供应品和机上废品的装卸使用。尽管舱门设计根据飞机类型有所不同，但它们通常具有以下共同结构或特征：

（1）观察窗，用于在开门观察外部情况；

（2）舱门操作手柄，需要抬起或旋转才能打开门；

（3）辅助手柄，打开舱门时帮助固定；

（4）阵风锁，把舱门保持在完全打开位置的锁，起到固定机门的作用；

（5）撤离滑梯，位于门的下部内部，或内置在飞机机身的外部；

（6）撤离滑梯气瓶压力表；

（7）预位和解除预位的装置，大多数现代客机都装有不同形式的模式选择操纵杆，乘务员在每次飞行前和飞行后启动，以连接 / 分离撤离滑梯；

（8）红色警示带（如有）是明显的警示标志，当它在警示位置时，表明撤离滑梯已连接，此时开启舱门，滑梯会自动放出；

（9）黄色警示带，当客梯车或其他外接设备尚未完全与飞机对接时，黄色警示带起到为工作人员和旅客提供安全警示的作用。

（二）使用方法

以下为应急开门时的参考方法：

（1）评估撤离路线；

（2）观察机内、机外状况以识别不能使用的出口；

（3）确认飞机完全停稳，发动机关闭；

（4）核实舱门已预位；

（5）打开舱门；

（6）确认滑梯充气；

（7）如果滑梯自动充气失败，则拉动人工充气手柄；

（8）如果确认滑梯不能充气，则引导旅客从其他安全出口撤离飞机。

（三）注意事项

（1）飞行前检查：门区无夹杂物，舱门各部分功能完好。

（2）正常情况下，必须由舱门操作责任人开启舱门，其他人不得代替。

（3）舱门滑梯预位和解除预位时，必须依据乘务长或飞行组的口令进行，不能擅自操作。

二、撤离滑梯

（一）结构与特征

撤离滑梯（Evacuation Slides）装在每个舱门处，充气后可供旅客紧急撤离客舱使用。撤离滑梯不是认证的救生筏，但是水上迫降时可以作为漂浮设备使用。

（二）使用方法

1. 滑梯充气的方法

在舱门预位时打开舱门，撤离滑梯会自动弹出并充气。如果滑梯不能自动充气，可拉人工充气手柄为滑梯充气。

2. 滑梯不能使用

如果自动和人工方法都不能为滑梯充气，则此滑梯不能使用，应指挥旅客使用其他出口。

3. 充气滑梯漏气

（1）可做软梯使用；

（2）指挥两名援助者将滑梯作为绳子滑下；

（3）指挥这两名援助者抓住滑梯侧面的拉手，将滑梯拉紧，每次滑下一位机内滞留旅客。

（三）注意事项

由于机体自重和重心的原因，某些机型在水上迫降时，两个后门会在水平面以下。因此应先观察机内、机外情况，确认出口外部环境安全，再打开舱门释放撤离滑梯。

三、翼上出口

（一）结构与特征

飞机翼上出口（Overwing Emergency Exits）通常位于飞机左右两侧的机翼上，可以从内部或外部开启，在应急情况下供机上乘员撤离使用。翼上出口滑梯处于预位状态。

（二）使用方法

1. 以波音 737－800 机型为例，内部打开翼上出口

（1）确认飞机完全停稳；

（2）确认舱门外部无烟、无火、无障碍，水上撤离时，确认门槛高于水面；

（3）听到撤离信号时，向下拉开启把手，门向外开启并向上弹起；

（4）水上迫降时，将存放在出口框上的逃生绳扣在机翼的黄色拉环上，其可作为旅客的抓握点；

（5）引导旅客撤离飞机。

2. 以空客 320 机型为例，内部打开翼上出口

（1）确认飞机完全停稳；

（2）确认舱门外部无烟、无火、无障碍，水上撤离时，确认门槛高于水面；

（3）听到撤离信号时，将舱门上的盖板拉开（出口壁板上的预位灯亮）；

（4）拉开任何一个出口，同侧的双滑道滑梯自动充气（5 秒内充气完毕）展开；

（5）拉动出口框上的人工充气手柄；

（6）水上迫降时，将逃生绳将两端分别扣挂在出口框和机翼上的挂环上，其可作为旅客的抓握点；

（7）打开后的出口舱门可以放在同一排的旅客座椅上或扔出舱外。

（8）引导旅客撤离飞机。

（三）注意事项

翼上出口仅限紧急情况下使用。

四、安全演示包

乘务员需要在每一段航段飞机移动前，向旅客播放或演示乘机须知和应急设备的使用方法，这就是安全演示。安全演示的内容包括：氧气面罩的使用方法，安全带的操作方法，应急出口和应急撤离指示灯的位置，以及展示旅客安全须知卡。在延伸跨水运行的客机上，还需要向旅客播放或演示救生衣穿戴和充气的方法。而安全演示包（Safety Demonstration Kit）是安全演示中必不可少的演示用品。

（一）结构与特征

安全演示包通常存放在乘务员座椅附近的储藏柜内，包含的物品有救生衣、氧气面罩、安全带和旅客安全须知卡。

视频

救生衣、氧气面罩、安全带

（二）使用方法

（1）演示时提前将演示用品放于指定位置并整理好；

（2）演示时应按照广播 / 录音节奏演示；

（3）为旅客进行安全演示时应表情自然，动作整齐划一；

（4）演示结束后，将安全指示包统一放回指定位置。

（三）注意事项

（1）飞行前检查：在指定位置，数量齐全，状态良好可使用。

（2）如果安全演示包的内容物有损坏或遗失，须通知乘务长，根据乘务工作的不同阶段联系机务人员更换，或将具体情况登记在客舱记录本上。

五、应急定位发射机

应急定位发射机（Emergency Locator Transmitter，ELT），又称应急发报机，具有自动向卫星发送地点信号的功能。在飞机遇险时，通过人工、撞击和水浸等不同的触发方式在规定的频率上发射求救信号，以便定位迫降地点协助搜救组织进行搜救。应急定位发射机既可以在水中使用，也可以在陆地上使用。

根据《一般运行和飞行规则》（CCAR-91-R2）第 91.435 条的要求，2008 年 7 月 1 日后，任何批准载客 19 人以上的所有飞机必须至少装备一台自动应急定位发射机或两台任何类型的应急定位发射机；批准载客 19 人或以下的所有飞机必须至少装备一台任何类型的应急定位发射机。

（一）结构与特征

应急定位发射机的工作频率有 121.5 兆赫、243 兆赫和 406 兆赫，其中 406 兆赫为数字频率，包括飞机国籍、注册号、所属公司等信息。应急定位发射机可分为自动型和救生型，自动型应急定位发射机一般固定在机身后方，救生型应急定位发射机常见贮藏在衣帽间和行李架上。救生型应急定位发射机常见型号有 ADT406S、Rescue406 等，其中 ADT406S 呈长方形，Rescue406 呈长条形。

（二）使用方法

1. 自动型应急定位发射机

自动启动为重力加速度，即当飞机受到巨大外力撞击或触水时，固定式应急定位发射机装置会自动开启并发射信号；人工启动为扳动 P5 板上的电门。

2. 救生型应急定位发射机

发射频率与使用时间：民用频率 121.5 兆赫和军用频率 243 兆赫的使用时间为 48 小时，卫星频率 406 兆赫的使用时间为 24 小时。

（1）Rescue406 型：

1）水中使用（自动激活）：将应急定位发射机一头的绳子系在救生筏上，将应急定位发射机缓慢放入水中。水溶带断开后，天线自动竖直。发射机自动激活发射信号，在海水中 5 秒内启动，在淡水中 5 分钟内启动。

2）陆地使用（人工激活）：选择一个空旷位置，最好是制高点，确认周围没有障碍物后启动应急定位发射器。割断水溶带使天线竖直。将应急定位发射器自带的塑料袋取出，将塑料袋装满非黏稠的液体。将应急定位发射器的底部浸没在塑料袋的液体中，确保液面要始终高于发射器侧面的注水孔。竖直固定发射器，拔出天线使其呈竖直状态。几秒内发射机自动发射信号，摇晃应急定位发射器可以加速启动时间。

3）停止发射信号：将天线折回且平放，可停止发射信号。

（2）ADT406S 型：

1）水中使用（自动激活）：取下天线保护盖，天线自动竖直。确认发射器开关在 ARM 位。将绳索展开系在救生筏上，将发射器缓慢浸入水中，水传感器激活发射器。指示灯亮，工作报警鸣响。

2）陆地使用（人工激活）：取下天线保护盖，天线自动竖直。确认周围没有障碍物。将发射器开关从“ARM”位扳到“ON”位。发射器开始自测程序，30 秒后开始发射信号。指示灯亮，工作报警鸣响。如需停止发射，将开关扳至“OFF”位。

（三）注意事项

（1）飞行前检查：Rescue406 型须在指定位置并固定好，数量正确，塑料袋材料良好；ADT406S 型须在指定位置并固定好，数量正确，触发电门在“ARM”位。

（2）应急定位发射机不能放在油里。

（3）应急定位发射机工作时，天线必须保持在竖直状态，周围无障碍物。
（4）应急定位发射机在飞机上存储时必须远离液体，不得随意拆卸。
（5）一旦应急定位发射机被意外激活，应立即关闭发射机并向最近的航空管制报告。
（6）每次只使用一个应急定位发射机。

六、救生衣

救生衣（Life Vest）是飞机在水面迫降后，供单人使用的水上撤离救生器材，可以确保紧急情况下机上乘员在水中的安全。根据 CCAR-121-R7 第 121.339 条的要求，跨水运行的飞机应当携带供机上每位乘员使用的配备有经批准幸存者定位灯的救生衣或者经批准的等效漂浮装置，存放在每个座位或者铺位上的乘员易于取用的地方。

（一）结构与特征

救生衣有机组救生衣、成人 / 儿童救生衣和婴儿救生衣等不同种类。为了在紧急情况下快速指挥旅客撤离，有效区分旅客和机组成员，其中机组救生衣为红色，储藏在机组成员和客舱乘务员的座席处。成人 / 儿童救生衣和婴儿救生衣均为黄色。成人 / 儿童救生衣一般储藏在旅客座椅下方或扶手下方的储藏柜内；婴儿救生衣存放在指定的位置，仅适用于体重不足 15 千克的婴儿。

（二）使用方法

1. 成人 / 儿童救生衣

（1）撕开塑料包装，取出救生衣；
（2）将救生衣经头部穿好，红色充气阀门应在前方；
（3）将带子从后向前绕并扣好；
（4）调节带子松紧，系紧安全带；
（5）撤离飞机前拉动红色充气阀门，救生衣自动充气；
（6）如果不能自动充气或充气不足，拉出人工充气管，用嘴向里充气；
（7）成人救生衣给儿童穿戴时，可将带子放在两腿之间，扣好系紧。

2. 婴儿救生衣

注意：为婴儿穿上救生衣前，成人旅客应先穿好救生衣。
（1）乘务员向成人旅客提供婴儿救生衣，并提供协助；
（2）撕开塑料包装，取出救生衣；
（3）救生衣从前向后穿过婴儿手臂，粘贴背后的第一排粘扣；
（4）将前部锁扣从两腿间穿过与第二排的锁扣固定；
（5）将第三排锁扣固定；
（6）将长带子上的锁扣系在成人旅客的腰带上。

（三）注意事项

（1）飞行前检查：机组救生衣在位，包装完好；旅客救生衣（抽查）在位。
（2）救生衣的正反可以调换（婴儿救生衣除外），但红色充气阀门应在前方。

（3）救生衣的定位灯电池浸水后，定位灯会自动发光，并可持续使用 8 ～ 10 小时。

（4）成人救生衣应在撤离飞机前充气；儿童救生衣应在离开座位后充一半气；如果旅客不能自理或上肢不便，穿好救生衣后应立即充气；婴儿救生衣应在离开座位时充气。

（5）如果需要释放救生衣内的气体，可以压下人工充气管的顶部充气阀门，并挤压救生衣，气体会从充气管内放出。

（6）在救生筏上可将救生衣部分放气，但不要脱下，以起到保暖作用。

（7）除非情况所需，不要尝试穿救生衣游泳。

七、救生筏

救生筏（Life Raft）也称救生船、救生艇，是水上迫降时使用的漂浮工具。根据 CCAR-121-R7 第 121.339 条，除经民航局批准外，对距最近海岸线的水平距离超过 93 公里（50 海里）的延伸跨水运行，须携带额定容量和浮力足以容纳机上乘员的救生筏。平时救生筏不充气，需要时可立即取出并充气使用。客机所携带的救生筏数量根据飞机的载客数而定。当飞机迫降在水面时，部分撤离滑梯也可作为救生筏使用。

（一）结构与特征

救生筏呈圆形、椭圆形或六角形，折叠包装好后贮存在飞机的天花板上。救生筏自动充气就可以使用。遇险人员坐在救生筏上，臀部与水面之间有气囊隔开，防止受凉。打开救生筏天蓬，可防风雨，可以接雨水，也可以防晒。救生筏的配件通常有气瓶释放装置、安全刀、海锚、定位灯、系留绳、救生绳、救生圈、手泵、救生包等。救生筏的充气时间为 30 秒。每条救生筏额定载客 46 人，最大承载量为 69 人。

（二）使用方法

（1）从储存处取出救生筏，揭开救生筏一头的红布，拉出部分系留绳（注：拉出系留绳时，不可以全部拉出，否则会造成救生筏充气而堵塞出口）；

（2）将系留绳连接到飞机出口处的牢固物体上系紧；

（3）将救生筏抬至出口并向外扔出，推入水中；

（4）继续拉系留绳，当看到绳子上露出彩色飘带，再用力拉绳子，使救生筏完全充气（30 秒）；

（5）救生筏充气完毕后，调节救生筏与飞机的距离并指挥旅客登筏；

（6）旅客登筏完毕，解开或用小刀割断系留绳，使救生筏脱离飞机；

（7）指挥其他落水的旅客及救生筏远离飞机，以防飞机沉没时救生筏及其他落水旅客被吸入海水中。

（三）注意事项

（1）飞行前检查：在指定位置，包装完好。

（2）救生筏释放前一定要确定系留绳牢靠固定飞机的牢固物体上，以免救生筏入水后飘走。

（3）水上迫降时应先将救生包连接到每一个救生筏的锁扣位置上。

八、救生包

救生包（Survival Kit），又称 SK 包，包内配有多件紧急情况下使用的物品，可以分别用于急救、发送信号、操作救生筏和修理救生筏等。

（一）结构与特征

救生包内的物品分别为：天篷、多功能刀、求生手册、修补钳、饮用水、水净化药片、信号弹、海水淡化泵、海水染色剂、手电筒、信号反射镜、哨子、舀水袋、吸水海绵、人工充气泵，以及碘酒、烫伤药膏、绷带、护创贴、氨水吸入器、葡萄糖、三角巾等急救物品。

（二）使用方法

救生包中一些物品的使用方法如下。

（1）天篷：又称支撑杆。用于防止暴晒，或利用其明亮，具有反射性的颜色，可用作信号装置，并且也可用来收集雨水供饮用。使用时，从救生包中取出天篷和支撑杆；将天篷支撑杆插好并固定；将救生筏定位灯露出天篷；确保天篷拉链式的开口在登筏位，支撑杆穿入天篷上的孔中将天篷支起，从逆风一侧开始撑以便在大风天气控制天篷；用索扣或小绳子将天篷与筏固定好；将中央支撑杆的接头接好。将支撑杆插入救生筏天篷顶部的支撑孔或支撑杆固定位并固定好，再将支撑杆插入底部的支撑孔处并固定好。

（2）多功能刀：可作为一般小刀使用。

（3）求生手册：包括救生筏、求生设备维护说明和详细的求生指南，使用防水材料印制，浸水后不易腐烂。

（4）修补钳：用来修理破损的救生筏面，操作时要小心撕开或用小刀割开小的磨损口将修补钳下部的垫片穿入磨损口，然后面向内层将垫片放平然后将上方的盖片压下盖好封严，最后放下翼形螺帽将修补钳的两部分垫片拧在一起即可。操作时须注意将修补钳上拴着的长绳在手上系好，以防掉出船外。

（5）饮用水：救生包中装有几升的饮用水，若配备的是罐装饮用水内含开罐工具。饮用水应注意保存，必要时再用。

（6）水净化药片：用来净化收集到的淡水，1 片药可以净化 1 升水，静置净化 10 分钟，如果水质过差，可以增加净化药片，并延长净化时间。注意：水净化药片不是去盐药片，不能使海水 / 碱水变成饮用水。

（7）信号弹：提供长距离红色伞状信号，白天或晚上都可使用，射程 300 米，烟雾持续时间 40 秒钟。用法：手握信号弹的螺纹把手垂直放于头上方，旋开红盖子，严禁对准人或物体，引燃信号弹。信号弹只有在飞机或船确实可以被看到或接近时才发射。水上迫降时，必须在救生筏的风下侧握住信号弹伸出筏外（水面上方），防止热的燃屑烧坏救生筏并防止信号弹的烟雾吹向船上的人员；陆地迫降时，应在高的开阔地带使用。每个信号弹壳体外印有说明书使用时可参阅。

（8）海水淡化泵：撕开包装，将管内抑菌剂（液体）排出，方可使用，在包装内印有说明书可参阅。

（9）海水染色剂：海水染色剂内含有的化学试剂可以将救生筏周围 300 米的水染成荧光绿色，持续时间约为 45 分钟，若海面波涛汹涌则持续时间会短一些，晴天和日光下平静的海面上容易被看到。用法：将绳索系在救生筏逆风的一方，拉下盖片释放染色剂，将染色剂扔到水中即可。注意只有在看到搜寻和营救人员并且海水相对比较平静时使用。

（10）手电筒：靠电池工作时利用开关或浸入水中接通，在 15 千米的海域内可以看到亮光，不用时保存好电池。

（11）信号反射镜：用来向过往的飞机和海上的船只反射太阳光，镜面上反射光的视程可超过 23 千米。使用时，将太阳光从镜子上反射到一个近旁的表面上，然后渐渐将镜子向上移到眼睛水平处并能通过观察孔观看到一个光亮点，这就是目标指示光点。最后慢慢地转动身体调节镜子方向使目标指示光点落在目标上。信号反射镜拴在镜角上的绳子必须在手上套好，以免掉入水中。

（12）哨子：在雾天或晚上时召唤幸存者，也可召唤其他救生筏或水上最近区域的船只。

（13）舀水袋、吸水海绵：用来收集水或清除救生筏内积水。

（14）人工充气泵：对救生筏进行充气。

（三）注意事项

（1）飞行前检查：在指定位置，包装完好。

（2）水上迫降时应先将救生包连接到每一个滑梯 / 救生筏的锁扣装置上。在水上撤离时客舱乘务员须确保救生包都是系在救生筏上的。救生包由一根绳索与救生筏连接，拖挂在救生筏外，在救生筏脱离飞机后，要尽快将救生包拉进船内。

九、逃生绳

紧急撤离时，逃生绳（Life Line）可以帮助驾驶员从驾驶舱逃生，或在应急出口离地面较高时协助撤离飞机。水上迫降时，将逃生绳拉出扣在机翼的挂环上，可作为旅客的抓握点，协助机上乘员从湿滑的机翼上逃生。

（一）结构与特征

逃生绳贮藏在驾驶舱和翼上出口。根据机型的不同，翼上出口的逃生绳可能贮藏在行李架上或在装在应急出口的门框上方。

（二）使用方法

1. 翼上出口

使用时，将逃生绳从存放处取出并连到机翼上表面的连接点上。撤离绳可以用作扶手以便于紧急迫降时旅客从机翼走入救生筏时使用。

2. 驾驶舱风挡应急出口

逃生时打开窗口和位于窗口后部上方的逃生绳储藏柜。拉出逃生绳，确保绳子连接牢固。将逃生绳抛出窗外，上身探出窗外，坐在窗台上撤离。

（三）注意事项

飞行前检查逃生绳在指定位置。

十、便携式扩音器

根据 CCAR-121-R7 第 121.309 条规定，每架载运旅客飞机应当配有电池供电的便携式扩音器（Megaphone），放在负责指挥应急撤离的机组成员方便取用的地方。

（一）结构与特征

便携式扩音器，又称喊话喇叭，由电池供电，可调节音量。当客舱广播系统不能正常运作时，可以用便携式扩音器进行必要的安全提示，也可用于紧急撤离时发出指令。

（二）使用方法

取出便携式扩音器，握紧话筒，按下手柄处的按钮大声说话。

（三）注意事项

（1）飞行前检查：在指定位置并固定好，数量正确，按手柄处按钮测试可用。

（2）如果发现便携式扩音器不能正常工作，如电源不足等，须通知乘务长，根据乘务工作的不同阶段联系机务人员维修或将具体情况登记在客舱记录本上。

十一、应急手电筒

视频

救生斧、喊话喇叭、应急手电筒

应急手电筒（Emergency Flashlight）仅限于在紧急情况下（如在黑暗或烟雾中进行紧急撤离）提供照明、发出指令和信号时使用。

（一）结构与特征

机载应急手电筒通常固定在每个乘务员座椅附近。这些高强度电筒从储藏支架取下时会自动亮起，应急手电筒只有被放回储藏支架后才会熄灭。

（二）使用方法

（1）安装应急手电筒：握住手电；电池指示灯朝外，将突起的插头放入底座内的凹槽；将手电推入储藏支架。

（2）取下应急手电筒：握住手电，将手电从储藏支架中拉出。

（3）从储藏支架中拔出，手电筒将自动激活。

（4）紧急撤离使用时，应重心放低，将灯光对准过道，引导旅客跟随灯光。

（5）应急手电筒使用时间约为 4 小时。

（三）注意事项

（1）飞行前检查：在指定位置并固定好。

（2）带电量指示灯的手电筒，检查外侧上的指示灯每 3 到 4 秒闪烁一次，显示电量充足；或按压手电筒底座的测试按钮，状态指示灯显示绿色属正常。

（3）底座不具备充电功能。

（4）应急手电筒只能在紧急情况下使用。

（5）如果发现应急手电筒电量不足或不能正常工作，须通知乘务长，根据乘务工作的不同阶段联系机务人员维修，或将具体情况登记在客舱记录本上。

任务四　应急医疗设备

视频

机上医疗设备

CCAR-121-R7 第 121.743 条规定，载客飞机上应当配备的应急医疗设备，包括急救箱、应急医疗箱和卫生防疫包。

应急医疗设备中提供的医疗设备可以进行受伤应急处理、监测生命体征，并含有药物和其他医疗用品。其中部分药物和设备须经受过专业医疗训练的人员进行使用，例如对于机载应急医疗设备中的处方类药品，必须经医疗专业人员诊疗后方可使用。

乘务员需要特别注意的是：在飞行中提供使用机载急救箱、应急医疗箱（除体温计、血压计）外或任何药品时，应先保证被帮助者或者其同行人知晓使用说明，同意并签署应急医疗设备和药品使用知情同意书后方可使用。

除上述三种必须配备的应急医疗设备之外，部分航空公司为了方便旅客和减少运行中机载药箱的打开和更换，还配备了旅客药品箱。

一、急救箱

急救箱（First Aid Kit）（见图 2－3）用于对机上乘员受伤的止血、包扎、固定等应急处理。急救箱内配备绷带、棉签、三角巾、夹板等常用急救用品。

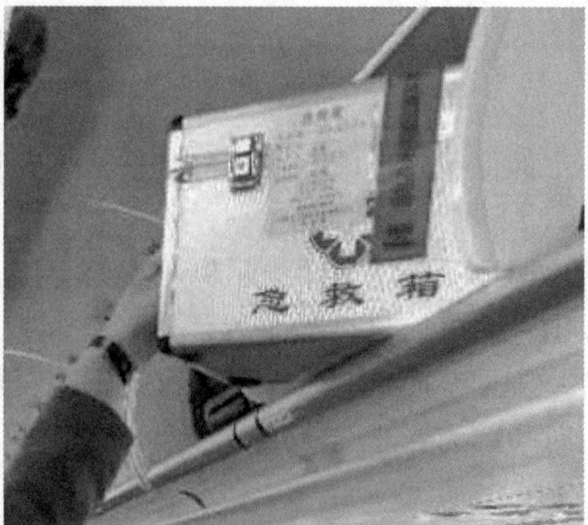

图 2－3　急救箱

（一）结构与特征

根据 CCAR-121-R7 附件 B 规定，每架飞机在载客飞行中所配急救箱的数量根据旅客座位数配备，100 座以下（含 100 座）的飞机不得配备少于 1 只急救箱，101 ～ 200 座的飞机不得配备少于 2 只急救箱，201 ～ 300 座的飞机不得配备少于 3 只急救箱，301 ～ 400 座的飞机不得配备少于 4 只急救箱，401 ～ 500 座的飞机不得配备少于 5 只急救箱，500 个以上旅客座位数的飞机不得配备少于 6 只急救箱。

按照规定，每只急救箱内应至少配备如表 2－1 所示的医疗用品。

表 2－1　急救箱配备的医疗用品

项目	数量
绷带，3 列（5 厘米）、5 列（3 厘米）	各 5 卷
敷料（纱布），10 厘米 ×10 厘米	10 块
三角巾（带安全别针）	5 条
胶布，1 厘米、2 厘米（宽度）	各 1 卷
动脉止血带	1 条
外用烧伤药膏	3 支
手臂夹板	1 副
腿部夹板	1 副
医用剪刀	1 把
医用橡胶手套	2 副
皮肤消毒剂及消毒棉	适量
单向活瓣嘴对嘴复苏面罩	1 个
急救箱手册（含物品清单）	1 本
事件记录本或机上应急事件报告单	1 本（若干页）

（二）配备要求及使用方法

（1）绷带是指根据不同尺寸要求分割组成小卷的医用绷带。绷带主要用于各种伤口的包扎固定，并不直接接触伤口。

（2）敷料是指据包扎伤口的医用敷料，是用以覆盖创伤面及其他损害的材料。敷料应当经过消毒灭菌处理并规范包装，包装表面应当标注有效期。

（3）三角巾是指呈等腰三角形的伤口包扎材料。三角巾广泛适用于病人的头部、面部、手掌、腹部、足部、踝关节、前额、耳部等受伤部位的包扎。

（4）胶布是指医用胶布。

（5）动脉止血带适用于四肢大出血。当其他止血法不能止血时才用动脉止血带进行止血。动脉止血带包括橡皮止血带（橡皮带、橡皮条和一次性止血带）、气压止血带（如血压计袖带）和布制止血带。

（6）外用烧伤药膏用于轻度烧伤、烫伤。

（7）手臂夹板用于手臂骨折时固定骨折部位。

（8）腿部夹板用于腿部骨折时固定骨折部位。

（9）医用剪刀是指医用不锈钢圆头剪刀（如敷料剪刀），用于急救时剪敷料、伤口处衣物等。

（10）医用橡胶手套是指医用灭菌橡胶手套。

（11）皮肤消毒剂及消毒棉：可选用含碘类（如碘伏）、洗必泰类、季铵盐类或植物（中草药）类等非醇类皮肤消毒剂，用于对创伤面的消毒。皮肤消毒剂包装应当严密、不泄漏，不应对航空器和运行存在安全威胁。

（12）单向活瓣嘴对嘴复苏面罩用于对伤病人员实施心肺复苏时的人工呼吸。

（三）注意事项

（1）飞行前检查：在指定位置并固定好，铅封完好，在有效期内。

（2）如果发现急救箱有异常情况，如被开封、过期等，须通知乘务长，根据乘务工作的不同阶段联系机务人员更换，或将具体情况登记在客舱记录本上。

二、应急医疗箱

应急医疗箱（Emergency Medical Kit）（见图 2－4）主要用于机上乘员意外受伤或医学急症的应急医疗处理。应急医疗箱内配备血压计、听诊器、一次性注射器以及葡萄糖、肾上腺素等注射液和医疗器械。

（1）

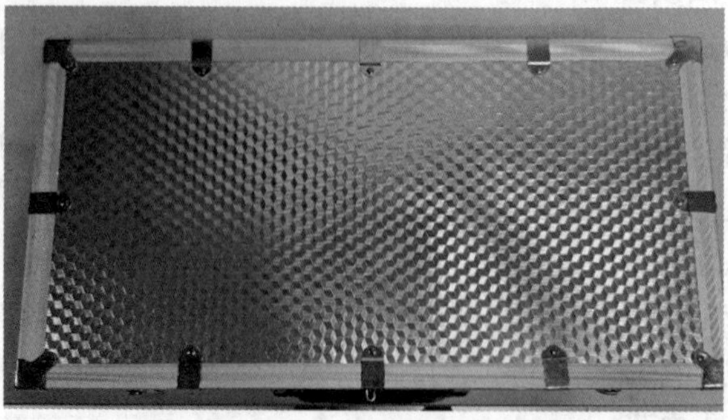

（2）

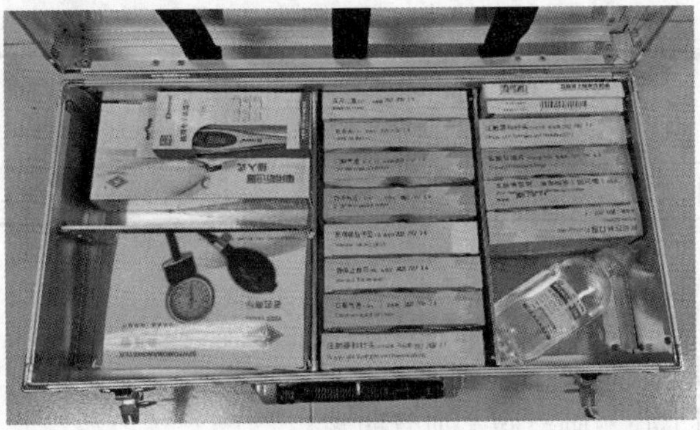

（3）

图 2－4　应急医疗箱

（一）结构与特征

应急医疗箱是一个密封的容器或盒子，里面装着处理伤口或医治疾病的专业医疗器具、处方药以及注射液，部分医疗用品只能由受过医学训练的人员打开和使用。如果在航班上有医生或受过医疗训练的人员，乘务员可以给他们提供应急医疗箱。

根据 CCAR-121-R7 附件 B 规定，每架飞机在载客飞行中应当至少配备 1 只应急医疗箱。按照规定，每只应急医疗箱内应至少配备如表 2－2 所示的药品和物品。

表 2－2　应急医疗箱配备的药品和物品

项目	数量
血压计	1 个
听诊器	1 副
口咽气道（三种规格）	各 1 个
静脉止血带	1 根
脐带夹	1 个
医用口罩	2 个
医用橡胶手套	2 副
皮肤消毒剂	适量
消毒棉签（球）	适量
体温计（非水银式）	1 支
注射器（2 毫升、5 毫升）	各 2 支
0.9% 氯化钠	至少 250 毫升
1∶1 000 肾上腺素单次用量安瓿	2 支
盐酸苯海拉明注射液	2 支
硝酸甘油片	10 片
醋酸基水杨酸（阿司匹林）口服片	30 片

续表

项目	数量
应急医疗箱手册（含药品和物品清单）	1本
事件记录本或机上应急事件报告单	1本（若干页）

（二）主要用途

（1）血压计：用于测量血压。

（2）听诊器：用于心、肺、腹、血管听诊。

（3）口咽气道（三种规格）：是指在急救和心肺复苏中，限制舌后坠，维持气道开放，保持伤患者气道畅通而使用的医疗用品。其规格大小在40～120毫米间不等，可根据实际情况自行确定其中的三种规格。

（4）静脉止血带：主要用于静脉注射、输液、抽血或外伤临时止血用。

（5）脐带夹：用于夹断孕妇分娩时连接婴儿的脐带。

（6）医用口罩：预防呼吸道传染病。

（7）医用橡胶手套：防止手部接触传染或污染，处理污染时使用。

（8）皮肤消毒剂：用于创伤面的消毒。

（9）消毒棉签（球）：用于创伤面的消毒。

（10）体温计（非水银式）：用于测量体温。

（11）注射器（2毫升、5毫升）和针头：配备一次性使用注射器（含针头），配备规格为2毫升注射器2支、5毫升注射器2支。合格证持有人如根据运行需要，调整配置其他型号的注射器（含针头），应当报合格证管理局备案。

（12）0.9%氯化钠：主要用于清洗伤口（创伤面）或稀释注射用药，其配置容量不得少于250毫升。

（13）1∶1 000肾上腺素单次用量安瓿：主要用于支气管痉挛所致的严重呼吸困难，可迅速缓解药物所引起的过敏性休克，也是心脏骤停时进行心肺复苏的主要抢救用药。

（14）盐酸苯海拉明注射液：主要用于急性重症过敏反应，以及其他过敏反应症，不宜口服用药者。

（15）硝酸甘油片：用于突发心绞痛或急性心肌梗死时的应急处置。

（16）醋酸基水杨酸（阿司匹林）口服片：适用于预防一过性脑缺血发作、心肌梗死、心房颤动、人工心脏瓣膜、动静脉瘘或其他手术后的血栓形成，也可用于治疗不稳定型心绞痛。

（三）使用方法

（1）应急医疗箱应在机上有急重伤病旅客且有医务人员帮忙时使用，使用前应确认医务人员身份。

（2）应急医疗箱仅为专业的医护人员提供在机上急救时所需的医疗药（用）品，使用前确认使用人员完全了解使用说明书。

（3）在其他需要的场合，机长有权决定打开应急医疗箱并取用其中的物品。

（4）使用后应准确填写机上应急事件报告单，在相应的位置请机长、医护人员和乘务长分别签名。

（四）注意事项

（1）飞行前检查：在指定位置，铅封完好，在有效期内。

（2）如果发现应急医疗箱有异常情况，如被开封、过期等，须通知乘务长，根据乘务工作的不同阶段联系机务人员更换，或将具体情况登记在客舱记录本上。

三、卫生防疫包

卫生防疫包（Universal Precaution Kit）在飞机上是很重要的预防传染病的配套设施。在飞行工作中可能会出现意外情况，如疑似传染性疾病的病患乘坐飞机时发生呕吐、流血等体液流出的情况时，很有可能会造成病毒大面积扩散导致严重后果。因此，飞机上配备了卫生防疫包来处置污染物。在使用卫生防疫包时处理潜在污染性物质和护理可疑传染病病人时，应当严格按照使用规范操作，以最大限度地保证处置人员健康并维护客舱安全。

（一）结构与特征

卫生防疫包用于清除客舱内血液、尿液、呕吐物和排泄物等潜在传染源。根据CCAR-121-R7 附件 B 规定，每架飞机在载客飞行中所配卫生防疫包的数量不得少于每100 个旅客座位 1 个（100 座以内配 1 个）。按照规定，每个卫生防疫包内应当配备如表 2－3 所示的药品和物品。

表 2－3　卫生防疫包配备的药品和物品

项目	数量
液体、排泄物消毒凝固剂	100 克
表面清理消毒片	1～3 克
皮肤消毒擦拭纸巾	10 块
医用口罩和眼罩	各 1 个（副）
医用橡胶手套	2 副
防渗透橡胶（塑料）围裙	1 条
大块吸水纸（毛）巾	2 块
便携拾物铲	1 套
生物有害物专用垃圾袋	1 套
物品清单和使用说明书	1 份
事件记录本或机上应急事件报告单	1 本（若干页）

（二）主要用途

（1）液体、排泄物消毒凝固剂：用于潜在传染性的体液的消毒杀菌，同时有吸水和凝胶化作用。

（2）表面清理消毒片：用于消毒受过污染的物品表面。

（3）皮肤消毒擦拭纸巾：用于消毒手和皮肤表面。

（4）医用口罩和眼罩：用于防止传染病经呼吸道感染。

（5）医用橡胶手套：用于防止手部接触污染物。

（6）防渗透橡胶（塑料）围裙：用于避免前臂和躯体前面接触污染物。

（7）大块吸水纸（毛）巾：用于擦拭消毒过的物品表面。

（8）便携拾物铲：用于清除经消毒凝固剂消毒、凝化处理后的污染物。

（9）生物有害物专用垃圾袋：用于盛装污染物和所有接触过污染物的物品。

（三）使用方法

客舱乘务员在使用卫生防疫包对潜在传染性物质进行消毒处理时，应遵循传染病卫生防护原则，按照处理污染性物质及消毒技术规范的程序操作，同时要加强个人防护。具体操作方法如下：

（1）操作者依次穿戴好医用口罩、眼罩、医用橡胶手套和防渗透橡胶围裙等个人防护物品。

（2）配制表面消毒液：每 250 ～ 500 毫升清水使用一片表面清理消毒片配制表面消毒液备用。

（3）将液体、排泄物消毒凝固剂均匀覆盖于潜在的污染性污物或体液 3 ～ 5 分钟，使其凝胶固化。

（4）使用便携拾物铲将凝胶固化的污物铲入生物有害物专用垃圾袋中。

（5）用配好的表面消毒液浸泡过的吸水纸（毛）巾对污物污染的物品和污染区域消毒至少两次，每次不少于 5 分钟，再用清水清洗两遍，并将使用完后的消毒用品放入生物有害物专用垃圾袋内。

（6）依次脱下医用橡胶手套、防渗透橡胶围裙后用皮肤消毒擦拭纸巾擦手消毒，再依次脱下医用口罩和眼罩，再次用擦拭纸巾擦手及可能接触到污染物的部位。

（7）将以上疑似被污染的物品和所有使用后的防护用品一并装入生物有害物专用垃圾袋内，密封垃圾袋。

（8）填写完整的“生物有害垃圾标签”，包括航空公司名称、机型、航班、日期等信息，将标签粘贴在垃圾袋封口处。

（9）将已封闭的生物有害物专用垃圾袋暂时存放于适当位置，避免丢失、破损或对机上餐食造成污染。

（10）按各航空公司规定填写机上应急事件报告单。

（11）通知相关机场有关部门对生物有害物进行无害化处理。

（四）注意事项

（1）飞行前检查：在指定位置，铅封完好，在有效期内。

（2）如果发现卫生防疫包有异常情况，如被开封、过期等，须通知乘务长，根据乘务工作的不同阶段联系机务人员更换，或将具体情况登记在客舱记录本上。

（3）卫生防疫包内所有物品均为一次性使用，使用后全部丢入包内的生物有害物专用垃圾袋，不得回收再使用。

（4）操作完成后，务必消毒双手以及可能触及的其他部位。

素养园地

幼儿机上突发抽搐昏迷　江西航空备降接力抢救

2020年12月5日，江西航空RY8923济南—沈阳航班上，一名2岁的小旅客突然抽搐，口吐白沫，随后陷入昏迷。江西航空乘务组迅速启动紧急预案，30分钟科学处置，接力救援；飞行组联合地面AOC、地服等相关单位紧急备降，与死神赛跑。小旅客最终转危为安。

一、幼儿突发抽搐昏迷，乘务组紧急救护转危为安

5日上午11时45分，江西航空航班从济南遥墙机场起飞后15分钟，飞机正处于爬升阶段，此时69L座旅客金先生按动呼唤铃呼唤乘务员。乘务员郭小佳（化名）和乘务员张琪（化名）发现旅客招手示意，且状态十分焦急。在确保安全的前提下，张琪前往查看情况，发现69K座于女士怀中抱着的一名幼儿口吐白沫、全身抽搐。

郭小佳和张琪将情况紧急报告给乘务长，立即按照紧急预案开展救护工作：了解旅客情况、广播寻找医生、报告飞行组旅客突发疾病情况、准备救护设备等。经了解，小旅客刚满23个月，没有病史、没有感冒发烧，此时机上没有找到专业医生，乘务员已经备好湿毛巾、吸氧设备。郭小佳按照乘务员定期培训的急救知识，划出抢救工作区域，全程负责小旅客的安全救护工作。

11时47分，小旅客持续抽搐并开始出现眼翻白症状，随后逐渐昏迷失去意识。乘务组立即疏散周边旅客，调整旅客座位，让小旅客平躺休息，取下氧气瓶为旅客使用高流量吸氧。郭小佳和另一名乘务员持续给小旅客按摩、胸口顺气以及监控用氧、飞机降落情况，同时尽可能安抚小孩家属。12时10分，小旅客逐渐恢复意识，眼睛可以正常睁开，小手紧紧握住郭小佳的手。

二、空地联动紧急备降，接力抢救演绎民航担当

11时45分，飞行组第一时间收到乘务组紧急救护消息，机长迅速报告公司AOC及青岛流亭国际机场申请就近备降，并向管制员申请优先落地。AOC联动和机场相关保障单位，请求地面急救支援和飞机备降保障。客舱里，乘务长再次广播，表示因为有小旅客突发急病，航班需要备降青岛，得到了全体旅客的理解和支持。

12时14分飞机顺利备降至青岛流亭国际机场，地面紧急救援医护人员在乘务组的配合下，迅速把小旅客带下飞机，转移上救护车赶赴医院救治。小旅客因抢救及时，顺利脱险，生命安全无恙。

作为一名专业的空乘，需要同时掌握急救、应急、服务等方面的各项技能。如急救中掌握心肺复苏、体外除颤，处置休克、癫痫、烧烫伤、机上分娩，止血、包扎、固定、搬运等；应急中会处置机上失火、释压、颠簸、紧急迫降和撤离，懂得反劫机、反炸机、防纵火等；服务中要具备中英文基本会话能力，学习心理学、中外礼仪文化，要会照顾无陪老人和孩子、帮扶残疾旅客等。

空乘如此，飞行员亦然。大多数时候，机组是旅客们的摆渡者；遇到突发情况，机组更是旅客们生命所托。他们不是一个个体，而是一群人组成的团队，空地联动、齐心协力，才能完成每一次平安起飞和降落，才能救旅客于危难之时。

（资料来源：江西航空有限公司．幼儿机上突发抽搐昏迷 江西航空备降接力抢救．民航资源网，2020-12-09.）

视频

“三个敬畏”

模块二
案例阅读

模块三 舱门及翼上出口操作

知识目标

- 掌握常见机型的舱门及翼上出口操作方法
- 理解舱门及翼上出口操作的重要性
- 熟练掌握舱门及翼上出口操作相关口令
- 熟练掌握特殊情况下的舱门及翼上出口操作程序

技能目标

- 能正确操作舱门及翼上出口
- 能正确进行舱门预位、解除预位程序
- 能通过团队协作正确操作舱门

素养目标

- 能树立“三个敬畏”意识，积极弘扬当代民航精神
- 能正确理解工匠精神

案例导入

代价昂贵的误放滑梯事件

2016 年 1 月 24 日（“春运”首日），西部航空一架客机后舱左二门机组解除预位后，机务上机误放滑梯。

事实上，就在前一天，还有两家航空公司也放了滑梯。

23 日晚，中国东方航空（简称东航）在昆明放了一个滑梯。

东航官方消息称，浙江分公司一位乘务长在未确认左一门滑梯是否已解除待命的情况下开启舱门，造成滑梯意外放出。事发后，东航再次要求全体人员按章操

作，操作机门时严禁越位、替代操作，开启机门前保持头脑清醒，不做任何与安全无关的事，必须使用“双人制开门确认口令卡”，不得提前操作。

同样是23日晚，中国南方航空（简称南航）北方分公司执行某航班，飞机在南昌落地后，乘务长没有执行双人制操作舱门，导致左1门滑梯掉包。

事发正值春运前夕，南航特就舱门操作提出如下要求：如发生舱门不安全事件，将对相关责任人进行严格追责。操作舱门时，必须严格落实双人制操作要求。提高抗干扰能力，杜绝因受外部因素干扰而导致的舱门不安全事件发生。

在正常运营情况下开舱门，必须将滑梯放在“滑梯解除待命”的位置，否则就会发生意外释放滑梯的事件。意外释放出滑梯，对飞机本身没有伤害，但是却要承担比较大的成本。一方面，误放滑梯会导致航班延误，航空公司需要赔偿旅客；另一方面，重新折叠滑梯的费用不菲。

一名民航飞行员表示，乘务员非必要放出滑梯是操作上的失误，属于严重差错，“飞机要重装滑梯，一次至少要20万元的成本”。另一名航空公司的工作人员解释，飞机撤离滑梯触发后的恢复，是一个非常复杂的过程。先要送车间检查有无损伤漏气，如有损伤只能报废处理，费用不下几十万元。滑梯本身如无破损，还需恢复所配备高压气瓶规定的压力，将滑梯折叠复原。整个过程极其严谨复杂，滑梯折叠打包成型后，还必须用专门的重物施压使之达到标准尺寸，仅该流程就需4～5天，人工、材料、设备航材等损失加起来不下几万元。

讨论：案例中的误放滑梯事件都是民航从业人员造成的，为什么专业人员干了不专业的事？

任务一　B737机型的舱门及翼上出口操作

一、出口

B737-700机型飞机一共有8个出口，客舱有6个出口，驾驶舱两侧窗可作为应急出口，并在驾驶舱顶上两侧各存放有一条逃生绳。

B737-800机型飞机一共有10个出口，客舱有8个出口，驾驶舱两侧窗可作为应急出口，并在驾驶舱顶上两侧各存放有一条逃生绳。

视频

客舱出口操作基本知识

注意：水上迫降时，后登机服务门在通常情况下，门槛低于水面。因此，不能打开作为撤离出口。

（一）出口正常操作

1. 内部正常打开舱门

（1）收起滑梯连杆扣在挂钩上；

（2）将红色警示带复位在观察窗上扣好；
（3）观察外部情况并确认正常；
（4）按箭头方向转动门手柄 180 度；
（5）将门向外推至全开，阵风锁锁上。

2. 外部正常打开舱门

（1）收起滑梯连杆扣在挂钩上；
（2）看不到观察窗红色警示带；
（3）提起外部门手柄，按箭头方向转动门手柄 180 度；
（4）握住门上辅助手柄，将门向外拉至全开，阵风锁锁上。

3. 内部正常关闭舱门

（1）收回阻拦绳，确认舱门内外无障碍物；
（2）按下阵风锁；
（3）握住舱门辅助手柄，将舱门拉回至舱内；
（4）将舱门控制手柄反方向旋转 180 度，将舱门关好；
（5）检查舱门密封状况，确认舱门没有夹杂物；
（6）按照口令操作滑梯至预位状态（滑梯杆挂在地板支架上）；
（7）警示旗斜置在观察窗上。

（二）出口应急操作

（1）确认滑梯连杆扣在地板卡槽内；
（2）确认飞机完全停稳；
（3）确认外部无烟、无火、无障碍；
（4）水上迫降时，判断门槛高于水面；
（5）按箭头方向转动门手柄 180 度；
（6）将门用力向外推至全开，拉人工充气手柄；
（7）确认滑梯充气正常；
（8）如果滑梯不能充气，引导旅客从其他安全出口撤离。

二、翼上出口

B737-700 机翼上方机身两侧共有 2 个翼上出口，B737-800 有 4 个。该出口为机械锁固定的拱形门。使用出口门上方的弹簧锁定手柄可从舱内或舱外使其开启。出于安全考虑，该舱门会自动保持锁定，并在手柄上安装有保护机构，以防止在飞行中打开。

注意：飞行中进行紧急撤离准备时，禁止开启任何舱门。发动机完全停止工作后，应急出口才能打开。在每个翼上出口的舱门结构上方均设有防滑绳。在抛出防滑绳之前必须首先打开应急出口。防滑绳的一端连接于舱门结构，剩余部分存放于延伸至客舱顶部的管道内。使用时，应将其从存放处取出，然后连接于机翼上表面扣环。水上迫降时，防滑绳可用作旅客在翼上行走并爬至救生筏的扶手。

翼上出口操作方法具体如下。

（一）外部打开翼上出口

（1）按压推板；

（2）舱门自动向外上方打开。

（二）内部打开翼上出口

（1）确认飞机完全停稳；

（2）确认外部无烟、无火、无障碍；

（3）水上迫降判断门槛高于水面；

（4）抓住辅助把手，向下拉开启把手，门向外开启并向上弹起；

（5）水上迫降使用存放在出口框的防滑绳，拉出绳扣在机翼上的黄色挂环上；

（6）引导旅客从机尾方向撤离飞机。

（三）预位和解除预位

（1）所有的舱门关好，乘务长通过乘客广播系统（PA）发布预位指令，此时必须将所有登机 / 服务门的红色警示带斜挂在舱门观察窗上。将滑梯连杆扣入地板卡槽内，检查落实后逐一向乘务长报告。

（2）飞机滑行到停机位完全停稳，登机桥靠好，乘务长通过 PA 发布解除预位指令，此时必须将所有登机 / 服务门的滑梯连杆从地板卡槽内取出挂在舱门储藏钩子内，然后将红色警示带收回横挂在舱门观察窗，检查落实后逐一向乘务长报告。

三、滑梯

每个登机 / 服务门内都装有个单滑道的滑梯，当滑梯连杆固定在地板卡槽时（滑梯预位状态），打开舱门用力向外推，滑梯落下并开始自动充气，充气完毕约需 5 秒；如自动充气失效，可拉动门槛右侧标有“PULL”的人工充气手柄使滑梯充气。

水上迫降时，滑梯不是救生筏，但可以作为漂浮工具，滑梯与飞机分离后，落水人员可以拉住边沿把手漂浮于水中，一旦在水上迫降滑梯展开后堵塞出口，应迅速拉动分离手柄，使滑梯与飞机分离。

任务二　A320 机型的舱门及翼上出口操作

一、出口

A320 机型一共有 10 个出口，客舱有 8 个出口。驾驶舱两侧窗可作为应急出口，并在驾驶舱顶上两侧各存放有一条逃生绳。

二、舱门正常操作

（一）内部操作

视频

正常舱门操作与非正常操作

1. 打开舱门

（1）将分离器手柄置于“解除预位”(DISARMED）位；

（2）插好安全销；

（3）检查并确认地板下方箭头与圆点分离；

（4）检查并确认客舱压力灯不亮；

（5）确认外面情况正常；

（6）确认轻抬手柄时，滑梯预位灯不亮；

（7）提起舱门操作手柄，将门向外向前推至全开，直到阵风锁锁上。

2. 关闭舱门

（1）压下按钮松开阵风锁；

（2）抓住门上辅助手柄，将门向内拉；

（3）压下舱门操作手柄，检查门锁指示为“LOCKED”，门关好。

（二）外部操作

1. 打开舱门

（1）检查并确认客舱压力灯不亮；

（2）按压手柄释放按钮，提起手柄；

（3）按箭头方向提起手柄；

（4）拉门上操作手柄，将门拉至全开位，阵风锁锁上。

2. 关闭舱门

（1）压下按钮松开阵风锁；

（2）拉门上辅助手柄，将门向客舱内推；

（3）压下门外操作手柄，确认门关上。

三、应急操作

视频

应急情况开舱门

（一）舱门

（1）将分离器手柄置于“预位”(ARMED）位；

（2）确认飞机完全停稳；

（3）确认外部无烟、无火、无障碍；

（4）水上迫降撤离时，确认门槛高于水面；

（5）提起舱门操作手柄，用力将门向外推，紧急动力辅助装置（EPAS）会把门推开（如果 EPAS 不工作，可用力将门向外推至全开位）；

（6）拉动人工充气手柄；

（7）确认滑梯充气正常；

（8）如果滑梯不能充气，引导旅客从其他安全出口撤离飞机。

（二）翼上出口操作

A320 飞机客舱机翼上各有 2 个出口。翼上出口滑梯总是处在预位状态。打开翼上出口，先将手柄上的盖板拉开，出口之间壁板上的预位灯亮。拉开任何一个出口，同侧的双滑道滑梯将自动充气展开，拉动窗框上的人工充气手柄，滑梯在 5 秒钟内充气完毕。水上迫降时，取出存放在翼上出口上方行李架处的逃生绳，扣挂在窗框和机翼上的挂环上。

四、预位和解除预位

（1）乘务长通过 PA 发布预位指令。乘务员拔出安全销，将门上的手柄置于“ARMED”位，将安全销插到阵风锁旁边的小孔里，确认门下方的橙色圆点与箭头平行，检查落实后逐一向乘务长报告。

（2）飞机滑行到停机位完全停稳，登机桥靠好，乘务长通过 PA 发布解除预位指令。乘务员拔出安全销，将手柄置于“DISARMED”位，将安全销插回原来的小孔里，确认门下方的橙色圆点与箭头错开，检查落实后逐一向乘务长报告。

任务三　A330 机型的舱门及翼上出口操作

一、出口

A330-200/300 飞机共有 11 个出口，包括 6 个登机服务门、2 个翼后应急出口、2 个驾驶舱逃离窗和 1 个电子舱门。其中电子舱门从里和外都能打开，它位于机身下部增压区内。紧急情况下，所有门都可作为应急出口。

二、舱门正常操作

（一）内部操作

1. 打开舱门

（1）确认分离器手柄在“DISARMED”位，带有红色警告带的安全销已插入预位手柄旁的小孔内；

（2）确认红色客舱压力警告灯不闪烁；

（3）抓住门边的辅助手柄，轻提舱门操纵手柄，确认窗上的滑梯 SLIDE ARMED 灯不亮；

（4）将开门手柄提至全开位，把舱门向外推，直到完全打开，阵风锁锁好。

2. 关闭舱门

（1）按下按钮松开阵风锁；

（2）抓住门边的辅助手柄将门向内拉；

（3）当门对准门框时，向内拉门并按下舱门操纵手柄，直至舱门操纵手柄被锁定；

（4）检查门已正确地锁好且位于门上部分的两个门锁观察孔指示在绿色“LOCKED”位。

（二）外部操作

1. 打开舱门

（1）通过观察窗检查并确认红色客舱压力显示灯不亮；

（2）按下盖板，抓住手柄向上提起至绿线位；

（3）把门向外再向前拉至全开位，阵风锁锁上。

2. 关闭舱门

（1）按下阵风锁按钮，松开阵风锁；

（2）把舱门拉至门框，再推入；

（3）拉下操作手柄，与机身平齐，确认门关上。

三、应急操作

（一）舱门

（1）确认分离器手柄置于“ARMED”位；

（2）确认飞机完全停稳；

（3）确认外部无烟、无火、无障碍；

（4）水上迫降撤离时，确认门槛高于水面；

（5）提起手柄，将门向外推，EPAS 会把门推开（如果 EPAS 不工作，可用力将门向外推至全开位）；

（6）拉动人工充气手柄；

（7）确认滑梯充气正常；

（8）如果滑梯不能充气，引导旅客从其他安全出口撤离飞机。

（二）3 号门应急出口

A330-200/300 飞机的 3 号门应急出口位于飞机的中部两侧，机翼后方的位置，每侧一个。该出口可以从机内和机外打开，仅限于在紧急情况下使用。

注意：此门的操作方法与其他登机 / 服务门一样，也需要进行预位和解除预位操作。该出口的滑梯位于机翼的后方，是单通道滑梯。它不能作为水上撤离时的滑梯 / 救生筏。当打开时，滑梯在 6 秒钟内避开机翼自动充气并展开，每分钟大约可撤离 60 名旅客。如果自动充气失效，可拉动位于滑梯连杆右侧的人工充气手柄。

四、预位和解除预位

（一）预位程序

（1）乘务长通过 PA 发布预位指令；

（2）取出带有红色警告带的安全销；

（3）将分离器手柄由“DISARMED”位推至“ARMED”位；

（4）将带有红色警告带的安全销插入阵风锁旁的小孔内；

（5）检查落实后逐一向乘务长报告。

（二）解除预位程序

（1）当飞机到达停机位，“系好安全带”灯熄灭，确认登机廊桥或客梯靠好；
（2）车与飞机对接完毕后，主任乘务长通过 PA 发布解除预位指令；
（3）取出带有红色警告带的安全销；
（4）将预位手柄由“ARMED”位推至“DISARMED”位；
（5）将带有红色警告带的安全销插入预位手柄旁的小孔内；
（6）检查落实后逐一向主任乘务长报告。
注意：舱门从外部打开时，会自动解除预位。

任务四　B777 机型的舱门及翼上出口操作

B777-200 的登机门位于飞机左边，服务门位于飞机右边。登机门和服务门是转轴式的，正常开门过程中，舱门先向内、向外移动，然后向前、向外转动。每个客舱门有一个阵风锁把门固定在开位。舱门上的窗口可观察飞机外部的情况，每个舱门内侧下部存入一个双通道滑梯 / 救生筏。驾驶舱两侧窗可作为应急出口，并在驾驶舱项上两侧各存放有一条逃生绳。

B777-300ER 的登机门位于飞机左边，服务门位于飞机右边。L1 门、L2 门、L4 门、L5 门为主登机门，R1 门、R2 门、R4 门、R5 门为服务门，L3 门、R3 门仅作为应急撤离门。登机门和服务门是转轴式的，正常开门过程中，舱门先向内，向外移动，然后向前，向外转动。每个客舱门有一个阵风锁把门固定在开位。舱门上的窗口可观察飞机外部的情况，(除 3 号门外) 每个舱门内侧下部存入一个双通道滑梯 / 救生筏。驾驶舱两侧窗可作为应急出口，并在驾驶舱顶上两侧各存放有一条救生绳。B777-300ER 飞机公务舱座椅安全带增加了 1 条肩带，起飞下降时需要系好肩带和腰部安全带，平飞阶段只要系好腰部安全带即可。

一、舱门正常操作

（一）内部正常开舱门

（1）把分离器手柄置于“DISARMED”位；
（2）确认外面情况正常；
（3）按箭头方向转动手柄 180 度；
（4）将门向外、向前推出，直到阵风锁锁好。

（二）外部正常开舱门

（1）按压手柄顶部的红色按钮，把手柄从凹槽内完全拉出；

（2）按箭头方向转动外手柄；

（3）先向外，后向前拉舱门；

（4）至阵风锁锁上。

（三）内部正常关舱门

（1）拉阵风锁释放手柄释放阵风锁，向自己的方向缓慢且稳定地拉门；

（2）到位后，转动手柄至锁上位。

注意：不能使劲关舱门；要毫不犹豫拉阵风锁释放手柄至舱门完全锁好。

二、舱门应急操作

（1）把分离器手柄置于“ARMED”位；

（2）确认飞机完全停稳；

（3）确认外部无烟，无火，无障碍；

（4）水上撤离时，确认门槛高于水面；

（5）按箭头方向转动手柄 180 度；

（6）向外推门，EPAS 会把门推开（如果 EPAS 不工作，可用力将门向外推至全开位）；

（7）拉动人工充气手柄；

（8）滑梯 / 救生船在 6 秒内充气完毕；

（9）如未能充气，则引导旅客从其他出口撤离。

三、预位和解除预位

（1）听到乘务长通过 PA 发布预位指令后，将门上的分离器预位手柄置于“ARMED”位，检查落实后逐一向主任乘务长报告。

（2）飞机滑行到停机位完全停稳，登机桥靠好，听到主任乘务长通过 PA 发布解除预位指令后，将门上的分离器手柄置于“DISARMED”位，检查落实后逐一向主任乘务长报告。

素养园地

听总书记讲工匠精神

技术工人队伍是支撑中国制造、中国创造的重要力量。我国工人阶级和广大劳动群众要大力弘扬劳模精神、劳动精神、工匠精神，适应当今世界科技革命和产业变革的需要，勤学苦练、深入钻研，勇于创新、敢为人先，不断提高技术技能水平，为推动高质量发展、实施制造强国战略、全面建设社会主义现代化国家贡献智慧和力量。

——2022 年 4 月 27 日习近平致首届大国工匠创新交流大会的贺信

劳动创造幸福，实干成就伟业。希望广大劳动群众大力弘扬劳模精神、劳动精神、工匠精神，勤于创造、勇于奋斗，更好发挥主力军作用，满怀信心投身全面建设社会主义现代化国家、实现中华民族伟大复兴中国梦的伟大事业。

——2021 年 4 月 30 日在“五一”国际劳动节到来之际，习近平向全国广大劳动群众致以节日的祝贺和诚挚的慰问

各级党委和政府要高度重视技能人才工作，大力弘扬劳模精神、劳动精神、工匠精神，激励更多劳动者特别是青年一代走技能成才、技能报国之路，培养更多高技能人才和大国工匠，为全面建设社会主义现代化国家提供有力人才保障。

——2020 年 12 月 10 日习近平致首届全国职业技能大赛的贺信

在长期实践中，我们培育形成了爱岗敬业、争创一流、艰苦奋斗、勇于创新、淡泊名利、甘于奉献的劳模精神，崇尚劳动、热爱劳动、辛勤劳动、诚实劳动的劳动精神，执着专注、精益求精、一丝不苟、追求卓越的工匠精神。劳模精神、劳动精神、工匠精神是以爱国主义为核心的民族精神和以改革创新为核心的时代精神的生动体现，是鼓舞全党全国各族人民风雨无阻、勇敢前进的强大精神动力。

——2020 年 11 月 24 日习近平在全国劳动模范和先进工作者表彰大会上的讲话

实体经济是我国经济的重要支撑，做强实体经济需要大量技能型人才，需要大力弘扬工匠精神，发展职业教育前景广阔、大有可为。

——2019 年 8 月 20 日习近平在甘肃省张掖市山丹县考察山丹培黎学校时的讲话

建设知识型、技能型、创新型劳动者大军，弘扬劳模精神和工匠精神，营造劳动光荣的社会风尚和精益求精的敬业风气。

——2017 年 10 月 18 日习近平在中国共产党第十九次全国代表大会上的报告

广大劳动群众要立足本职岗位诚实劳动。无论从事什么劳动，都要干一行、爱一行、钻一行。在工厂车间，就要弘扬“工匠精神”，精心打磨每一个零部件，生产优质的产品。在田间地头，就要精心耕作，努力赢得丰收。在商场店铺，就要笑迎天下客，童叟无欺，提供优质的服务。只要踏实劳动、勤勉劳动，在平凡岗位上也能干出不平凡的业绩。

——2016 年 4 月 26 日习近平在知识分子、劳动模范、青年代表座谈会上的讲话

在改革开放历史新时期，“蓝领专家”孔祥瑞、“金牌工人”窦铁成、“新时期铁人”王启明、“新时代雷锋”徐虎、“知识工人”邓建军、“马班邮路”王顺友、“白衣圣人”吴登云、“中国航空发动机之父”吴大观等一大批劳动模范和先进工作者，干一行、爱一行，专一行、精一行，带动群众锐意进取、积极投身改革开放和社会主义现代化建设，为国家和人民建立了杰出功勋。

——2013 年 4 月 28 日习近平在同全国劳动模范代表座谈时的讲话

视频

当代民航精神的内涵

模块三
案例阅读

模块四 客舱失火处置

知识目标

- 了解客舱火灾的基本知识
- 掌握机上灭火设备的存放位置和使用方法
- 掌握客舱火灾的处置要领

技能目标

- 能正确使用机上灭火设备
- 能通过团队协作正确处置客舱不同位置的火灾

素养目标

- 提升安全意识、集体意识、团队意识
- 树立“三个敬畏”意识，弘扬当代民航精神
- 践行社会主义核心价值观

案例导入

空中失火

2014年11月10日晚，由珠海飞往北京的南方航空公司CZ3739航班，在起飞后约半小时，突然一声巨响，飞机左侧引擎下方发动机发生故障，发动机起火冒烟！伴随险情，机舱内随即出现烟雾和刺鼻金属烧焦气味，并且整个飞机在剧烈晃动。

千钧一发之际，机组人员临危不乱，副驾驶在机长的指挥下淡定播报：“本人经过严格的训练，有能力控制好状况，有能力将大家安全送到陆地上。”乘务员则冷静回答旅客疑问，安抚旅客情绪。

随后，飞机平安降落在广州白云机场，机上200余人无人伤亡。

事后，机上旅客称，发动机起火，众人惊慌不已，但机组成员真的很棒，来自驾驶舱沉着冷静的广播给了旅客很大的鼓励，稳定了旅客的情绪，让旅客安静了下来。

讨论：当飞行中的飞机发生火情时，成功处置的关键是什么？

任务一　客舱火灾的基本知识

一、客舱火灾的特点

视频

客舱失火的基本知识

（一）可燃、易燃物多，火灾发生的危险性大

现代化的飞机为了给旅客提供舒适的环境，客舱内部的装修大多精致、美观，生活设施一应俱全。但是，这些装修材料多为可燃、易燃物品，如客舱内密集的座椅、地板上的地毯和其他设施等，都是飞机本身携带的可燃物。此外，旅客随身携带的行李、衣物等外来可燃物也增加了飞机内部的火灾荷载。

（二）火势蔓延速度快，扑救困难

如果飞机在起飞或者着陆时发生火灾，扑救起来相对容易一些，因为这时还可以借助机场专职消防队的力量将火扑灭。但如果飞机在飞行过程中着火，而机组成员又没能及时在火灾发生初期将火扑灭，那么火势就会迅速蔓延，直至失去控制。这种危险性主要来自以下几个方面：飞机内空间相对狭小，可燃物较多，火灾荷载大；飞机各舱之间没有防火分隔，一舱起火，很快就会蔓延至其他机舱；飞机在飞行过程中，高空环境条件复杂；飞行过程中起火，地面消防力量无法参与救援。

（三）飞机起火后容易发生爆炸

飞机内部起火，密闭而狭小的空间内温度会迅速升高，机舱里面的气体也会迅速膨胀，极易造成爆炸。另外，高温对发动机舱也是很大的威胁，一旦发动机舱遇火燃烧，爆炸就难以避免。

（四）火灾造成的烟气毒性大，易使人窒息死亡

因为飞机内部的可燃物大多为有机物质，在燃烧过程中会产生大量的有毒气体和烟雾。飞机各舱之间互相连接，有毒气体和烟雾会很快充满机舱内部。同时，飞机的密闭性非常高，有毒气体和烟雾很难散发出去。在这种情况下，飞机内人员极易中毒身亡。

二、失火类型

一般的失火种类分为四类，在选择恰当的机上灭火设备进行失火处置时，须根据火情正确使用灭火设备。

A类：失火涉及普通易燃材料（例如木材、衣服、纸张、橡胶和塑料），须用水或者富含水分的溶液扑灭或冷却火势，这对于灭火至关重要。

B类：失火涉及易燃液体（汽油、油脂、润滑脂、沥青、油基漆、亮漆）和可燃气体，选择使用具有隔离功能的灭火剂尤为关键。

C类：失火涉及导电的电子元件 / 设备，灭火剂的绝缘性十分重要。

D类：失火涉及易燃性金属（镁、钛、锆、钠、锂或钾），须使用干粉类灭火剂。应遵循制造厂商对此类灭火器的建议使用方法，以防燃烧的金属和灭火剂发生化学反应。

如情况允许，建议选用如表 4－1 所示的相应灭火剂。

表 4－1 失火类型与灭火剂

失火类型	灭火剂
A类失火	水
B或C类失火	二氧化碳
A、B或C类失火	干燥化学剂、卤代烃
D类失火	专用干粉灭火剂

三、应对机上失火时的可用资源

灭火时，机组成员应灵活处置，充分利用资源。在人员方面，可以考虑请求非执勤机组成员以及愿意提供援助的旅客进行协助；在灭火设备方面，机上常见的灭火设备及此类设备的使用方法、注意事项等详见本书模块二中相关内容。除了飞机上常见的应急设备，机组成员还可以考虑机上其他物品作为灭火用具。例如：咖啡、苏打水、果汁或水等不含酒精的饮料，瓶装或罐装碳酸饮料在晃动后也可以充当灭火剂使用。此外，潮湿的毛毯或枕头可以用作闷熄装置帮助灭火，防止复燃。

如火情发生在侧壁壁板后、舱顶区域等，相对定位困难，扑救也会增加难度，这时则可以考虑使用机上的人工释放工具、冰勺、冰钳、金属餐具，以及随身携带行李中的鞋拔、织针、钩针、拐杖等，这些坚硬物品有助于撬开壁板，以方便进一步灭火。

任务二 客舱火灾处置的基本原则

一、机上灭火程序

（一）地面阶段

当飞机还处于地面阶段时，如果飞机外部发生火情，应立即报告机长和通知其他乘务员，并根据机长指令，组织处置；如果飞机内部发生火情，则要区分情况处置。

1. 火情发生在旅客登机时

视频

客舱失火的基本处置原则

（1）立即报告机长并通知其他乘务员。

（2）对未进入客舱的旅客，马上指挥其停止登机；对已经进入客舱的旅客，指挥其采取低头俯身的方式，离开飞机。

（3）乘务员应迅速判断火情，进行灭火处置。

2. 火情发生在飞机滑行时

（1）立即报告机长并通知其他乘务员。

（2）判断火情，采取恰当的灭火措施。

（3）调整旅客座位和维持客舱秩序，针对火区的旅客，应指挥其离开失火区域；针对非火区的旅客，应指挥其做好自身防护。

（二）初始起飞阶段

如飞机在初始起飞阶段发生火情：

（1）发现火情的乘务员，应立即报告机长。

（2）乘务员先不要试图站起来灭火。

（3）当未接到机长任何指令时，指挥旅客低头俯身，做好防护；当接到机长撤离指令时，指挥旅客紧急撤离；当接到机长无须撤离指令时，指挥旅客坐在座位上不要动，并安抚旅客。

（三）失火处置过程

失火处置过程中，指挥旅客的相关口令如表 4－2 所示。

表 4－2　失火环节与指挥旅客的口令

失火环节		指挥旅客的口令
旅客登机时	旅客未进入客舱	客舱失火！停止登机！ Cabin fire! Stop boarding!
	旅客已进入客舱	低头！俯身！离开飞机！ Heads down! Bend over! Leave the aircraft!
飞机滑行时	针对火区的旅客	解开安全带！到那边去！低头！俯身！ Open seat belt! Go that way! Heads down! Bend over!
	针对非火区的旅客	客舱失火！低头！俯身！ Cabin fire! Heads down! Bend over!
初始起飞阶段	未接到机长指令	低头！俯身！ Heads down! Bend over!
	机长发出撤离指令	略（参照应急撤离、执行撤离相关指令）
	机长发出无须撤离指令	坐在座位上！不要动！ Remain seated! Don't move!

二、三人灭火小组

乘务员在处置客舱失火时，应注重团队合作，通常情况下，发现失火的机组成员（一般为乘务员）即灭火者。灭火者应积极尝试查找火源，采取灭火措施，并尽量灭火。

第二名机组成员充当通信员 / 联络员，向驾驶舱报告实际信息，包括起火位置、火源、火势严重程度（例如火势已被控制、蔓延、被抑制、被扑灭）、使用的灭火器数量、烟雾状况、正采取的灭火步骤等。该名人员还可配合组员做好旅客安抚等工作。

第三名机组成员即援助者。援助者的工作要点是收集灭火设备以供灭火需要；做好旅客的安抚和管理工作，如将毛巾分发给旅客，告知旅客遮挡口鼻、过滤烟雾，并指挥旅客低头俯身，做好自身防护；确保飞机环境安全，将医用氧气瓶从起火周围区域移开；按需要考虑是否接替灭火者的工作，给灭火者提供支持。

若机上只有一名乘务员执勤，怀疑起火时，该乘务员应及时报告驾驶舱，并严格按照灭火程序进行灭火。

三、旅客的保护

在失火处置过程中，不能忽略对旅客的保护。保护旅客的安全，维持客舱秩序，是成功处置火情的关键要素之一。对旅客的保护应包括：

（1）针对火源区的旅客，应及时调整其座位，把旅客安排到安全区域；

（2）指挥乘客低头俯身，用手或其他布类（湿衣服、湿小毛巾、湿头巾等）罩住口鼻，避免吸入有毒的气体；

（3）如条件允许，指挥旅客穿上长袖衣服，做好皮肤保护。

任务三　客舱火灾处置

一、厨房失火的处置

（一）烤箱失火

视频

烤箱失火处置

烤箱是机上烘烤餐食的设备，由于操作不当、烤箱内油脂堆积等原因，烤箱发生火情的概率相对较大。以下介绍当烤箱发现火情时的正确处置方式。

（1）烤箱是电器设备，因此烤箱失火时，首先应切断厨房电源。

（2）灭火过程中，注意不要把烤箱完全打开，应保持烤箱关闭，以达到消耗氧气和窒息火焰的目的。

（3）利用化学灭火瓶进行灭火，灭火时注意观察情况并根据情况进行处置。如果烤箱烟雾消失或变淡，则保持烤箱关闭，以消耗氧气和窒息火焰；如果烟雾持续冒出或变浓，则应进行灭火操作，方法是小心将烤箱门开启一条小缝（能插入灭火瓶喷嘴即可），向内释放化学灭火剂并关闭烤箱门；如果火焰扩展到烤箱外部，则应该马上使用化学灭火瓶进行灭火；如果在进行完一遍灭火操作后，冒烟或失火持续，则应该重复打开烤箱门灭火的步骤，直至火被扑灭或烟雾消散。

（二）其他设备失火

厨房除烤箱外，还有其他设备也有发生火情的可能，如垃圾箱、餐车和储物柜、控制面板、烧水杯等，当这些设备发生火情时，乘务员同样要懂得处置。

1. 垃圾箱

垃圾箱着火，应首选化学灭火瓶，也可考虑向垃圾箱内倒入饮料、茶水和咖啡等进行灭火，以达到消耗氧气和窒息火焰的目的。

2. 餐车和储物柜

餐车和储物柜均有储物功能，如机上的塑料餐具、纸杯、纸巾、报纸等都可放入其中，而这些物品都是可燃的，有引发火情的可能。餐车和储物柜靠近厨房电器设备，因此当餐车和储物柜发生火情时，应切断厨房电源，并首选化学灭火瓶进行灭火，灭火完毕后，把门关上。

3. 控制面板

控制面板是乘务员操控客舱相关设备的电器，一旦发生火情，应迅速切断厨房电源并立即报告机长，使用化学灭火瓶进行灭火。

4. 烧水杯

烧水杯属于厨房电器，当烧水杯发生火情，应切断电源，拔下水杯。灭火时，选择化学灭火瓶进行灭火。

二、洗手间失火的处置

（一）洗手间自动灭火系统

视频

洗手间失火处置

相对客舱其他区域，洗手间属于密闭空间，内部情况无法处于时刻监控状态，因此，洗手间一旦失火，乘务员有可能无法第一时间发现，从而无法进行及时的处置。有鉴于此，洗手间配备有自动灭火系统，包括烟雾探测器和自动灭火装置。

在飞行过程中，为了确保洗手间自动灭火系统处于正常状态，乘务员应每隔 30 分钟对其检查一次。

1. 烟雾探测器

烟雾探测器的作用是及早发现突发的火情并自动发出警报。当洗手间内的烟雾达到一定浓度时，烟雾探测器将被触发，从而发出刺耳的响声，同时，红色指示灯闪亮。

注意：烟雾探测器发出警报，有可能是洗手间着火造成的，也有可能是旅客在洗手间内吸烟造成的。因此，乘务员应快速辨明情况，恰当处置。

如图 4－1 所示，烟雾报警装置结构包括：中断开关、电源指示灯（绿色）、报警指示灯（红色）、报警喇叭、自检开关。

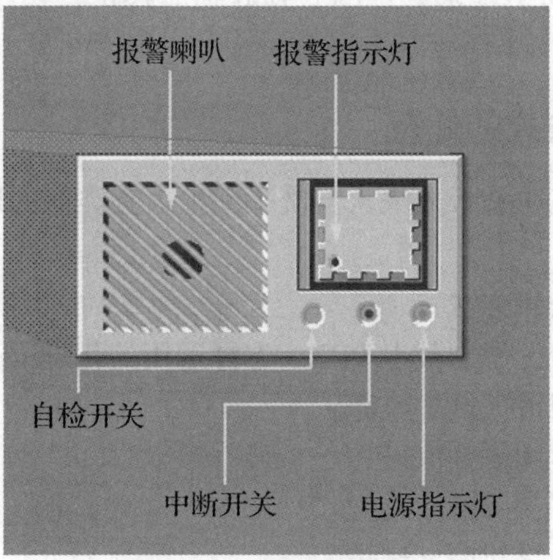

图 4－1 烟雾探测器

2. 自动灭火装置

在每一个洗手间的盆池下面都有一个自动灭火装置，每个灭火装置部有一个海伦灭火瓶和两个指向废物箱的喷嘴。当废物箱达到一定温度时，灭火瓶将被触发，自动喷射灭火剂，进行灭火处置。

（二）洗手间失火的处置方法

洗手间失火，乘务组应通知机长并做好组员的信息沟通和分工合作，负责灭火的乘务员迅速取就近的适用的化学灭火瓶执行灭火程序。乘务员应首先用手背感触门的温度，这时，洗手间内的火情如果没有蔓延至门区，则门有可能是冷的；如果洗手间内的火情在门区周围，则门有可能是热的。灭火时，乘务员需区分对待。

如感觉门是冷的，应进行如下操作：

（1）在门旁蹲下，小心将门打开一条小缝；

（2）观察是否能够进入洗手间；

（3）确认火源的位置；

（4）使用化学灭火瓶灭火；

（5）确认火源完全熄灭。

如感觉门是热的，应进行如下操作：

（1）在门旁蹲下，小心将门开一条小缝；

（2）向洗手间里面释放化学灭火剂；

（3）将门关好；

（4）准备另一个化学灭火瓶；

（5）稍候再用手去触感门的温度，如果门还是热的，重复以上做法。

注意：飞机上各种空间隔门的构造可能存在差异，灭火时可根据实际情况采取不同的处理方式。同时，切记移走火区的易燃易爆物品。

值得一提的是，衣帽间和储物柜的灭火处置与洗手间基本相同。如果感觉门是冷的，应将衣帽间和储物柜里未燃烧的衣物和物品移走，切不可移动已燃着的衣物和物品。

三、客舱壁板内失火的处置

就失火处置而言，客舱壁板内失火与洗手间失火有类似的地方，因为它们都属于密闭空间。

客舱壁板内失火的处置方法：

（1）判断火情，视情况考虑戴上 PBE，选择适用的化学灭火瓶进行灭火；

（2）报告机长，关闭该区域的电源；

（3）将附近旅客调整到安全区域；

（4）取出斧头；

（5）用手触感客舱壁最热的区域；

（6）用斧头在最热的区域凿一小孔（能插入化学灭火瓶喷嘴即可），释放化学灭火剂；

（7）准备好另一个化学灭火瓶，等待一段时间，再用手触感客舱壁板，如果还是热的，按以上的方法，再释放瓶化学灭火剂；

（8）移走火区的易燃易爆物品。

四、旅客座椅下方失火的处置

视频

旅客座椅下方失火处置

旅客座椅在构造上包括座椅主框架、座椅背部靠垫和坐垫、安全带等。座椅主框架通常由金属部件构成，是座椅最主要的受力部分。靠垫和坐垫是旅客座椅的重要组成部分，包括装饰套、挡火层、泡沫芯等。靠垫和坐垫不仅要保持舒适稳定性，而且要保证安全性，因此飞机座椅垫的泡沫芯和装饰套一般都具有阻燃性及低烟密度、毒性，但这并不能确保旅客座椅一定不会发生火情。

通常来说，旅客座椅发生火情的主要原因有旅客携带或在行李中夹带易燃易爆物品并把物品放置在座椅下方、人为纵火等。图 4－2 为旅客座椅下方失火处置图示。

旅客座椅下方失火的处置包括以下内容：

（1）发现失火的乘务员就近取适用的化学灭火瓶进行灭火，如果离灭火瓶较远，不能快速取用灭火瓶，应就近寻找灭火设备替代物（如饮料、毛毯、衣物等）限制火的蔓延以争取时间。

（2）在客舱中的乘务员命令旅客采取安全姿势，可大喊口令：“低头、俯身！捂住口鼻！”

（3）通知机长；乘务组应通力合作，共同处置火情。

图 4－2　旅客座椅下方失火处置图示

（4）根据火的大小调整旅客，指挥旅客离开火区至少四排座位以上，不可留在过道和乘务员工作区，以免干扰灭火。

（5）其他至少一名乘务员穿戴 PBE，将客舱内其他可用灭火瓶带到火场进行支援。

（6）灭火后做好监控，防止复燃。

五、行李架失火的处置

视频

行李架失火处置

行李架位于客舱顶部，用于存放旅客行李、应急设备等，行李架可由酚醛树脂玻璃纤维面板和蜂窝复合材料面板制作而成，表面铺敷一层白色薄膜。为了减少火灾发生率，增加火灾发生时的逃生时间，飞机的行李架一般也具有阻燃性。

近年来，行李架失火的原因多见于旅客携带易燃易爆物品引发火情。图 4－3 为行李架失火处置图示。

行李架失火的处置包括以下内容：

（1）发现失火的乘务员就近取适用的化学灭火瓶进行灭火，灭火时，不得将行李架完全打开，应将行李架打开一条小缝（能插入灭火瓶喷嘴即可），向内释放化学灭火剂并关闭行李架门；如冒烟 / 失火持续，则重复操作，直至火被扑灭或烟雾消散。

（2）如火焰扩展到行李架外部，则马上使用化学灭火瓶进行灭火。

（3）做好旅客的保护工作，失火期间，命令旅客采取“低头、俯身，捂住口鼻”的姿势。

（4）将靠近火源的旅客转移至安全区域，指挥旅客离开火区至少四排座位以上，不可留在过道和乘务员工作区，以免干扰灭火。

图 4－3　行李架失火处置图示

（5）灭火后做好监控，防止复燃。

素养园地

深航重奖成功处置“7·26”机上纵火事件机组（节选）

2015 年 8 月 5 日上午，深圳航空（简称深航）在总部隆重举行“深圳航空成功处置‘7·26’”机上纵火事件表彰大会，对 7 月 26 日 ZH9648 台州至广州航班的 9 名机组成员进行嘉奖。

7 月 26 日零时 40 分，深圳航空公司 ZH9648 台州至广州航班发生一起机上纵火事件。机上 9 名年轻机组成员临危不惧、协同配合、果断处置，成功扑灭明火，稳定客舱秩序，制服犯罪嫌疑人。零时 58 分，飞机安全着陆，确保了机上 97 名乘客生命财产安全和飞机安全。

乘务员董雪琼：喊出“相信我们”，成功安抚旅客

7 月 25 日午夜，深航 ZH9648 航班从台州起飞后，飞行过程一切正常，直到一丝汽油味打破了深夜的平静。5 号乘务员董雪琼在客舱服务过程中，闻到后舱部位有疑似汽油的味道，立即向乘务长报告，这引起了乘务长周晨菲的重视。周晨菲悄悄地安排安全员、乘务员分工检查巡视。董雪琼在巡查时发现本应空着的最后三排座位上，有几名旅客，便走到后排，微笑着请旅客们坐回原位。其他旅客相继起身，坐在 25C 的男子却不为所动。在董雪琼的再次提醒下，那名男子才离开座椅，向客舱前部走去。董雪琼在整理 25 排座位时，闻到了刺鼻的汽油味，且发现 25 排 A、B 座位上下和壁板上都有明显的液体痕迹，立即将此情况告知安全员王浩鹏和兼职安全员杜福，此时离纵火事发仅有约1分多钟时间。安全员闻讯赶到后舱部位，对行李架等处进行检查。就在此时，25C座的那位男子跑到前舱点着明火，两名安全员立刻从机舱后部赶上前去制止。

面对突如其来的火情，董雪琼心里咯噔一下。此时飞机已经开始降落，董雪琼想到，旅客因此慌乱走动，有可能影响飞机平衡，危及飞行安全，就一下子冲到客舱中间，高声喊道："请大家坐好！坐好！请相信我们！相信我们！我们有能力的！"那喊声，比用扩音器的声音都大。在董雪琼和其他乘务员的安抚下，旅客都回到各自的座位坐好，避免了机舱内慌乱情况的发生，为随后的飞机安全降落和人员安全撤离提供了基础。一句"相信我们"给惊魂未定的乘客吃了一颗定心丸，喊出了深航人训练有素的自信和民航人在危急关头敢于担当的时代强音。

乘务长周晨菲：组织扑灭明火，实施紧急撤离

26日零时40分，距离正常的飞机落地还有30分钟，周晨菲正在播放下降安检广播，调整客舱灯光，突然听到一串尖叫声。她顺手撩开前服务间与头等舱之间门帘，就看到一名男子站在头等舱2D座位旁，座位附近竟燃有明火。本能的反应告诉她，必须马上前去阻止，保护飞机安全，于是抄起前服务间的灭火器冲了上去。看到歹徒在客舱纵火，3号乘务员张小匆也迅速拽下头等舱与前舱隔帘灭火，还拿起身旁的大瓶可乐砸向歹徒。

与此同时，2名安全员也从后舱飞扑过来，安全员王浩鹏正面迎击，与歹徒展开肉搏。安全员杜福接过4号乘务员刘莉从后舱送来的灭火器，与乘务组快速配合，将明火扑灭。由于歹徒手中有尖锐利器，为防止歹徒砍伤乘客，2名安全员与见义勇为的乘客张学美一起，将歹徒控制在头等舱区域内。由于担心可能存在作案同伙，乘务长立即前往后舱进行广播："如果有旅客是军人或消防人员，请出来帮忙！"随后组织乘务员安抚惊慌失措的旅客们。

很快，机上广播中响起了机长通报飞机下降的广播声，飞机开始紧急下降。此时的周晨菲脑海中只有一个信念：歹徒已被安全员有效控制，只要安抚好旅客，保持好配载平衡，飞机能够安全着陆，我们就是安全的！周晨菲嘱咐乘务员继续安抚好旅客做好撤离准备，并再次进入后舱拿起内话机喊道："我们是经过专业训练的，请相信我们！请大家撤离时听从乘务员的指挥，不要携带行李，性命更重要！"飞机安全着陆后，周晨菲按照机长的指令组织紧急撤离，乘务长周晨菲、乘务员刘莉和董雪琼分别打开应急舱门，果断指挥旅客通过滑梯有序撤离飞机。在短短的1分钟时间内，97名旅客全部安全撤离完毕，整个撤离过程竟然比平时演练还快。

安全员王浩鹏、杜福："都往后退，让我们来，请相信我们"

王浩鹏和杜福是执行此次航班的两名安全员，都是"90后"。26日零时40分，飞机已开始逐渐下降飞行高度。此时此刻，王浩鹏和杜福正在后舱，与乘务员一起找寻刺鼻汽油味的源头。王浩鹏发现一名男性旅客离开前排座位朝头等舱方向快速走去。"不好！"王浩鹏意识到不对劲，立即从后舱往前舱奔去，还没赶到头等舱，就听到前面旅客惊呼"着火了"，歹徒更欲向头等舱旅客行凶。王浩鹏二话不说，冲上前去与歹徒展开搏斗。"他有刀，都往后退！让我们来！"王浩鹏正面迎击歹徒，争取时间让随后赶到的杜福与乘务组协同灭火，让可能受到歹徒威胁的前排旅客撤到后舱："前排旅客往后退，我们受过专业训练，请相信我们！”他的手臂被歹徒突然拔出的利器刺伤，鲜血直流。

明火被扑灭后，王浩鹏与杜福跟歹徒对峙。歹徒挥舞着尖刀，阻止他们靠近。他们用身体挡在旅客前面，手持警械呈攻击姿态保护着前排旅客撤离。随后，王浩鹏、杜福与热心乘客一起，成功控制歹徒，直至飞机安全降落。航班着陆后，安全员手持警械保护旅客撤离，并将歹徒制服移交机场公安。

机长蔡小戈：临危不乱、沉着冷静，保障航班安全降落

“客舱发现明火！”驾驶舱内观察员袁成雨从客舱监控系统的显示器上发现异状后，立即向机长蔡小戈报告。

“所有人坐好，飞机开始紧急下降。”机长蔡小戈稳稳地操控飞机，并向客舱进行驾驶舱广播，稳定旅客情绪。观察员袁成雨紧盯监视器，随时向机长汇报客舱情况，保障驾驶舱安全。驾驶舱内，一切操作都在有条不紊地进行。

“机组各就各位！”零时58分，在空管和机场等方面的密切配合下，航班比原定时间提前10分钟在广州机场安全着陆。当飞机脱离跑道稳稳地刹停在滑行道上时，机长蔡小戈果断地下达命令：“紧急撤离！紧急撤离！”应急出口随即打开，旅客按照乘务员的指挥撤离后，机长蔡小戈最后一个走下飞机，他带领机组成员进行全机检查，清点旅客人数，查看旅客情况，条理清晰地进行着后续工作。凌晨两点多，机组成员配合公安机关做完笔录，直到此时，副驾驶杜欣才拿出手机，给怀孕五个多月的妻子发了一条报平安信息：“已落地，等我回家！”

本次航班的3名飞行员均是“80后”，在遇到突发事件的整个过程中，他们显现了“超龄”的成熟与冷静。32岁的机长蔡小戈表示，能够带领机组沉着冷静地处置危机，得益于机组成员与旅客的默契配合，更与日常公司高标准、严要求的专业训练分不开。

“7·26”机上纵火事件，从发现异常，客舱、驾驶舱内分别进行紧急处置，到飞机安全落地人员全部安全撤离，在短短的13分钟内，一个个环节环环相扣、紧密配合，为机组最终制服歹徒，顺利平安落地提供了基础，而乘客的有序配合则是机组制服歹徒的坚强后盾。

（资料来源：魏叶，肖克.深航重奖成功处置“7·26”机上纵火事件机组.民航资源网，2015-08-05.）

视频

民航经典案例
解读一

模块四
案例阅读

模块五 客舱释压处置

知识目标

- 了解客舱释压的含义及其分类
- 了解客舱释压时对人体的影响
- 熟悉客舱释压的处置程序及原则

技能目标

- 能够判断客舱释压的现象
- 能够指导、帮助旅客应对客舱释压
- 能够在释压后巡视客舱并救助旅客

素养目标

- 提升安全意识、集体意识、团队意识
- 树立“三个敬畏”意识，弘扬当代民航精神
- 践行社会主义核心价值观

案例导入

川航事件调查报告：英雄机长高空缺氧驾机近 20 分钟

长达 131 页的川航“5 · 14”事件调查报告（以下简称报告）不仅披露了事件原因，还首次披露了事件全过程，及“英雄机长”刘传健应对事件的更多细节。

报告显示，川航“5 · 14”事件原因是当事飞机右风挡封严（气象封严或封严硅胶）可能破损，不能承受驾驶舱内外压差从机身爆裂脱落。机长刘传健在事件发生后，在高空缺氧环境中还飞行了 19 分 54 秒。

首次披露事件全程：头等舱靠枕在雅安找到

2018 年 5 月 14 日事件发生后，民航局随即介入调查。民航局调查组对空客 A319-133/B-6419 号飞机（当事飞机）检查后发现，驾驶舱右风挡缺失，飞行控制组件向右上方翘起，驾驶室舱内部分组件缺失，副驾驶徐瑞辰的耳机和空勤登机证丢失，机长的电子飞行手册丢失，头等舱隔帘、头等舱靠枕等丢失。检查起落架区域的发现，右侧 3、4 号主轮易熔塞熔化，轮胎泄压，胎皮完好。

报告显示，2019 年 7 月 26 日，雅安市宝兴县当地居民在一座海拔 4 273 米的高山上，找到了丢失的飞机组件，同时被发现的还有头等舱靠枕。

披露“英雄机长”处理细节：高空缺氧飞行近 20 分钟

报告中披露了更多“英雄机长”刘传健应对此次事件的细节。

飞机右风挡第一次出现裂纹后，副驾驶立即在电子飞行手册上查找相关资料，左座机长刘传健立即用手进行了触摸并判断为内侧出现裂纹，第一时间申请下降高度、备降成都。机组在得到管制指令后，机长立即执行下降程序。在下降过程中，副驾驶查找相关程序时右风挡脱落，座舱爆炸性失压，机组转为处置座舱失压。

风挡脱落导致出现座舱爆炸性失压，副驾驶瞬间被强大的外泄气流带离座位，此时右座侧杆出现向前，同时自动驾驶仪断开，飞机姿态瞬间急剧变化，机长立即人工操纵飞机。

机长刘传健曾试图用右手取出氧气面罩，但由于左手操纵侧杆，氧气面罩位于身体左后侧，且飞机抖动剧烈，主要精力用于控制状态，使用右手未能成功取出氧气面罩。从风挡爆裂脱落至飞机落地，机长刘传健未佩戴氧气面罩。他暴露在座舱高度 10 000 英尺以上的高空缺氧环境的时间为 19 分 54 秒。

报告显示，第二机长梁鹏进入驾驶舱后，通过拍肩的方式示意副驾驶识别应答机；在发现机长没有佩戴氧气面罩后，立即进行了提醒。机长刘传健通过第二机长了解到了客舱情况正常的信息；在下降过程中使用手持话筒向空管发出了“MAYDAY”“客舱失压”等关键遇险信息以及机组意图。第二机长通过拍肩等方式与机长和副驾驶之间进行交流，相互鼓励，第二机长不时为机长和副驾驶揉搓肩膀和手臂，以缓解寒冷带来的不适，“事件处置过程中，机组表现出了较强的驾驶舱管理能力”。

2018 年 5 月 14 日至 15 日，刘传健、梁鹏、徐瑞辰 3 名飞行机组成员在成都市第一人民医院进行了电测听检查，机长和副驾驶的听力有下降，第二机长未见明显异常。副驾驶在医院检查后诊断为高频轻度感音神经性耳聋（高空气压伤）。落地以后，机组 3 人陆续出现了头晕、头胀、头皮发麻、肌肉酸痛等症状，第二机长右前臂皮下出现两颗红色斑点，这些可能是高空减压病的症状。机组 3 人经过 20 余次高压氧舱治疗，症状明显改善，恢复良好。

事件原因调查结论：飞机右风挡封严可能破损

民航局调查组对于风挡玻璃爆裂进行了结论，本次事件的最大可能原因是：当事飞机右风挡封严（气象封严或封严硅胶）可能破损，风挡内部存在空腔，外部水汽渗入并存留于风挡底部边缘。电源导线被长期浸泡后绝缘性降低，在风挡左下部拐角处出现潮湿环境下的持续电弧放电。电弧产生的局部高温导致双层结构玻璃破裂。风挡不能承受驾驶舱内外压差从机身爆裂脱落。

调查显示，当事飞机的右风挡为空客公司原装件，制造和安装方面无异常记录，无异常维护记录，无异常维护历史，当天没有故障保留，飞行前检查期间没有损坏报告。调查组排除因维护不当而导致风挡玻璃破裂的可能性。

报告向飞机制造商空中客车公司提出了安全建议，包括建议空客公司基于川航“5·14”事件和历史类似事件建立失效模式，评估并改进风挡设计、选材和制造工艺，防止水汽侵入和存留在电加温系统，降低电弧产生的可能性，避免双层结构玻璃破裂；研究在风挡加温系统中增加对电弧的探测和防护功能，建议空客公司督促风挡制造商加强风挡生产质量控制，确保风挡制造持续符合设计标准和制造工艺规范等。

（资料来源：杨金祝 . 川航事件调查报告：英雄机长高空缺氧驾机近 20 分钟 . 民航资源网，2020-06-03.）

讨论：案例中发生了什么？这起事件是由什么原因导致的？在事件发生时机舱内有什么现象？我们可以通过哪些现象判断客舱内发生了释压？

任务一　客舱释压的含义及分类

一、客舱释压的含义

飞机在高空飞行时，机外的大气压低，没有充足的氧气可供人类呼吸，所以飞机客舱内有自备的增压系统来保障氧气的供应。如果客舱压力与外界大气压力不等，就会造成释压。例如机体破损或增压系统发生故障时，飞机客舱的压力就无法保持，这就是释压。

二、客舱释压的分类

根据释压的速度和征兆，客舱释压可以分为慢泄漏、缓慢释压和快速释压等几个类别。掌握释压发生时的具体现象，有助于乘务员判断释压的种类并执行正确的处置程序。需要注意，释压的征兆和警告信号可能不会全部出现。其中某个现象和信号出现时，如机体破损，就可以判断为客舱释压。下面介绍缓慢释压和快速释压。

（一）缓慢释压

缓慢释压是指客舱逐渐失去压力，它可能是由舱门或应急窗的密封泄漏或增压系统发生故障而引起的。

缓慢释压的征兆和现象如下：

（1）失密处有漏气的尖响声；

（2）机上乘员耳朵或感不适，有打嗝和排气的现象，可能感到疲劳和发困；

（3）轻细物体被吸向破损处；

（4）失密破损处周围可能有光线进入；

（5）氧气面罩可能脱落，紧急用氧广播响起，“禁止吸烟”及“系好安全带”信号灯亮；

（6）失密警告灯可能亮起。

（二）快速释压

快速释压是指客舱迅速失去压力。导致快速释压的原因可能是飞机增压系统失效，或是密封金属疲劳、炸弹爆炸或武器射击等引起机体严重损坏。在极端情况下，可以把快速释压归类为爆炸性释压。

视频

客舱紧急供氧系统

快速释压的征兆和现象如下：

（1）飞机结构突然损坏，并出现强烈震动；

（2）有很响的气流声及薄雾出现，可能出现灰尘；

（3）物体或人飞向破损处；

（4）冷空气涌入客舱，客舱内温度下降；

（5）机上乘员感到耳膜压痛，头痛，呼吸困难；

（6）氧气面罩脱落，紧急用氧广播响起，“禁止吸烟”及“系好安全带”信号灯亮；

（7）失密警告灯亮起；

（8）飞机做大角度的紧急下降。

任务二　客舱释压对人体的影响

一、缺氧反应

视频

客舱释压理论知识

在释压情况下，如不启动紧急供氧系统，机上乘员将无法获得足够的氧气，造成缺氧反应。机上乘员可能会有头痛、压耳、呼吸困难等症状。缺氧反应因人而异，如身体素质较差，缺氧反应可能更强烈。严重时，可能会导致人丧失意识，甚至导致死亡。不同高度的缺氧反应不同，如表 5－1 所示。因此，机组成员应以最快的速度吸氧，再指导旅客紧急用氧。

表 5－1　缺氧症状

高度	症状
海平面	正常
海拔 10 000 英尺（约 3 000 米）	头痛、疲劳
海拔 14 000 英尺（约 4 200 米）	发困，头痛，视力减弱，指甲发紫，肌肉组织不协调，昏厥

续表

高度	症状
海拔 18 000 英尺（约 5 500 米）	除上述症状外，记忆力减退，重复同一动作
海拔 20 000 英尺（约 6 000 米）	惊厥、虚脱、昏迷、休克
海拔 25 000 英尺（约 7 600 米）	5 分钟之内出现虚脱、昏迷
海拔 30 000 英尺（约 9 000 米）	有效知觉时间 1 ～ 2 分钟
海拔 35 000 英尺（约 10 000 米）	有效知觉时间 30 秒
海拔 40 000 英尺（约 12 000 米）	有效知觉时间 15 秒

二、有效知觉时间

有效知觉时间是指人的大脑能够保持足够清醒并能够做出正确判断的时间。在 20 000 英尺以上的海拔高度，如果没有额外的氧气和增压帮助，人在静止状态下的有效知觉时间是非常短暂的。不同高度的有效知觉时间如表 5 – 2 所示。

表 5 – 2　有效知觉时间

高度	有效知觉时间
海拔 20 000 英尺（约 6 000 米）	5 ～ 10 分钟
海拔 25 000 英尺（约 7 600 米）	3 ～ 5 分钟
海拔 30 000 英尺（约 9 000 米）	1 ～ 2 分钟
海拔 35 000 英尺（约 10 000 米）	30 秒
海拔 40 000 英尺（约 12 000 米）	15 秒

任务三　客舱释压的处置程序及原则

一、客舱释压的处置程序

（一）驾驶舱飞行组对释压的处置

（1）戴上氧气面罩。

（2）把飞行高度迅速地下降到大约为 10 000 英尺的高度。

（3）打开“禁止吸烟”和“系好安全带”信号灯。

（二）客舱乘务组对释压的处置

（1）乘务员戴上最近的氧气面罩。

（2）迅速坐在就近的座位上，系好安全带；如果没有空座位，

视频

释压时客舱处置程序

则蹲在客舱地板上，抓住就近的结实物体固定住自己。

（3）乘务员根据实际情况以手势或客舱释压广播指导旅客戴上氧气面罩。手势：做下拉面罩手势，一手下拉面罩管，一手持面罩罩在口鼻处。客舱释压广播：女士们、先生们，现在飞机客舱失密，正在紧急下降，请保持镇定，系好安全带，氧气面罩已经脱落，请用力拉下面罩，罩在口鼻处进行正常呼吸。

（4）有些旅客难以戴上氧气面罩：指示旅客摘下眼镜；指示已经戴上氧气面罩的成年人协助坐在他们身边的儿童；在做好自我保护的前提下，帮助难以戴上氧气面罩的旅客。

（5）如果释压发生时乘务员正在客舱服务，可以将餐车放斜，卡住朝向驾驶舱方向的一头。

（6）如果有旅客受伤，可以大声告诉旅客“到达安全高度后，我们将马上救助”。

（7）在使用氧气系统期间，告知所有旅客禁止吸烟。

（8）保持吸氧，不要走动，直到驾驶舱飞行组宣布到达座舱安全高度。

二、客舱释压的原则

（1）氧气面罩的佩戴顺序：先乘务员，后成年人旅客，再未成年人旅客，也可同时进行。

（2）在释压状态未被解除之前，任何人都应停止活动。

（3）对有知觉的旅客提供氧气时，使其保持直立位；对没有知觉的旅客提供氧气时，使其采取仰靠位。

（4）由于氧气的供应，应准备好灭火设备，防止意外明火引燃发生火灾。

（5）是否需要紧急着陆或撤离，取决于飞机的状态和机长的决定。

（6）整个释压过程和客舱情况要及时向机长通报。

三、注意事项

高原机场的海拔高度在 5 000 英尺（1 524 米）至 8 000 英尺（2 438 米）之间，高高原机场的海拔大于 8 000 英尺（2 438 米）。飞机在高原地区运行时，因海拔相对较高，氧气含量相对较低，会增加紧急供氧的时间。如飞机在高原地区发生释压，飞机须就近尽快着陆，为保障安全，机上乘员应保持持续吸氧。

任务四　客舱释压后的检查及救助

一、到达安全高度后客舱检查程序

飞机到达安全高度，并且飞行组已宣布可以安全走动后，乘务长内话联系驾驶舱获取最新信息，确认状况、是否需要协助。乘务组成员之间检查确认有无受伤。乘务长用内话或口头将最新信息通知其他乘务员，提出要求和分工。乘务员根据分工，携带必要设备检查旅客和客舱。客舱检查程序如下。

视频

到达安全高度后客舱检查

（1）在客舱中走动，安抚旅客，并让旅客消除疑虑。

（2）携带手提式氧气瓶检查旅客状况：1）乘务员斜挎氧气瓶，将瓶身置于胸前；2）检查洗手间有无旅客，打开厕所门，确认无人；3）检查旅客用氧情况，首先护理急救失去知觉的旅客和儿童，然后照顾其他旅客；4）对缺氧旅客提供手提式氧气瓶，对有知觉的旅客提供氧气时，使其保持直立位，对没有知觉的旅客提供氧气，使其采取仰靠位。

（3）携带手提式灭火瓶，检查机舱内有无火源；关注化学氧气发生器工作状况，避免火灾隐患。

（4）巡视检查客舱和飞机破损情况，根据需要调整旅客座位，离开危险区域。

（5）对受伤旅客或机组成员给予急救，如果有必要可广播找医生，统计伤者人数和受伤状况。

（6）氧气供应结束时，指导旅客回收面罩，提醒旅客不要将氧气面罩放回原位。让旅客把用过的氧气面罩放入他们的座椅口袋内或打结缩短，不要把它们重新塞回氧气面罩储藏盖板或者试图把氧气面罩拉出旅客服务板。

二、报告机长，听取指示

（一）报告机长

乘务员将信息汇总至乘务长处，由乘务长报告机长。报告机长关于飞机破损情况、有无火情隐患，旅客受伤情况，是否需要医疗救助和乘务员的处置方式。

（二）听取指示

根据机长指示做好下一步客舱准备工作。机长根据机上情况会做出备降或迫降的决定。如果是备降，乘务组不需要向旅客介绍迫降程序；如果是迫降，乘务组按照流程完成迫降程序。

素养园地

“英雄机长”的沉着从哪里来

——专访四川航空公司机长、原空军第二飞行学院飞行员刘传健

谁是刘传健？他来自哪里？

2018年5月16日傍晚，当记者费尽周折在四川航空大厦与刘传健紧紧握手时，这位时年46岁、军龄15年的原空军飞行员，看着记者的天蓝色军装兴奋地跟身旁同事说：“这是我的娘家人！”

空中险情34分钟

“控制住飞机状态！飞出山！飞回成都！”

“报告！3U8633 航班偏航！”

“发现 7700 机械代码故障警告！”

2018 年 5 月 14 日 7 时许，西部战区空军作战指挥控制中心电子显示屏上，一条特殊航迹牵动了战勤人员的心，应急处置机制立即启动。而在万米高空的这架空客 A319 飞机，正在经历一场“空中浩劫”——

驾驶舱右座前风挡玻璃破裂，自动驾驶功能失灵，仪表台受损严重，与地面塔台失去联络！副驾驶徐瑞辰半个身子被吸出驾驶舱，强大的气流以每小时 800 千米的速度抽打着机长刘传健的脸，零下 40 摄氏度的气温瞬间凝固了整个驾驶舱……

“跟平常一样，没什么特别。”回想执飞“重庆—拉萨”航班的那个凌晨，刘传健语调轻松。

3 时 50 分，美丽的重庆仍在沉睡，刘传健已洗漱完毕、穿戴整齐，赶往江北机场。他抵达准备室时，时针刚指向 4 时 20 分。

“体检良好，天气 OK，飞机正常，油量充足，是个飞行的好日子！”4 时 40 分，机组一行有说有笑进场。6 时 26 分，刘传健驾机呼啸着跃上碧空。

40 余分钟后，飞机进入被称作“空中禁区”的青藏高原上空。这条航路气候多变、空气稀薄，对飞行员素质要求很高。

“嘣！”进入高原不久，一声闷响，驾驶舱右座前风挡玻璃突然出现裂纹，刘传健心里“咯噔”一下，赶紧伸手去检查：“割手！内层玻璃裂了！”

“准备下降高度，备降成都。”刘传健迅速向管制台报告，同时示意副驾驶发出遇险信号。

“砰！”话音未落，一声巨响，这块玻璃突然破裂被吸出窗外，飞机开始剧烈抖动。

“我下意识地闭了下眼睛，睁开时副驾驶半个身子已挂在舱外。我试图把他拉回来，但发现自己无能为力。强大的气流让我根本无法戴上氧气面罩……”刘传健平静地回忆着那个瞬间：耳朵里没有声音，感觉不到缺氧和寒冷，脑子里只有一个念头——控制住飞机状态！飞出山！飞回成都！

减速，下降高度……他费力地操纵着飞机。

“很纠结！想尽快下降高度，又担心速度大飞机承受的冲击力太大，机组和乘客安全无法保证。”身着短袖衬衣的刘传健紧握操纵杆，在缺氧、酷寒、座舱释压的极端条件下，操纵飞机艰难下降……

类似情况在民航史上只发生过一次。1990 年 6 月 10 日，英国航空公司一架航班左侧前风挡玻璃脱落迫降成功。这次刘传健所驾飞机出现意外时，高度几乎是英航的两倍。

几分钟后，飞机逐渐平稳，刘传健在第二机长梁鹏配合下戴好氧气面罩，凭借多年的飞行经验，参考有限的飞行数据信息，手动返航备降。

“当学员时，教员会将飞机设置到非正常状态，命令我们立刻改出。”采访中，刘传健讲起在部队经历的应急处置训练：模拟“座舱盖爆破”；将仪表蒙住，靠地标、罗盘领航飞行……

“看到跑道心里就有底了。”7 时 42 分，他驾机成功备降。旅客无一人受伤，全机组安全。这场历时 34 分钟的手动备降过程，成为中国民航史上一次“史诗级壮举”。

空军锻造 15 年

苍穹没有避风港，飞行是勇敢者的事业。这一点，飞天者更感同身受。刘传健驾机备降后，网友们格外关注这位“创造人类航空史奇迹”的机长，过人的飞行技能、专业素养、心理素质来自哪里。

“特情，我高教机单飞那天就遭遇过！”刘传健告诉记者。“恰恰就是这次特情，促使我后来飞行时不放过任何难点疑点。”刘传健坦言。

“爱飞行，爱钻研，飞行中爱问为什么。”他的高教机教员、空军西安飞行学院某旅特级飞行员姚峰，对这名得意弟子印象深刻。

“部队按照空军飞行员‘八项素质’总要求锻造我们，哪一点做不好，教员劈头盖脸就是一顿批。”刘传健微笑着回想淬火标尺：崇高的理想、高尚的道德、宽广的胸怀、丰富的知识、过硬的本领、严格的纪律、顽强的作风、强健的体魄。

高标准、严要求，让刘传健在同批学员中脱颖而出，毕业时留校做了初教机教员。要知道，初教机教员是“雏鹰”飞天的启蒙老师，既要教技术，又要带思想、带作风。时任飞行大队长李庆堂至今清楚地记得，“那期学员就两名留校，他是其中之一”。

“学员在我手里很少停飞，想尽办法我也要带出来。”刘传健印象深刻，有名学员因技术掌握不好面临停飞，他主动要求自己带。教学中他发现，学员素质不错，但总想“一口吃个胖子”。刘传健因人施教，有针对性地地面教学、空中带飞，这名学员后来不仅没有停飞，而且留校任教。

“他对自己要求非常高，也要求我们做到最好。”空军运输航空兵某师一级飞行员许宁浩对教员当年的带教记忆犹新。

许宁浩这样的“雏鹰”，刘传健带教过 30 余名，他自己也从教员成长为中队长、副大队长、训练股长，多次立功受奖，安全飞行 2 700 余小时。2005 年底，军队院校编制体制调整，加之身体原因，这名少校飞行员停飞转业，被空军军训部作为优秀人才推荐给四川航空公司。

“刘传健是空军千千万万优秀飞行员中普通的一员，这次壮举是他在危急关头的本色发挥。”说这话时，带教空军飞行学员 25 年的教员姚峰，目光投向辽阔的蓝天。

（资料来源：胡晓宇，黄博，李飞龙．“英雄机长”刘传健告诉你：军转干部是什么样的人．中国军网，2018-05-24.）

视频

民航经典案例
解读二

模块五
案例阅读

模块六 客舱应急撤离程序

知识目标

- 熟悉应急撤离行动的原则
- 掌握陆地迫降程序
- 掌握水上迫降程序
- 熟悉飞机停稳后的撤离程序
- 熟悉撤离后的工作

技能目标

- 能通过团队协作进行陆地迫降程序模拟训练
- 能通过团队协作进行水上迫降程序模拟训练
- 能通过团队协作进行飞机停稳后的撤离模拟训练

素养目标

- 提升安全意识、集体意识、团队意识
- 树立“三个敬畏”意识，弘扬当代民航精神
- 践行社会主义核心价值观

案例导入

“8·19”沙特航空班机空难

沙特阿拉伯航空163号班机是沙特阿拉伯航空公司一班定期航班，由巴基斯坦卡拉奇经沙特阿拉伯首都利雅德前往吉达。1980年8月19日，一架洛歇L1011-200三星式飞机执行此航班，载着287名乘客及14名机员，在利雅德国际机场起飞后即报告货舱起火。最后飞机虽成功折返，但机上共301人无一生还。这是当时航

空史上第三惨重的单一飞机空难事故，仅次于日本航空123号班机空难事件和土耳其航空981号班机。

163号班机于下午6时8分从利雅德起飞。可是起飞后6分钟，机员接到机上警报，显示下层货舱后段有烟雾。其后两位机长及飞航工程师花了4分钟时间去确认这警号，并尝试参考飞行手册了解警钟程序。机长这时决定折返利雅德机场，因这时方向舵下方的二号引擎被通过飞机的操作钢索蔓延过来的大火烧着而失灵，该引擎后来在飞机着陆后停止运作。在飞机返抵利雅德机场前，大火及浓烟已蔓延至机舱，旅客因大火而惊慌失措，纷纷挤至机舱前方争取逃生出路，部分旅客甚至因此大打出手。

随后飞机于利雅德机场安全着陆，但飞机着陆后并没有立即刹停，而是继续滑行，最后于着陆后2分40秒停在滑行道上。可是，机长并没有立即展开应急逃生程序，反而要求乘务员遵从以往所接受的训练指示——暂时不要撤离。在其后的3分15秒，机上剩余的两个引擎都没有关掉，因此严重阻碍了救援人员前往。

最后，待引擎关掉后，救援人员再花了23分钟才进入机舱内，但机舱内已没有生命迹象。所有旅客都是吸入浓烟致死，所有死者被发现时都是位于机舱前半段，可是他们都没有办法打开舱门逃生。

经过这次空难，各航空公司修订了应急逃生程序及逃生训练，还训练机组成员在事故发生时要懂得安抚乘客；洛歇亦移除了货舱后段的隔离室，并以玻璃纤维强化该段结构。

至于该架被烧剩的编号HZ-AHK残骸，自空难后就一直停泊在利雅德机场的柏油路上，直至20世纪90年代。

讨论：该案例中，导致全员遇难的主要原因是什么？请思考乘务员进行应急撤离训练的必要性。

任务一　客舱应急撤离行动要领

一、飞机迫降

视频

客舱应急撤离行动的要领

导致飞机采取迫降措施的情况：

（1）飞机内外起火；

（2）有异常的声响和撞击；

（3）客舱内出现异常烟雾；

（4）燃油严重漏出；

（5）机体破损；

（6）发生其他严重影响安全的情况（炸机、发现危险品等）。

当发生以上情况时，乘务组的报告时机如表 6 - 1 所示。

表 6 - 1　乘务组的报告时机

发生紧急情况的时段	乘务组的报告时机
紧急情况下或滑行、巡航、下降时	立即报告驾驶舱
飞机初始爬升阶段	待飞机离地后，立即报告驾驶舱
最终进近与着陆阶段	待飞机滑出跑道后，立即报告驾驶舱

乘务员不要低估自己的经验和判断力，一旦认为有危险，应及时报告，如果没有把握判断所观察到身边所发生的状况是否危及飞行安全，可以将疑虑告诉其他组员。

二、应急撤离行动的原则

视频

撤离前客舱的准备工作

在实施应急撤离行动的过程中，乘务组应遵循以下原则：

（1）听从机长的指挥；

（2）迅速正确地判断；

（3）准备处理的措施；

（4）随机应变；

（5）沉着冷静；

（6）维持秩序；

（7）团结协作。

三、撤离指挥权的接替

机长对飞机安全运行负全责，所有机组成员必须服从机长的指挥。一旦机长或其他机组成员丧失行为能力，应按以下指挥接替顺序确定指挥权的接替人：

机长—副驾驶—飞行机械（观察）员—驾驶舱其他成员（必须是具备该机型资格的飞行人员）—主任乘务长 / 乘务长—区域乘务长—头等舱乘务员—公务舱乘务员—普通舱乘务员（按资历和年龄）。

四、机组的责任

执行航班任务的机长，对飞行安全具有绝对的指挥权，机上乘员应服从机长指挥。飞行组应根据机长指令，实施飞行特殊情况处置。机长无法履行其职责时，副驾驶应对飞机和旅客安全负责，行使指挥权。乘务长负责组织实施应急撤离行动，包括组织乘务员、安全员及援助者实施旅客应急撤离的准备工作，向机长反馈客舱情况及请示处置指令等。成功处置迫降事件的关键在于全体机组成员，尤其是乘务员在机长指挥下完成撤离的能力，成功处置迫降事件需要每个机组成员都能业务过硬、心理过硬，在迫降中充分发挥作用。

任务二　陆地迫降程序

一、陆地迫降的分类

根据飞机迫降时的准备时间是否充分，陆地迫降可分为有准备的迫降、有时限的迫降和无准备的迫降。

（1）有准备的迫降：有超过 10 分钟准备时间的充分迫降。

（2）有时限的迫降：准备时间少于 10 分钟的迫降。

由于准备时间有限，乘务组通常无法完成所有的陆地迫降程序，在这种情况下，乘务长有权根据重要性采取优先原则，优先完成对撤离起关键作用的步骤。

（3）无准备的迫降：没有时间准备的迫降。

无时间准备的陆地迫降通常发生在飞机起飞或着陆时，如中断起飞、飞机冲出跑道等。乘务员在出现第一个撞击迹象时应迅速做出判断，并发布“抱紧，防撞！”的口令及做好自身防冲撞姿势，直到飞机着陆完全停稳。

二、信息传递

（一）机长将陆地迫降决定传递给乘务长

正常情况下，机长拥有飞机的最终处置权，在面对紧急突发情况时，由机长决定是否要进行紧急迫降。机长一旦做出迫降的决定，应及时将信息传递给乘务组。机长应通过机上内话紧急呼叫通知乘务长到驾驶舱，下达迫降的决定。

例如，机长呼叫：“紧急情况！乘务长速到驾驶舱。”乘务长回答“明白，马上到！”并带纸、笔进入驾驶舱完成以下工作：

（1）明确迫降的形式、原因、时间、地点、环境，以及与有关单位联系的情况等；

（2）共同确定撤离的方案；

（3）明确防冲击信号和撤离信号；

（4）校对时间；

（5）了解和记录其他特别的要求。

（二）乘务长将陆地迫降决定传递给乘务组成员

乘务长在获取机长的迫降决定后，应马上召集各区域负责人，做好如下工作：

视频

迫降前机组准备会

（1）传达机长的指示和决定；

（2）进行分工，确认每人的位置和任务；

（3）落实检查单的各项工作；

（4）调亮客舱灯光；

（5）打开隔板观察窗（如适用）。

（三）机长和乘务长向旅客广播迫降的决定

机长和乘务长应通过客舱广播的形式告知旅客飞机将进行迫降的决定。

三、安全检查

视频
撤离前乘务员的自身安全确认

乘务组务必做好客舱安全检查工作，应完成以下安全检查：

（1）回收餐盘、服务用具；

（2）确认旅客手提行李已存放好；

（3）扣好帘子；

（4）打开遮光板；

（5）确认旅客安全带系好、座椅靠背调直、小桌板收起、脚踏板收起；

（6）确认客舱电视屏幕关闭收起；

（7）固定厨房设备；

（8）禁止旅客吸烟；

（9）广播通知旅客取下尖锐物品和松开紧身衣物；

（10）如迫降地点天气寒冷，提醒旅客穿好衣服防寒。

四、向旅客介绍应急出口位置，并进行脱出区域划分

视频
指示撤离出口和脱出区域划分

乘务员应在指导旅客应急撤离的过程中，告诉旅客两个最近的出口位置，以及那些由于滑梯失效或舱门不能开启而无法使用的出口。同时，乘务员应按照机型的要求，划分脱出区域，指导旅客从相应的出口撤离。

以 B737-800 机型布局为例，陆地撤离时，B737-800 机型脱出区域划分为：1 ～ 11 排旅客从左 1、右 1 门撤离，12 ～ 19 排旅客从翼上出口撤离，20 ～ 30 排旅客从左 2、右 2 门撤离。

脱出区域划分，可以让旅客明确飞机停稳后的撤离出口，但在迫降过程中，飞机的状况难以预估，对出口的使用仍然存在变数。因此，乘务员应随机应变，在撤离飞机的过程中，根据飞机停稳后的状态，最终判断并选择正确的撤离出口。表 6－2 列出了飞机停稳后的状态与选择撤离出口的关系。

表 6－2　飞机状态与出口选择

飞机状态	出口选择
正常陆地迫降	所有出口均可使用
前轮和主轮全部折断	翼上出口不能使用，因发动机触地，可能引起火灾
前轮折断	所有出口均可使用，但要考虑后舱门离地面高度，滑梯长度能否接地
飞机尾部拖地	所有出口均可使用，但要考虑前舱门离地面高度，滑梯长度能否接地
飞机侧趴，主轮一侧折断	靠地面一侧的翼上出口不能使用，因发动机触地，可能引起火灾

续表

飞机状态	出口选择
水上迫降	出口的选择要视飞机进水情况而定，如果水面高于舱门地板高度，则不能使用滑梯；翼上出口一般不使用

五、防冲撞姿势演示

视频

防冲撞姿势

飞机在迫降过程中会产生猛烈的撞击，为了使旅客在撞击中最大限度地保护好自己，乘务员应向旅客介绍防冲撞的安全姿势。乘务员应坐在椅背上或站在过道上示范，对于特殊旅客（孕妇、儿童、抱婴儿的旅客等）进行个别指导，并告知旅客采取防冲撞姿势的时机，同时说明飞机着陆时可能出现多次撞击，要保持防冲撞姿势，直到飞机完全停稳。

（一）乘务员的防冲撞姿势

1. 面向机头方向的乘务员

（1）安全带应整理平整，不要扭曲；将安全带保持在低位，同时系紧。

（2）确保上背部和下背部紧靠座椅靠背，下颚紧贴胸部。

（3）双手放在大腿上，双脚略微分开。

（4）如果前方没有舱壁，则尽可能伸展腿，将脚平放在地板上；如果前方有舱壁，则将脚平放在地板上，双脚向前直到脚尖碰到舱壁（不要将脚踩到舱壁上）。

2. 面向机尾方向的乘务员

（1）安全带应整理平整，不要扭曲；将安全带保持在低位，同时系紧。

（2）确保上背部和下背部紧靠座椅靠背，向后倾斜并保持头部紧靠靠背或头枕。

（3）双手臂交叉于胸前，注意双手不要握住肩带。

（4）双脚略微分开，平放在地板上，保持大腿和小腿成 90 度弯曲。

（二）成人旅客的防冲撞姿势

（1）旅客下躯干应牢固地靠在座椅后部；将安全带平放在身体上，不要扭曲，系紧安全带，以便安全带发挥应有的约束力。

（2）将膝盖压在一起，脚应平放在地板上，并略微位于座位边缘的前方；腿部和脚部不应放置在被占用的座椅下方或座椅前方，以防止在撞击时座椅塌陷时脚部或腿部受伤。

（3）如果座椅之间的间距较小，旅客应下巴紧贴胸部，向前弯曲，并将头顶靠在座椅靠背或前面的舱壁上，双手压在双腿下，手心朝上；如果座椅之间的间距较大，旅客应向前弯曲，使头部和胸部靠在大腿上，面部朝下，双手抓住脚踝，或双臂抱住双腿。

（三）有生理或空间限制的旅客（如孕妇）的防冲撞姿势

孕妇的防冲撞姿势与座椅之间间距较小情况下的成人旅客防冲撞姿势大致相同，同样要求下躯干牢固地靠在座椅后部，下巴紧贴胸部，向前弯曲，并将头顶靠在座椅靠背上，双手压在双腿下，手心朝上。系紧安全带，安全带不要扭曲，尤其注意应将安全带系在大腿根部，以便将安全带的力量施加到骨盆上。

（四）儿童旅客的防冲撞姿势

儿童旅客应将安全带系在躯干的低处，位于腿部上方。身体向前弯曲，将头部放在双腿之间的座垫上，或者将头部越过坐垫的边缘，以适合儿童的高度，这样做可以减少头部晃动。

（五）抱婴儿旅客的防冲撞姿势

（1）婴儿应该直立坐着，并面向成人；较大的婴儿可能需要跨越成人的臀部。

（2）抱婴儿者应该将一只手臂放在婴儿的躯干周围，另一只手臂支撑婴儿的头部。

（3）抱婴儿者应该向前倾，并将头紧靠在前面的座椅靠背上，使婴儿保持在成人和前排座椅靠背之间形成的空间中；抱婴儿者应该尽可能地向前倾，越靠近前方的座位越好。

（4）抱婴儿者还须注意，不要将婴儿放在膝盖上，因为如果飞机发生横向移动，可能会导致婴儿的头部撞击扶手或舱壁。

六、选择援助者

（一）选择援助者的标准

视频

援助者的选择标准与任务

通常选择以下人员作为援助者：

（1）乘坐飞机的机组成员；

（2）航空公司的雇员；

（3）军人、警察、消防员；

（4）身强力壮的男性旅客。

每个出口需要 1 ～ 3 名援助者以协助乘务员，援助者需要清楚自身的任务，并且自愿协助乘务员做好撤离工作。为方便援助者，应将援助者安排在靠近出口的位置。

（二）援助者的任务

视频

陆地撤离寻找援助者讲解

援助者需要坐在靠近出口的位置。乘务员向援助者交代任务时，语言要简单明了，不要使用专业术语，并确认援助者已清楚自己的任务。

1. 翼上出口处援助者的任务

（1）观察窗外情况，如果安全，打开翼上出口，站在机翼上靠近出口的地方，帮助旅客撤离。

（2）站在机翼底下的地方，协助旅客从机翼上滑下。

（3）站在离飞机较远的风上侧，召集旅客，提醒旅客不许返回飞机。

2. 地板高度出口处援助者的任务

（1）舱门打开后，先行滑下滑梯，站在滑梯的两侧，帮助其他滑下来的旅客。

（2）往风上侧方向撤离，远离飞机，召集旅客，提醒旅客不许返回飞机。

（3）协助乘务员指挥旅客撤离。如果乘务员失能，代替乘务员打开舱门，并指挥旅客撤离。撤离时，负责把失能的乘务员带下飞机。

七、根据迫降环境准备好应携带的物品

根据迫降的情况，视需要带上文件、资料、设备、食品、水、毛毯等，并存放在安全、易拿取的位置。

任务三　水上迫降程序

一、水上迫降的分类

与陆地迫降相似，根据飞机迫降时的准备时间是否充分，水上迫降可分为有准备的迫降、有时限的迫降和无准备的迫降。

（1）有准备的迫降：有超过 10 分钟准备时间的充分迫降。

（2）有时限的迫降：准备时间少于 10 分钟的迫降。

（3）无准备的迫降：没有时间准备的迫降。

二、设备

（1）滑梯：在陆地迫降时用作逃生的滑梯，在水上迫降时，则是救生筏或漂浮物。需要注意的是，水上迫降时，可能会出现某些出口的滑梯不能展开使用，如需要，可以将这些出口的滑梯移到其他可以打开的出口，展开使用。

（2）救生衣：水上迫降，需提前穿好救生衣。

（3）救生筏：民航客机的救生筏有圆形、椭圆形、六角形，折叠后装入带有搬运手柄的包装袋内。

三、水上迫降与陆地迫降的主要不同点

（一）演示内容不同

与陆地迫降相比，水上迫降程序增加了一项内容——向旅客演示救生衣的使用方法。乘务员应面向旅客，站在客舱的指定位置，使用机组救生衣为旅客演示救生衣的穿戴方法；如机上有婴儿，需对带婴儿的旅客作个别简介。乘务员在演示的过程中，要提醒旅客不要马上给救生衣充气；要确保所有旅客都穿上了救生衣，并且确认旅客了解救生衣的充气时机。

视频

水上撤离救生衣的示范讲解

（二）对援助者的要求不同

相同点：每个出口选择 1 ～ 3 名援助者。

不同点：对援助者的任务要求。

1. 翼上出口处援助者的任务

（1）观察窗外情况，如果安全，打开翼上出口，协助使用救生筏。把救生筏搬到机翼上，将其投入水中，使救生筏充气，指挥旅客下水，然后进入救生筏。

（2）进入救生筏，帮助安排好旅客。

（3）站在机上出口边，帮助旅客逃出，并告诉旅客给自己的救生衣充气。

2. 地板高度出口处援助者的任务

（1）舱门打开后，协助乘务员搬运救生筏，先行登上救生筏，指挥并帮助其他登筏的旅客，维持秩序。

（2）协助乘务员指挥旅客撤离，如提醒旅客在离开飞机前给救生衣充气。

（3）在乘务员失去指挥能力时，代替乘务员指挥乘客。撤离时，负责把失能的乘务员带下飞机。

任务四　飞机停稳后的撤离程序

当飞机迫降并停稳后，机组成员应关注撤离飞机的程序。

一、判断机上乘员是否需要撤离飞机

飞机完全停稳后，首先应马上判断机上乘员是否需要撤离飞机。例如：机长会通过客舱广播，发出“乘务组，各就各位”的指令，客舱机组则迅速到达各门区，观察、判断情况。最后，通过旅客广播系统向客舱发出撤离或不需要撤离的指令。

通常情况下只有机长发出撤离口令，机上乘员才能撤离。但如果驾驶舱内发生了异常情况，如机长失去了指挥能力，这时，乘务组有权实施撤离，前提是，机体出现了明显破损、烟雾火灾无法控制、燃油严重泄漏、飞机进水等特别危急的情况，且乘务组联系驾驶舱，30 秒后仍得不到回应。

（一）需要撤离飞机

视频

撤离口令讲解

1. 机长发出撤离指令

乘务员听到机长撤离指令后，迅速判断出口状况。

如果是陆地迫降，乘务员应观察机外的状况，确认“无烟、无火、无障碍”后方可打开舱门。如机门外有浓烟等导致无法对外部状况进行评估，不要冒险打开出口，除非已经没有更好的选择。在不能使用起落架着陆的情况下，如果出口很接近地面，在启用出口之前，应当解除滑梯预位。

如果是水上迫降，同样需观察机外的状况，确认“无烟、无火、无障碍，出口高出水面”后方可打开舱门，否则不能打开。对撤离的情况进行判断，如飞机可能会很快下沉，应迅速将救生筏与飞机脱开。

2. 乘务员打开舱门并指挥旅客撤离

如出口可以使用，乘务员应大声发出撤离口令并迅速打开出口，指挥旅客撤离。如出口不能使用，乘务员应指挥旅客从其他安全出口撤离。

视频
跳滑梯训练讲解

3. 乘务员清舱

乘务员确认客舱内无滞留人员，清舱完毕，报告乘务长和机长。

4. 机组撤离

乘务组带上准备好的物品（如需要）撤离飞机，机长最后撤离飞机。陆地撤离，应往上风侧方向，且离开飞机至少 200 米；水上撤离，应往下风侧方向，且离开飞机至少 150 米。

（二）不需要撤离飞机

当听到机长发出“乘务组与旅客，座位上坐好”的无须撤离的指令后，乘务员指挥旅客坐在座位上，保持警惕，确保自身和旅客的安全。

二、撤离出口

在紧急情况下，飞机上所有的出口都应作为撤离出口，包括舱门、翼上出口、驾驶舱可活动窗户、飞机破损处等。

任务五　撤离后的工作

一、陆地撤离后的工作

当离开飞机后，应指挥旅客远离飞机 200 米以上的上风侧躲避，并清点幸存者人数，如有人受伤，优先处理严重受伤者。将幸存者分组，指定领队带领他们行动，领队必须清楚有多少组员，在每个组里，建立互助机制。取出机上有用物品如应急设备、食品和水。在等待救援的过程中，建立临时掩体，如适用，把滑梯卸下用来制作掩体，留在飞机附近的安全区，准备好救援用信号器具，启动定位发射机，以便救援。必要时，轮流值班，看护包裹及飞机，不要贸然行事，注意保存体能。

视频
撤离后的工作

二、水上撤离后的工作

（一）救生筏上注意事项

水上撤离时，救生筏应撤离到远离飞机 150 米以上的下风侧，且避开油污。如有落水者，援救落水者，并清点人数。抛出海锚。捞起 SK 包，清理救生筏内积水，修补漏洞，支好顶篷。将定位发射机系在筏上，并启动。将救生筏以 7 ～ 8 米为间隔连在一起，当发现有飞机时，将救生筏相互拉近，使顶篷的颜色更易被识别，如遇大浪，也可防止救生筏颠覆。确认 SK 包里的物品固定在救生筏上。保证筏体浮力管内的空气充足，但不要过足，根据温度情况对其做出调整。避免尖锐物品刺破筏体。确保筏上的每个人都穿好救生衣，并充气。旅客应均匀地分布在筏内，不要坐在舷上，在筏内移动前，应先告诉周围的旅客，然后再采取爬行的方式移动，不要站立行走。

（二）救生筏上的指挥

将机组成员分别安排到每个船上，进行指挥，明确船上每个人的职责，一同参与救援工作。安排人员昼夜值班，值班者用一根不短于 3 米的绳系在救生筏上。

素养园地

聚焦智慧民航：一次飞行背后的“智能拼图”

在手机上订一张机票，选好心仪的座位，使用航空公司提供的行李“门到门”服务，乘机当日旅客可以一身轻松地出门。

按照 App 规划的时间出门、打车，路上预订好“易安检”通道，再确认一下登机口，到候机楼的时间刚刚好。

“易安检”通道的“流速”正常，自助扫描电子登机牌上的二维码，通过安检扫描仪，中间几乎没有停顿，到达登机口，登机。

从订票到登机，这样的出行流程让人几乎“无感”，但隐约中我们觉得如此从容轻松、衔接无碍的乘机过程简约又不简单。除旅客能够熟练使用手机上的出行软件外，从航站楼内通道、流程的设计优化，到大量可供使用的自助设备，这背后似乎还有一个庞大的、看不见的“数据疆域”——在那里，智能技术环环相扣，宛如拼图。

资深民航旅客往往会感喟 20 余年间民航服务的变迁。

以购票环节为例。20 年前，想要搭乘航班出行，旅客首先需要前往航空公司的直属售票处购买一张纸质机票。时间进入 2000 年，科技让民航服务得到了大幅跃升。从 2003 年开始推广电子客票，到 2008 年北京奥运会期间中国国际航空在首都机场 T3 航站楼率先投用自助值机设备、自助行李托运设备、自助登机通道，再到近几年旅客使用身份证即可完成登机的无纸化出行，中国民航始终在利用信息技术为旅客提供高品质的航空服务。

很多旅客已经习惯使用各种手机软件来提高出行效率。事实上，每款手机软件背后都有其使用场景、关键技术和解决方案。得益于智能时代的技术“爆发”，原本囿于人力运算难以处理的海量数据正在被充分调动、使用。

在智慧赋能出行提速中，民航安检领域的颠覆性变革让安检走上了查验准、干预少、流程简、速度快、体验好的高质量发展之路。“易安检”通道只是让旅客出行更顺畅的设施之一，与之类似的还有无实体证件安检以及登机“出行一张脸”等。那么，又是什么技术支撑着这些智慧解决方案落地开花？民航海量非结构化模式识别是关键技术之一。

在航站楼内，高精度、跨镜头的旅客追踪系统，能够实现旅客轨迹实时定位，提升机场管理效率，加大安全管控力度。对多目标检测、人脸识别、活体检测技术的研究，大大助力旅客无纸化出行和智慧机场建设。通过机场多源数据，对各类视频图像进行智能分析，解决旅客安检排队时间长的问题，并识别旅客异常行为，提升安防水平。

基于“多模态＋平台化”打造真正的“One ID”，将人脸、指纹、虹膜、指静脉等多模态生物特征融合，应用于值机、安检、登机口、商铺等多个航空出行环节，从而精准识别旅客身份。

（资料来源：刘蔚，王艺．一次飞行背后的“智能拼图”．中国民航报，2022-04-13.）

视频

民航经典案例
解读三

模块六
案例阅读

模块七 颠簸处置

知识目标

- 掌握颠簸的含义，了解颠簸产生的原因
- 了解颠簸的危害
- 熟悉颠簸的分类
- 掌握不同程度颠簸的表现和服务要求
- 掌握颠簸期间驾驶舱和客舱的联系要求

技能目标

- 能识别不同程度的颠簸
- 能针对不同程度的颠簸做出相应的行动
- 能通过团队协作正确处置颠簸

素养目标

- 提升安全意识、集体意识、团队意识
- 树立“三个敬畏”意识，弘扬当代民航精神
- 践行社会主义核心价值观

案例导入

预防晴空颠簸 请系好安全带

夏季天气复杂多变，空中气流不稳定，容易造成民航航班空中颠簸。空中颠簸是正常现象，旅客不必惊慌。为保障安全，旅客最好全程系好安全带，配合机组成员一起确保出行安全。

通过对近年来严重颠簸事件结果的分析，空中颠簸造成的受伤者以正在客舱内服务的乘务员和在颠簸时没有系安全带的旅客居多。为每一位旅客提供优质的客舱服务、保护所有旅客的安全是乘务员的职责所在，所以在工作中，他们必须巡视客舱、服务旅客，这增大了他们在颠簸时受伤的风险。而对旅客来说，增强自我保护意识，遵守全程系好安全带的规定，能够最大限度避免在颠簸中受伤。

另外，对旅客还有几项建议。首先，应尽量减少在客舱内走动。可以在候机时去候机楼里的洗手间。候机楼里的洗手间比较宽敞，条件较好，更重要的是，这样可以减少飞行途中去洗手间的次数。其次，妥善安置好个人行李物品，一定不要将超大超重行李带入客舱。因为一旦超过行李架的限重，行李就可能在飞机遇到颠簸时脱落，砸伤附近的旅客。笔记本电脑、手提行李等小件行李物品要尽量放入行李架或者有限动装置的座椅下方，避免在飞机颠簸时"满天飞"。

其次，飞机飞行时，旅客如果要离开座椅，在客舱过道行走或站立，一定要抓住座椅靠背或者行李架下方的扶手。如果遇到颠簸，要快速在附近的空位上坐下，并系好安全带。在没有空位的情况下，应该迅速蹲下，紧紧抓住座椅扶手或者其他旅客的安全带，以避免自己被抛起来。如果在洗手间内遇到颠簸，旅客一定不要立即走出洗手间，而应紧握洗手间里把手固定自己，等待"系好安全带"指示灯熄灭后再返回自己的座位。

再次，当飞机在飞行中遇到扰动气流时，会产生震颤、上下抛掷、左右摇晃等现象。还有一个比较容易观察到的现象，是飞机机翼会随着颠簸而上下颤动。这些都是正常的，旅客不必过于惊慌。机翼的韧性和刚性有严格的技术参数，刚性太强容易折断，所以必须具有一定韧性，而韧性导致气流作用在机翼上时机翼发生一定颤动，这样能够减轻气流对飞机机身的冲击力，缓解机身震颤。

（资料来源：马旭辉．预防晴空颠簸 请系好安全带．中国民航网，2023-07-19.）

讨论：作为旅客，乘坐航班时，你会采取哪些预防颠簸伤害的措施？

任务一　颠簸的概述

一、颠簸的含义及产生的原因

飞机颠簸是指飞机飞行中突然出现的忽上忽下、左右摇晃及机身震颤等现象。

大气中存在乱流是造成飞机颠簸的基本原因。飞机在空中飞行需要依靠空气产生的升力对它的支撑，如果空气不稳定产生气流，就会使飞机出现颠簸的现象。

二、颠簸的危害

颠簸易造成机上乘员受伤。据中国民用航空安全信息系统数据统计，2015 年至

2019年五年期间，全民航发生颠簸伤人事件共89起，导致229人受伤，其中乘务员占40%以上。究其原因是颠簸具有突发性，如果乘务员、旅客处在没系安全带的状态，遇到突然的严重颠簸，就容易导致受伤。出于对颠簸的重视，2019年民航局重新定义颠簸导致人员伤害的标准：飞行中遇有颠簸或其他原因造成2人（不含）以下人员轻伤为一般事故征候，2人（含）以上人员轻伤为严重事故征候。

颠簸给航空公司带来负面影响。IATA通过对公开和专有的颠簸数据进行综合分析后估计，颠簸每年给航空业造成的经济损失超过2亿美元。此外，颠簸还会损害航空公司的品牌形象，以及造成旅客的乘机恐惧心理等。图7－1为某航空客机万米高空遇强烈乱流后的景象，舱内狼藉一片。

图7－1　某航空客机万米高空遇强烈乱流

三、颠簸的分类

根据颠簸的特性，颠簸可以分为可预见的颠簸和不可预见的颠簸。

根据颠簸的强弱程度，颠簸可以分为轻度颠簸、中度颠簸和严重颠簸三类。

（1）轻度颠簸：飞机有轻微、快速而且有些节奏的上下起伏，但飞机没有明显高度和姿态的变化，或飞机有轻微、不规则的高度和姿态变化。机上乘员会感觉到安全带略微拉紧。

（2）中度颠簸：飞机快速地上下起伏或摇动，但飞机没有明显高度和姿态的改变，或飞机有高度和姿态的改变，但是始终在可控范围内。通常这种情况会引起空速波动。机上乘员明显感到安全带被拉紧。

（3）严重颠簸：飞机高度或姿态有很大并且急剧的改变。通常空速会有很大波动，飞机可能会短时间失控。机上乘员感觉安全带被急剧拉紧。

任务二　颠簸期间的处置要求

一、不同程度颠簸的表现和服务要求

视频
颠簸的处理

（一）轻度颠簸

1. 颠簸表现

杯内的饮料摇晃；旅客可能感觉到安全带的轻微挤压；餐车有点难以控制。

2. 服务要求

（1）继续小心服务，送热食和热饮时要小心；

（2）巡视客舱，检查安全带是否系好；

（3）乘务员直面提醒或向客舱广播，如持续颠簸，再做客舱广播。

（二）中度颠簸

1. 颠簸表现

饮料从杯中泼溅出来；旅客感觉到安全带的挤压；客舱内走路困难；无支撑站立困难；餐车难以控制。

2. 服务要求

（1）停止服务；

（2）把餐车上的物品固定好（短时间颠簸）；

（3）把餐车推回厨房扣好（长时间颠簸）；

（4）职责完成后，坐回乘务员座椅；

（5）在回乘务员座椅的路上，巡视客舱，检查安全带是否系好；

（6）如可能，驾驶舱作客舱广播。

（三）严重颠簸

1. 颠簸表现

物品翻倒；未固定的物品乱飞；旅客感觉到安全带的强烈挤压；不能进行客舱服务和在客舱内走动。

2. 服务要求

（1）立即停止服务，在目前位置把餐车刹好；

（2）把热咖啡壶和水壶放在地板上；

（3）立即坐到最近的可坐的座位上（抓住任何无人看管的餐车）；

（4）不要试图去查看旅客是否已系好安全带；

（5）如可能，驾驶舱作客舱广播。

二、驾驶舱和客舱的联系要求

为了确保在颠簸期间驾驶舱和客舱的正常联系，飞行组和乘务组应该在航前协作中明确颠簸处置程序。

在不期遇到颠簸时，飞行组应迅速打开“系好安全带”告示信号灯，客舱乘务员应要求旅客在座位上坐好并系好安全带。

在预期遇到颠簸或严重颠簸时，飞行组应迅速打开“系好安全带”告示信号灯，并连续扳动“系好安全带”告示开关，客舱乘务员应进行广播，要求旅客在座位上系好安全带，同时应该中止客舱服务，固定好服务设施并坐好。

驾驶舱和乘务长应保持联系。

注意：当“系好安全带”灯亮起时，客舱应响起有关广播。如果“系好安全带”灯亮起较长一段时间，或旅客不遵照执行，广播要反复进行。如果在下降阶段持续颠簸，并且已经做下降广播，乘务组应在座位上坐好，如果客舱和厨房有浮动物品未固定好，应立即报告驾驶舱。

素养园地

东航 MU774 乘客讲述气流颠簸惊魂时刻

2017 年 6 月 18 日凌晨，从法国巴黎飞往中国昆明的东方航空 MU774 航班在飞行途中突遇气流颠簸。据新华社报道，多名乘客事后称，凌晨 3 时许，飞机遭遇两次剧烈颠簸，前后持续 10 多分钟，导致部分乘客头部、肩部碰撞到行李架等处，亦有行李滚落砸到乘客。央视报道称，先后有 50 名乘客送医，其中，17 人住院，22 人留院观察。

针对上述事件，东方航空（简称东航）官方微博 6 月 18 日通报称，18 日，东航云南公司巴黎至昆明航班飞行途中突遇气流颠簸，机上部分旅客不适。机组按程序进行了处置，航班安全落地昆明。

凌晨喂奶时遭遇颠簸

2017 年 6 月 18 日凌晨 3 时许，机舱灯早已熄灯，空乘人员已经休息，从法国巴黎飞往中国昆明的东航 MU774 航班的乘客多数已进入梦乡。

年女士原本已经睡下，但她被旁边 7 个月大的女儿哭声吵醒，她打算给女儿喂奶。

年女士说，当天该飞机接近满座，她在 61 排。机上有一些乘客是法国人，但大多数乘客是中国人。事发后她得知，有老人已经 80 多岁了。

年女士估摸着飞机已进入俄罗斯，“机舱里当时有点冷，我就给孩子裹了两层”。她指的是公共场合哺乳使用的遮盖巾。

年女士说，18 日凌晨 3 时左右，只听到“轰隆隆”一声，无任何预兆，也没有广播，飞机突然开始颤抖。她一边抱着孩子，一边尝试系安全带，但没有成功。

飞机开始剧烈颠簸，乘客中有人被甩了起来，头碰到行李架，有行李架还被撞出了洞。

年女士母女俩也被甩了起来，7个月大的女儿额头撞到了行李架上。紧接着，她俩又被甩了出去，跌倒在过道里。年女士喊救命，但她微弱的声音很快淹没在机舱里剧烈的撞击声和乘客的尖叫声里。

一旁的乘客听到年女士求助后，提醒她躺在过道里抓住座椅。但年女士抱着孩子，"怀里抱着孩子，根本够不着"。

年女士试图站起来，但没有成功，躺在过道的年女士感觉自己失重了一样，随着飞机的垂直下落，她和女儿再一次被抛起，她被重重地摔在过道上，怀里仍紧紧抱着女儿。

"失重后，先是屁股着落，我当时已经动不了，背部疼得厉害，但大家都害怕，没有人敢解开安全带来救我。"年女士说。

与此同时，年女士看到机舱里照明灯忽明忽暗，一名老人被甩起来，头碰到安全出口的指示灯，指示灯瞬间支离破碎。

"幸亏有布包裹着，不然孩子肯定脱手了。"年女士说，她躺在过道时发现，机身倾斜着，行李架上的物品滑落，有没有离座的乘客被砸伤。

当机身稍微平稳时，年女士身前的一位女乘客解开了自己的安全带，她站起来，架住年女士的胳膊，将她们母女俩扶到了座位上，"婴儿椅已经不知飞到哪去了"。

年女士估计，剧烈的颠簸持续时间不到10分钟。

飞机平稳后，年女士女儿的额头被磕出一个红色的包块，但并无大碍。她看到有人找眼镜，有人找鞋子，更多的人痛哭不止。

年女士说，机舱的行李架底部撞出了几个洞，过道和座位下都是碎屑和掉落的物品。

年女士表示，飞机平稳后，空姐们带着急救箱迅速赶到机舱来救人，广播里开始喊着："请是医生和护士的乘客帮忙救助伤者。"

空姐拿来冰块，敷在年女士的背部、腰上。年女士透露说，事后得知，有坐在后排的乘客打开窗户遮光板，看到外面有红色的闪电。

在进行简单包扎、冰敷的同时，机长也到客舱安抚大家的情绪，并表示如果有乘客受伤严重就备降。

年女士表示，颠簸之后的5个小时飞行，更是一种煎熬，"原本已经飞了一大半路程，但出事后受伤不说，还抱着孩子，每一个人心里都紧张，大家想看到底能不能安全降落啊，心里没底，神经还是绷紧的"。

降落时所有人鼓掌

6月18日8时50分许，比预计时间晚了约70分钟后，东航MU744终于在昆明长水国际机场平安降落。

"安全降落后，机舱里响起了掌声，所有人都鼓掌，那一刻很感动。"年女士说，就在飞机到达昆明上空后，早已有乘客开始欢呼。

降落后，广播里喊着，先让受伤重的乘客下飞机，多辆救护车已经在机场等候。

6 月 18 日，云南省委省政府主要领导指示，要求全力做好伤员救治工作和相关工作。当晚，云南省卫生厅相关领导、东航云南公司领导赶往医院探望伤者。

视频

当代民航精神的培育

模块七
案例阅读

模块八 旅客安全管理

知识目标

- 理解扰乱行为的定义
- 明确扰乱行为的分类
- 理解非法干扰行为的定义
- 明确非法干扰行为的分类
- 了解机上特殊情况的应急处置

技能目标

- 掌握扰乱行为旅客的处置程序
- 掌握非法干扰行为旅客的处置程序
- 掌握机上特殊情况的处置程序

素养目标

- 培养安全责任意识
- 培养团结协作的工作作风
- 培养严谨科学的专业精神

案例导入

乘客肇事成全球民航关注焦点

【事件回放】热水泡面泼空姐

2014年12月12日凌晨，从泰国曼谷飞往南京的FD9101航班上，两名乘客与空姐发生冲突。女乘客拿泡好的方便面直接泼向空姐。最终，机组成员无法控制局面，航班被迫返航。两名乘客被泰国警察带走，其他乘客也被迫下机。

【事件发展】4 人被罚 9 500 元

经过曼谷机场警方介入，4 名乘客向被泼空姐赔偿 5 万泰铢（约合人民币 9 431 元）。此外，因影响公共秩序，泼人的女乘客被罚 200 泰铢（约合人民币 38 元），另 3 名乘客各罚 100 泰铢（约合人民币 19 元）。

【事件后续】拒下机占廊桥

13 日，有微博网友爆料称：FD9101 肇事者搭乘 12 日晚飞机抵达南京后拒绝下飞机，后经劝说离开飞机占据登机廊桥，诉求是要求航空公司工作人员出具书面证明说网上传言与事实不符。当事人在诉求被婉拒后扬言要打工作人员以及围观群众。

讨论：在航空运输过程中遇到异常的、有违公序良俗的、有暴力行为的旅客，乘务员应当怎样处理？

任务一　扰乱行为的处置

由于有着巨大的商业价值和很高的声誉，航空业一直以来持续吸引着人们的注意，也受到媒体和政府的高度关注。但与此同时，包括劫机、犯罪和违反安保的行为等事件也在不断增加，这些对航空业的暴力和破坏行为通常是由恐怖分子、罪犯、精神失常者，甚至有犯罪动机的业内人员所实施的。航空业所有从业人员有责任了解潜在威胁并正确处置，以最大限度地降低人员伤亡和财产损失。在任何一个航班上，一名或多名旅客的行为都有可能具有破坏性，对其他旅客或飞机的安全形成威胁。这些情况必须严肃对待，作为民航乘务员必须及时、冷静地进行处理。

每一位乘机的旅客都应遵守《中华人民共和国民用航空法》《大型飞机公共航空运输承运人运行合格审定规则》《中华人民共和国民用航空安全保卫条例》《中华人民共和国治安管理处罚法》等有关法律法规的规定。

一、扰乱行为的定义

扰乱行为，是指在航空器上不遵守行为规范，或不听从机组成员指示，从而扰乱航空器上良好秩序和纪律的行为。

二、扰乱行为的分类

国际民航组织 2002 年 6 月公布的 288 号通告《关于不循规 / 扰乱性旅客法律问题指导材料》将扰乱行为分为三大类。第一类是针对机组实施的行为，包括以实际或口头攻击、威胁恐吓机组成员，干扰或削弱了机组成员执行任务的能力，拒绝服从机长为机上良好秩序或安全做出的合法命令。第二类是在航空器上实施攻击和其他危及安全或损害航空器上良好秩序和纪律的行为，诸如在航空器上对他人实施暴力行为、故意毁坏财物、酗酒等。第三类是影响航空器安全的行为，如机上使用明火、吸烟、违规使用电子设备等。

我国《公共航空旅客运输飞行中安全保卫工作规则》参照国际民航组织的规定，将扰乱行为分为以下九类：

（1）强占座位、行李架的行为；

（2）打架斗殴、寻衅滋事的行为；

（3）违规使用手机或其他禁止使用的电子设备的行为；

（4）盗窃、故意损坏或者擅自移动救生物品等航空设施设备或强行打开应急舱门的行为；

（5）吸烟（含电子香烟）、使用火种的行为；

（6）猥亵客舱内人员或性骚扰的行为；

（7）传播淫秽物品及其他非法印制物的行为；

（8）妨碍机组成员履行职责的行为；

（9）扰乱航空器上秩序的其他行为。

三、扰乱行为的等级及类别

民航乘务员的首要职责就是保障旅客的安全、健康和舒适。因此，民航乘务员必须随时留意周围发生的事情，识别旅客的不当行为，并及时、正确地进行处置。在旅客登机时，民航乘务员就要观察旅客的行为。如果旅客在登机时举止可疑或有威胁性的行为，民航乘务员就应采取措施精心查证，并决定是否有必要在飞机起飞前将该旅客带离飞机，或者一开始就阻止其登机。当飞机在飞行的过程中发现旅客出现扰乱性行为的时候，处置难度会更大，民航乘务员在采取措施时要避免使旅客的行为向更具有威胁性或更暴力的方向发展。如果处置不当，一件小事也可能迅速恶化。

飞行中的航空器上出现扰乱行为时，民航乘务员或安全员应当对其进行管理。对旅客的扰乱行为，应当口头予以制止；制止无效的，在机长的授权下，应当采取约束性措施予以管束。作为民航乘务员，对行为不当的旅客可能造成的后果要保持警惕，并积极主动地采取必要的措施，冷静、高效地处理旅客扰乱性行为。

民航乘务员在进行处置时，可以把旅客的扰乱行为分为不同等级，根据具体情况采取正确处置措施，如表 8－1 所示。

表 8－1　旅客扰乱行为的等级及处置措施

等级	描述	具体案例	处置措施
一级	旅客表现出破坏性行为，但遵守民航乘务员要求，机组成员无须进行下一步行动，也不必报告驾驶舱、承运人或管理当局。	一名名旅客与过道另一侧旅客发生争吵，他们的言辞和语气都不恰当。	民航乘务员要求旅客停止争吵，并为其中一位旅客调换座位，将他们分开，防止情况恶化。
二级	旅客对民航乘务员的要求不服从、不遵守，继续进行扰乱，威胁到客舱安全。	告知在整个飞行期间洗手间禁止吸烟，乘务长在一名旅客第一次吸烟时已提出警告，该旅客被确定在洗手间二次吸烟。	建议给旅客书面警告，声明继续这种行为造成的后果。

续表

等级	描述	具体案例	处置措施
三级	在两次警告后继续干扰机组行使职责的行为； 使民航乘务员或旅客受伤、对民航乘务员或旅客造成严重伤害的威胁行为； 必须使用禁锢用具控制旅客以维持飞机、机组和旅客的安全。	旅客推搡走近的机组成员并猛击试图制服自己的旅客。	某些情况需要立即拘禁或改变航线，机长对任何安全问题及需要采取的措施有最高处置权。

四、对旅客扰乱行为的处置

（一）违反规定在客舱、洗手间吸烟且不听劝阻的处置

（1）根据规定，乘坐中国民航班机，禁止在机上吸烟，凡违反此规定，机组成员应立即予以制止。

（2）民航乘务员要立即检查洗手间，消除火灾隐患。

（3）对不听劝阻者，应收缴其烟具予以扣押，收集物证，并进行必要的证人、证言记录，待飞机降落后，交机场公安机关处理。

（4）机场公安机关接报后，应立即派人员至航空器，及时受理，并做好调查取证工作，依法处理。

（二）偷盗、违反规定开启或损坏机上应急救生设备的处置

（1）对于偷窃、损坏机上应急救生设备的行为人，机组应及时采取措施消除危害，并将行为人及相关证据移交机场公安机关处理。

（2）对于无意触碰、开启机上应急救生设备的行为人，机组应及时制止。未造成后果的，可对行为人进行教育；致使设备损坏、造成严重后果的，机组应采取补救措施，并及时收集有关证据移交机场公安机关处理。

（3）机长应指令机组成员在旅客登机后进行必要的通告和宣传，对机上应急设备进行经常性的检查，安全员要注意及时收集非法行为证据。

（三）客舱内寻衅滋事、打架斗殴、性骚扰、偷窃机上物品、破坏公共秩序行为的处置

当事件发生在飞机起飞前，民航乘务员或安全员应对寻衅滋事、打架斗殴行为及时制止，制止无效报经机长同意，立即通知机场公安机关将行为人带离飞机。

当事件发生在飞机飞行中，民航乘务员应责成其同行者予以控制。如无同行者或同行者无法控制，安全员可报请机长同意，对其采取临时管制措施，飞机落地后移交机场公安机关处理。如果发现有性骚扰行为，民航乘务员应视情况调整当事人的座位，避免发生冲突。如发生直接威胁到机组成员、旅客人身安全、飞行安全或无法制止事态发展的行为，安全员应报经机长同意对行为人采取临时管制措施，机组应通过空管部门及时通知机场公安做好处置准备。

（四）旅客争抢座位、行李架等纠纷的处置

根据《中华人民共和国民用航空安全保卫条例》的规定，乘客争抢座位、行李架的行为属于扰乱行为，需要及时控制事态。民航乘务员处理原则首先是善意提醒，态度坚决但保持语气柔和。进一步解释相关法律规定和机上治安规定，可以引起周围旅客关注、支持。当提醒、劝说无效时可以进行治安警告。经治安警告后仍不服从者，可采取果断措施，起飞前，由警方负责处理；起飞后，在机长授权下可采取一定管制措施。当稳定旅客情绪后，乘务员应当维护客舱正常运行秩序，做好事件记录和证据收集工作，并向相关部门提供事件处理报告。

（五）旅客寻衅滋事的处置

根据《大型飞机公共航空运输承运人运行合格审定规则》，任何显示醉态、在毒品或麻醉品作用影响下的旅客禁止登机；在飞机上任何旅客显示醉态，不可供给任何含酒精饮料；如果显示醉态、在毒品或麻醉品作用影响下的旅客制造出的骚乱已构成对机组工作的干扰，必须尽快通知地面人员。

根据不同的飞行阶段，乘务员对寻衅滋事乘客进行相应的处置程序。

在登机时，如果发现旅客显示醉态、在毒品或麻醉品作用影响下干扰了机组成员的工作或危及旅客与机组安全，应当通知机长和地面人员（注：不要当面指出某一旅客显示醉态、在毒品或麻醉品作用影响下）。地面工作人员和机长必须协同配合，采取任何认为是必要的措施，包括劝其下飞机，地面工作人员须对劝下飞机旅客进行妥善处理。

在登机门关闭之后，如果旅客显示醉态、在毒品或麻醉品作用影响下，乘务员应报告机长，由机长决定是否责令其下机，并通知地面工作人员对其妥善处理。

在起飞后，如果旅客显示醉态、在毒品或麻醉品作用影响下，乘务员应报告机长；用礼貌而坚定的态度与该旅客打交道，并特别注意避免身体冲突；乘务长应根据机长指示，采取进一步措施。

在着陆后，乘务员协助执法人员或地面工作人员上飞机来处理，并询问目击者。如旅客的不当行为涉及并危及机组成员工作，应当报告机长并对其进行控制。最后，机长和乘务长在该航班结束后应及时向主管部门报告，并在24小时内分别写出书面报告提交业务主管部门。

（六）飞机上盗窃旅客财物的处置

如果航班上发生盗窃旅客财物事件，根据不同的飞行阶段，乘务员进行相应的处置程序。

若事件发生在飞机起飞前，任一机组成员如发现有盗窃行为时应及时制止，并立即通过乘务长报经机长同意，通知机场公安机关登机处理。

若事件发生在飞行中，乘务员要沉着冷静，不宜直接对嫌疑人采取措施，以避免造成混乱。乘务员应立即通过乘务长报经机长，并监控嫌疑人，同时保护好“证物”，不允许任何人触碰；在确认是一人作案的情况下，安全员在可以控制局面的前提下表明身份，对嫌疑人采取管束措施；在不能确定是否是一人作案时，安全员应以调解员的身份

进行调解工作，乘务员可帮助协调“当事人”调整座位到后舱进行调解，乘务长在旁协助调解，注意控制双方的情绪，避免在机上发生骚扰或打斗事件，危及航空安全；机长应及时与目的地机场公安机关取得联系，待飞机落地后，将相关人员和物品一并移交公安机关处理。

不论是在飞行前还是在飞行中发生的盗窃旅客财物事件，自始至终，所有乘务员必须做好旅客的安抚和解释工作，及时缓和客舱内紧张气氛，安全员要认真履行职责，加强巡查，防止再次发生盗窃事件。此外，所有机组成员都应积极协助公安机关调查取证。

任务二　非法干扰行为的处置

一、非法干扰行为的定义

根据我国已经加入的《东京公约》《海牙公约》《蒙特利尔公约》(即《统一国际航空运输某些规则的公约》) 等国际公约和我国颁布的《中华人民共和国刑法》《中华人民共和国民用航空法》等关于民用航空安全保卫的法律法规的综合阐述，非法干扰行为，是指触犯刑律的犯罪行为（恐怖主义罪行）、实施或企图实施劫持、爆炸航空器、袭击和爆炸机场等诸如危害民用航空安全的行为或未遂行为。

二、非法干扰行为的分类

根据我国《公共航空旅客运输飞行中安全保卫工作规则》的分类，非法干扰行为包括以下七类：

（1）非法劫持航空器；

（2）毁坏使用中的航空器；

（3）在航空器上或机场扣留人质；

（4）强行闯入航空器、机场或航空设施场所；

（5）为犯罪目的而将武器或危险装置、材料带入航空器或机场；

（6）利用使用中的航空器造成死亡、严重人身伤害，或对财产或环境的严重破坏；

（7）散播危害飞行中或地面上的航空器、机场或民航设施场所内的旅客、机组、地面人员或大众安全的虚假信息。

三、对旅客非法干扰行为的处置原则

根据机上案（事）件处置程序，发生非法干扰行为时，机组成员应当采取一切必要处置措施。出现严重危害航空器及所载人员生命安全的紧急情况，机组成员无法与机长联系时，应当立即采取必要处置措施。对于非法干扰行为的处理，根据不同飞行阶段，应遵循不同原则。

若旅客非法干扰行为发生在起飞前，机组成员应及时制止，制止无效经机长同意，

即通知机场公安机关将行为人带离航空器。若旅客非法干扰行为发生在飞行中，机组成员发现非法干扰行为时，必须及时报告或进行制止；机组成员最早发现非法干扰或接到信息者，应立即报告机长或安全员，并及时对非法干扰者进行教育，讲明法律规定，劝其立即改正或中止非法干扰行为；对劝阻无效者，应及时报告机长，由机长决定是否对非法干扰者采取必要措施；如需要强制的法律帮助，机长应通知空中交通管制部门，或经签派（现场）代理机构与机场公安部门取得联系；停止供应各种酒类，继续做好对其他旅客的服务。因情况紧急，来不及向机长报告时，如不对非法干扰及时采取强制措施，会危及飞机安全或对其他旅客造成危害，机组成员或安全员有权对其采取强制措施，制止其非法行为，可之后再向机长报告；对非法干扰者采取必要措施后，仍不能保证或终止其行为时，报告机长同意后，可采取更加严厉的强制措施或限制其人身自由；为保证飞行安全和客舱秩序，根据当时的情况，向旅客做好解释，得到旅客的支持和理解。

对于飞行中发生非法干扰事件，机组应及时报告地面，并请求降落；乘务长填写机上应急事件报告单并上报事件的证据材料；对涉及的机组成员应完成文字记录并呈报有关公安部门。

在飞行中发生非法干扰事件，客舱乘务员、安全员须做好各类证据的收集工作。取证的对象为非法干扰行为人及权益受侵害人，证人（5 人以上）。证据的种类包括当事人陈述，例如当事人身份基本情况、座位号、联系方法、事件的经过；还包括证人证言，例如证人身份基本情况、事情经过情况、证人在事件过程中所处的具体位置、联系方法；以及书证、物证、视听材料、照片。

四、对旅客非法干扰行为的处置

（一）旅客在客舱内声称劫持飞机或有爆炸物的处置

1. 判明真伪

机组和其他工作人员遇到客舱内有人声称要劫持飞机或有爆炸物时，首先要辨明真伪。如行为人确有劫机、炸机等破坏行为，或者情况难以辨明，应立即按照反劫机、炸机预案处置。如行为人是因为对航班延误、民航服务等原因发泄不满而做出的语言过激行为，按照规定程序处置。

2. 在起飞前声称劫持飞机或有爆炸物的处置

（1）任一民航乘务员或安全员接到信息，应设法通过乘务长将信息传递给机长；

（2）民航乘务员和安全员应对行为人及其行李物品进行监控，并注意观察行为人有无同伙，同时进行监控；

（3）机长应立即将情况报告机场公安当局，由警方登机进行处理；

（4）民航乘务员应做好客舱内旅客解释安抚工作，及时稳定旅客情绪，防止事态扩大；

（5）机组成员应积极配合机场公安人员做好调查取证工作，必要时动员知情旅客提供词。

3. 在飞机起飞后声称劫持飞机或有爆炸物的处置

（1）任一民航乘务员或安全员接到信息，应设法通过乘务长将信息传递给机长；

（2）民航乘务员和安全员应对行为人及其行李物品进行监控，并注意观察行为；

（3）如行为人有过激行为，机组成员应约束，待飞机降落后移交机场公安人员处理；

（4）公安机关将行为人及其行李物品带离飞机后，民航乘务员或安全员应对该行为人座位及行李架进行安全检查，如有托运行李应从飞机上卸下；

（5）机长在航班结束后将情况书面报告公司保卫处。

（二）旅客携带管制刀具、武器等凶器的处置

1. 飞机起飞前的处置

（1）民航乘务员和安全员应立即报告机长；

（2）机长通知机场公安机关登机进行处置；

（3）机组应积极配合机场公安机关进行处置，并提供证据；

（4）在该事件未得到处置前，飞机不能起飞。

2. 飞机起飞后的处置

（1）乘务长、安全员应立即报告机长，并通知机上各区域民航乘务员提高警惕；

（2）机长通知全体机组成员做好突发事件处置的准备；

（3）机长立即将情况报告航空管制部门（ATC）和航空公司运行控制中心，并协调地面制定好处置方案；

（4）按机长指令，由安全员与该旅客进行周旋；

（5）民航乘务员要注意观察旅客动态，维持好客舱秩序；

（6）飞机降落后，机组配合地面机场公安机关进行处理。

（三）劫机的处置

1. 劫机的概述

航空业受到的威胁主要来自有政治或犯罪动机的恐怖分子，一些个人或组织出于获得公众的注意、要求释放犯人或其他恐怖分子、要求政府改变政策、削弱或羞辱反对者、恐吓公众并扰乱正常生活和商业活动，以及通过威胁或勒索得到钱财等目的，而实施劫机等犯罪行为。

2. 劫机的分类

根据劫机目的的不同，劫机可以分为以下几种。

（1）以反社会为目的，劫持航空器，撞击重要目标，制造重大事件，造成机毁人亡的自杀性恐怖活动。

（2）以政治要求为目的，劫持航空器，要挟政府的恐怖活动。

（3）以经济要求为目的，劫持航空器，要挟政府的恐怖活动。

（4）以破坏国家安全为目的，劫持载有关系国家安全的重要人员的航空器的恐怖活动。

3. 劫机的处置基本原则

当飞机被劫持之后，首要考虑的是保证旅客和航空器的安全，以下是一些基本原则。

（1）安全第一。处置决策以最大限度保证国家安全、人机安全为最高原则。必要时，可以付出小的代价而避免重大损失的发生。

（2）统一指挥。事件处置由国家处置劫机事件领导小组决策，统一指挥。

（3）适时果断处置。抓住时机，果断处置，力争在最短时间内解决，将危害与损失降至最低。

（4）力争在地面处置。空中发生的重大劫机事件，应力争使航空器降落地面进行处置。

（5）力争境内处置。境内发生的重大劫机事件，应尽量避免境外处置。

（6）机长有最后处置权。在情况紧急，直接危及人机安全时，机长对航空器的操纵和机上乘员的行动有最后决定权。

4. 劫机后机组处置措施

劫机后飞行组处置措施具体如下。

（1）发现劫机后，机组将应答机频率调到对应赫兹；劫机者如已进入驾驶舱，机组将应答机频率调到另一对应赫兹，并向航空管制部门（ATC）和航空公司运行控制部门（SOC）报告。

（2）处于武力威胁之下时，在确保人机安全的前提下，机长有最终处置权；传递好与劫机者有关信息，尽快使飞机着陆。

劫机后乘务组处置措施具体如下。

（1）沉着、冷静，继续为旅客服务，稳定旅客情绪。

（2）如果有机组成员处于武力威胁之下，灵活处置，尽力保护机组和旅客人身安全。

（3）记下劫机者的要求，不要试图去解除劫机者的武装，不要使用火器，或采取任何会引起报复的行动。

（4）记住劫机者可能只是飞机上几名劫机者中的一位，传递好任何可能重要的信息。遇到空中劫机时，要尽量了解有关情况，并及时报告机长，例如：劫机者的国籍、性别、特征和座位号；劫机者使用的手段和凶器（枪、爆炸物或其他工具的形式、数量）；有关证件识别；劫机者的要求及目的；劫机者的人数。

（5）不要提供酒精类饮料给旅客。

（6）做出一切努力让旅客在客舱内随时可以看见机组成员。民航乘务员在客舱内的存在不仅有助于创造平静的气氛，而且有助于制止由于愤怒或恐慌而采取过激行为的旅客。

（7）假如劫机者使用汽油作为武器，民航乘务员要认真监督和执行在客舱禁止吸烟的规定。如果有可能的话，准备好用湿毛毯覆盖散落的汽油。

（8）按机长指令，配合安全员实施特殊情况处置预案。

（9）做好紧急情况迫降的准备。

（10）实施反劫机行动后，组织旅客脱离飞机。

任务三　机上特殊情况的应急处置

一、危险品泄漏事件应急处置

危险品泄漏事件是指航空器上运载的具有严重放射性、污染性的危险品，因航空器颠簸、释压、包装不严、破损等原因造成危险物质泄漏、挥发，致使航空器上的人员出现身体不适、昏迷、失去知觉，或对飞机造成大面积的污染，设备受到严重腐蚀，危及飞行安全的事件，通常分为空中危险品泄漏和地面危险品泄漏两种情况。

（一）空中危险物品泄漏事件应急处置

（1）运行控制部门应查明飞机上有无危险物品，以及机组准备采取的措施；查明危险物品造成机上设备失效、飞机受污染情况，是否危及飞行安全，事件是否得到初步处理并得到控制。

（2）工作人员参与抢救机上的旅客，将旅客安排到现场临时救治地点或安全地带，并做好安置服务。

（3）航空安全保卫值班人员应迅速到达出事现场参与处置。飞机落地后，尽快用绳索或明显标志划定临时警戒区域，安排人员对飞机停放区域进行警戒等。

（二）地面危险物品泄漏事件应急处置

（1）运行控制部门立即查明发生事故的区域位置，交通线路情况；及时与机场应急部门或附近的医疗、环保、防疫部门取得联系，请机场及有关部门参与处置或救援工作。

（2）客货处置人员组织实施对现场受伤人员、货物、邮件及行李的抢救保护；调动旅客摆渡车、行李传送带车、集装箱板、装卸平台车等车辆或设备，装卸人员到达指定位置；对抢救出来的货邮、贵重物品及时清点，安排专人进行警戒或看管；并对货邮进行检查，防止发生失火及泄漏。

（3）安全保人员及时与公安、消防部门取得联系，说明事件地点、现场状况、危险物品性质、可用消防器材情况，请求支援；配合交通部门疏导事故现场周围交通，协助道路管制，引导救援车辆通行。

二、航空器发现爆炸物或受到爆炸物威胁应急处置

（一）处置原则

航空器发现爆炸物或受到爆炸物威胁事件是指嫌疑人以口头、书面或其他途径警告航空公司经营人，某一航空器上有爆炸装置，以此来满足其目的的行为，致使航空器上的旅客、机组成员生命安全受到严重威胁，通常分为空中发现爆炸物和地面发现爆炸物两种情况。在航空器发现爆炸物或受到爆炸物威胁事件处置中应遵循以下原则：

（1）任何部门和个人在接到航班有爆炸物的信息后，应立即报告应急指挥中心；在

任何情况下，任何非专业人员不要接触、移动被认为是爆炸物的可疑物品。

（2）航空器在空中发现有爆炸物或受到爆炸物威胁时，应当选择就近的合适备降的机场降落，争取在地面处理。

（3）航空器在地面时，应紧急撤离旅客；航空器在空中时，应尽量使旅客远离该可疑物品，但不要引起机内恐慌。

（4）爆炸物的检查、排除必须由专业人员完成，任何非专业人员不得进行此项工作。

（二）处置程序

（1）机组应尽最大可能降低飞行高度并且争取在就近机场着陆；着陆后，按照地面指令将飞机滑行到机场安全处置区（飞机隔离区），紧急撤离机上乘员，使旅客和机组成员尽快离开飞机和危险地带。

（2）如果发现爆炸物后，飞机不能在短时间内降落，应通过航空管制部门设备所在公司的运行部门与爆炸技术专家取得联系，获得处置措施和建议。

（3）在条件允许的情况下下降飞行高度，并尽可能地保持舱内现有舱压。在飞机上发现爆炸物时，在所飞航线的地面无障碍情况下，应将飞机下降到 8 000 英尺（2 438 米）安全高度。

（4）使用机上广播找寻旅客中的爆破专家（EOD）。为避免引起机上旅客恐慌，应使用缩略语进行广播，例如“飞机上有 EOD 人员吗”，又如“有位乘客需要 EOD 人员的帮助”。

（5）民航乘务员应将爆炸物周围的旅客疏散到至少四排以外的座位上，并确认所有旅客在座位上坐好，系好安全带，将座椅靠背和小桌板调至垂直位置，有效保护旅客生命安全。

（6）按照当时所飞的机型规定的最小风险区爆炸物放置处（LRBL），做好将爆炸物和可疑物品转移到飞机上指定位置的准备。

（7）及时切断通向 LRBL 附近不必要的电源。

（8）如果 LRBL 是在一个门上，要解除应急撤离滑梯预位。

（9）在 LRBL 周围用行李堆放起一个平台，在平台上方覆盖至少 25 厘米淋湿的物质，再将一个薄的塑料制品放在上面。

（10）使用一个硬质的薄型卡片慢慢地放置在爆炸物的底下缓慢滑动。

（11）当爆炸物放好后，可以使用安全带、领带或其他适合的材料固定 LRBL 的堆放物，使其在剩余的飞行时间内稳固可靠，确保安全。

（12）将 LRBL 周围的旅客疏散到至少 4 排以外的座位上坐好。

三、医疗卫生事件应急处置

医疗卫生事件是指航空器进入过国际卫生组织或中国政府发布警告的大面积传染病区域的事件，或地面、飞行中出现旅客突发病症、死亡的事件。

在处理医疗卫生事件中应特别注意以下几个方面：第一，参加航班地面保障工作的人员要做好自我保护的措施；第二，航空器到位后，要等到检疫部门到场并同意开舱门时才可打开舱门；第三，由检疫部门按规定对航空器进行处置工作，检疫部门同意后方可继续使用该航空器。

医疗卫生事件处置中的重点工作包括：

（1）运行签派人员建立与飞行组或管制部门的联系（空地通信系统、卫星电话）；确认航班号，飞机号，飞机位置，旅客的姓名、国籍、疾病，或受伤人员数量、大致症状和所需要的医疗服务的种类，飞机上采取的措施，机组的意图；联系目的地机场或备降机场的航站或代理部门。

（2）运行部门将具体情况报告应急总指挥、降落机场应急部门；将应急总指挥的指令下达到执行部门；如飞机在地面，确定旅客下飞机进行紧急治疗，对飞机进行清舱检查；如飞机在空中，在机上有空余座位，提醒乘务人员将病症旅客与其他旅客隔离；如果有大面积污染、死亡，需要尽量协调机场安排远离候机楼的机位。

（3）地面服务部门提供航班基本信息，以及病症旅客的陪同人员名单、家属和联系方式；联系并协助机场检疫部门、海关部门、移民局；协助医疗部门的抢救工作；协助检疫部门对飞机、行李、货物的检疫；协助安全检查部门对飞机的清舱工作；组织旅客，安排旅客的后续航班；负责旅客及旅客家属的联系。

（4）客舱部门应立即派人到运行控制中心对机上的乘务员处理做协助、技术指导；乘务人员协助地面的工作；写情况报告，上交到运行主任。

（5）后勤保障部门应立即派医疗人员赶往现场，协助当地医疗机构进行工作；准备地面的交通车辆，保证机组成员、其他旅客的地面交通；医疗人员协助做好检疫工作。

（6）货运部门协助检疫部门对货物邮件的检查工作；报告货物的品名、性质。

四、飞行事故应急处置

飞行事故是指，对于有人驾驶航空器而言，从任何人登上航空器准备飞行直至所有这类人员下了航空器为止的时间内，或对于无人驾驶航空器而言，从航空器为飞行目的准备移动直至飞行结束停止移动且主要推进系统停止的时间内，所发生的与航空器运行有关的事件。这些事件包括以下三种类型。

第一类是人员死亡或重伤。这类事件是指在航空器内发生人员伤亡，或与航空器的任何部分包括已脱离航空器的部分直接接触，或直接暴露于喷气尾喷造成人员伤亡。但由于自然原因、由自己或由他人造成的受伤，或由于藏在通常供旅客和机组使用区域外的偷乘飞机者造成的受伤除外。

第二类是航空器损坏。这类事件是指航空器的结构强度、性能或飞行特性发生不利情况，通常需要修理或更换有关部件。

第三类是航空器失踪或处于完全无法接近的地方。

航空器事故处置中的重点工作包括如下内容。

（1）运行签派人员应确定事件的具体位置，并与事故所在地应急部门联系，对事故动态进行详细的了解；建立与现场应急救援间的通信联系。

（2）航空器处置人员提供关于飞行技术、机务方面的技术支持；提供调机机组，准备急救飞行；组织人员负责接待机组家庭成员。

（3）客货处置人员将事件中未受伤的旅客进行集中、组织、安排；负责对旅客身份的鉴别工作；负责安排事故航班旅客家属的联系工作；实施家庭救援计划的前期准备；按照计划开展家庭救援工作。

（4）家庭救援人员对航班旅客进行精神安抚，接待、安置航班旅客、旅客家属，并继续进行航班旅客的身份鉴别工作。

素养园地

解析为何机上盗窃案频发

民航飞机作为现代化的交通工具，因其高效的便捷性和舒适性深得中高端旅客的青睐。在飞往欧美等地的长航线上，很多都是旅游、探亲和商务人士，有不少人随身携带了一些现金、电脑、首饰、银行卡等贵重物品。新闻上也经常报道发生了机上盗窃案，有携带的现金、首饰等丢失的事件。飞机上的机组成员里也配备了空中安保人员，但为何机上的盗窃案会频发，值得我们深思和防范。

盗窃案的高发期通常是在春运、旅游黄金周等时期，此时乘坐公共交通工具的人员大幅增加，行李较多，人员复杂，而且飞机客舱乘务员相对较少且工作繁忙，旅客独立空间大、自由活动范围广，因此逐渐成为盗窃频发的时期。加之广大旅客认为，乘坐飞机在安全性方面有保障，从而对自己所携带的现金财物疏于防范。一些不法分子利用了旅客这样的心理，趁机盗取他人财物。

为逃避侦查和藏匿、转移赃证，作案人往往会在一天时间内连续换乘航班，辗转数个城市。因此，作案人多数选择票价不贵的中短程航班。中短程航班使作案人的乘机时间较短，作案后可尽快到站逃离现场；同时，又可换机再次实施犯罪。由于旅途劳顿，旅客经常在乘机时睡觉或精神涣散，正是因为旅客乘机过程中防范意识薄弱，给了作案人可乘之机。据报案统计情况来看，旅客在飞行途中或航班到站下机前发现被盗的情形较少，一般是准备前往其他目的地或到达家中、宾馆等住地时才发现钱物被盗，有的旅客甚至在案发两三天后整理行李时才发现。

候机时，作案人积极物色作案对象，此时有随身行李并可能携带大量现金的旅客将可能被锁定为作案目标。登机后，目标旅客将行李放在行李架上时，作案人一般也会将自己的行李放在与其同一或邻近的行李架上。飞行过程中，旅客警惕性较低，作案人会翻动旅客放在行李架上的行李，窃得其中钱物后再将行李放回原处。一旦被发现，作案人就以错拿行李为借口逃避追究。有时为了迷惑被盗人，作案人会将与被盗钱物体积或重量相似的书报等物品放进被盗的行李内。

针对当前机上盗窃案件频发的情况，在此提醒广大旅客：第一，登机后，应该将行李放置在自己的视线之内。在飞行过程中，如有人在自己行李区域周围取物时应格外留意。如果带有大量现金、贵重物品，最好放在自己的座位旁边或脚下。第二，要增强防范意识，在机上盗窃的重点发案时段更要提高警惕，如早晨、下午以及凌晨。此时，旅客容易犯困，犯罪分子也大多选在这时下手。第三，应养成飞机降落前检查行李的习惯，一旦发现被盗，应及时告知乘务员或空中安保人员。

（资料来源：刁金明 . 解析为何机上盗窃案频发 . 民航资源网，2017-06-14.）

模块八
案例阅读

模块九 机组资源管理

知识目标

- 理解机组资源管理的含义和重要性
- 了解机组资源的要素和机组资源管理训练
- 了解人为因素的含义
- 理解人为因素的概念模型
- 理解威胁和差错的含义
- 掌握乘务员工作的挑战性
- 掌握客舱与驾驶舱实现良好沟通的前提条件
- 了解机组交流的含义和特点
- 了解机组交流障碍
- 了解减少文化对机组交流影响的措施
- 理解飞行组与客舱组的交流及障碍

技能目标

- 能实际运用机组资源管理的知识
- 能运用 SHEL 模型、海因里希法则、事故链理论、墨菲定律分析航空事故案例
- 能实际运用威胁与差错管理的知识
- 能实际运用机组交流的知识

素养目标

- 提升安全意识、团队协作意识
- 树立“三个敬畏”意识，弘扬当代民航精神
- 践行社会主义核心价值观

案例导入

维珍蓝航空公司波音客机事故

2007 年 11 月 17 日，一架维珍蓝航空公司波音 737-700 客机从澳大利亚库伦加塔黄金海岸机场飞往墨尔本。机上载有 145 名旅客和 6 名机组成员，从库伦加塔起飞爬升至 31 800 英尺高度时，客舱压力急剧下降。乘务长紧急实施了客舱释压程序，机组成员戴上氧气面罩并实施紧急下降，最终飞机改航布里斯班并安全着陆。

这是一起看似偶然的事故征候，但是根据澳大利亚运输委员会（ATSB）的最终调查报告，这次事件在机组资源管理及其他诸多方面都存在着一定问题。简而言之如下：机组资源管理不当，在起飞不久后解决右引气系统故障的行为，使飞行人员在飞行关键阶段从主要飞行任务中分散了注意力，增加了由此引起的风险；飞机在结冰的条件下运行时，飞行组人员没有激活飞机的发动机防冰系统，从而增加了发动机结冰的风险；机组人员的表现不符合机舱氧气系统操作的要求，增加了机舱工作人员能力下降或旅客受伤害的风险。

乘务长表现出非常好的情景意识，在没有飞行组明确建议的情况下，根据紧急情况的特性保证了客舱的安全。

在此次事件中，由于机械故障及机组资源管理不当，造成了客舱释压的危险后果，但由于乘务长表现出良好的情景意识，并严格执行了客舱释压的紧急程序，才使本次事故征候没有酿成人员伤亡的飞行事故。

讨论：在飞行过程中，机组的有效交流和配合协作是不是必然能实现的？

任务一　机组资源管理概述

一、机组资源管理的含义

机组资源管理原来称为驾驶舱资源管理（Cockpit Resources Management），随着“人—机器—环境”范畴中强调客舱乘务员、维修人员及其他相关人员与飞行组的协同，现在已演变成机组资源管理（Crew Resources Management，CRM）。

视频

机组资源管理概述

根据国际民航组织的建议和大多数国际民航组织成员国有关文献的描述，可以将机组资源管理定义为：（以全体机组为主体）有效、充分、合理、正确地利用一切可用的资源（包括硬件、软件、环境和人力资源），以便达到安全、高效、舒适的飞行目的的过程。

根据中国民用航空局飞行标准司发布的咨询通告，CRM 定义则为：CRM 指机组有效地利用所有可以利用的资源（信息、设备以及人力资源）识别、应对威胁，预防、觉察、改正差错，识别、处置非预期的航空器状态，以达到安全、高效飞行目的的过程。我国的定义与国际民航组织的定义相比，描述更加详细。

机组资源管理目前研究的重点在于飞行中的人力资源管理，它的内涵旨在研究和强化机组内人为因素，规范人与飞机、信息（环境）之间的关系，建立统一而标准的操作规程，确保飞行安全和飞行任务的圆满完成。其根本目的是有效保证飞行安全，采取的方法是规范人们在机组内的行为。

二、机组资源管理的重要性

航空事故调查表明，在多人制机组运行过程中，大部分事故与事故征候都涉及机组资源管理问题，这类问题主要包括沟通不畅、不恰当的团队决策、不胜任的领导、情景意识下降或丧失、工作负荷管理不当、驾驶舱资源管理不当等。究其根本原因，有两个方面的问题尤其值得关注：

第一，传统飞行训练的重点在于培养飞行员的技术能力（主要体现为技术知识与操作技能），偏重于个体的表现，同时认为个体表现的熟练和技术水平代表了机组整体的熟练和技术水平。而对于心理状态控制、团队集体决策、共同工作效率的提高等机组资源管理能力的培养则明显不足或缺失。

第二，随着航空技术越来越先进，航空器控制自动化程度越来越高，飞行过程的控制方式由传统的以“操纵”为主转变为“监视—决策—控制”为主，更加强调在复杂系统工作环境中人类角色的优化，从而对机组资源管理能力提出了更高的要求。

航空业界现在已经形成共识，机组的技术能力与资源管理能力对安全、高效飞行是同等重要的。机组资源管理无法解决飞行技术知识欠缺和操纵技能低微所造成的问题。同样，如果机组成员之间缺乏有效的协作与配合，飞行安全和效率也会受到极大影响。因此，在重视飞行技术知识与操纵技能培养的同时，也应该强调机组资源管理训练。

三、机组资源的要素

（一）机组资源的概念

资源一词是指生产资料或生活资料的天然来源，资源供应与操作效绩相关。机组资源是指在飞行任务特定环境里的人机系统中的一切硬件、软件、人及其他资源。机组资源包括驾驶舱内和驾驶舱外与机组活动有关的资源，包括所有可以利用的人、信息、设备以及易耗品，这些资源通过机组成员联系起来。例如：个人专业技能、机组群体表现、飞机各系统、规章、程序、文件资料、时间、飞行员、旅客、其他有关人员等。

（二）机组资源的组成

1. 人力资源

人力资源是存在于人体的经济资源，也称人类资源、劳动资源、劳动力资源。自20世纪70年代起，管理学研究者提出“人是一种可以发展的资源”“人，是一种能开发的，比其他任何资源都要重要的资源”等观点，这些观点现在已经被大多数人认同。

对人力资源生产、开发、配置、使用等诸环节进行的目标管理称为人力资源管理。

机组资源管理以提高机组成员的工作能力和工作绩效为目标，既包括飞行人员的专门飞行技能、术语化技能、个体交流和团体协作技能，也包括乘务员的服务技能，安全员的防暴制暴、紧急处置技能，交通管制员的指挥，机务人员的维修，气象人员的预报，以及飞机制造厂家的资料及对整个航空公司配置资源的开发利用。

图 9－1 为机组人力资源构成。

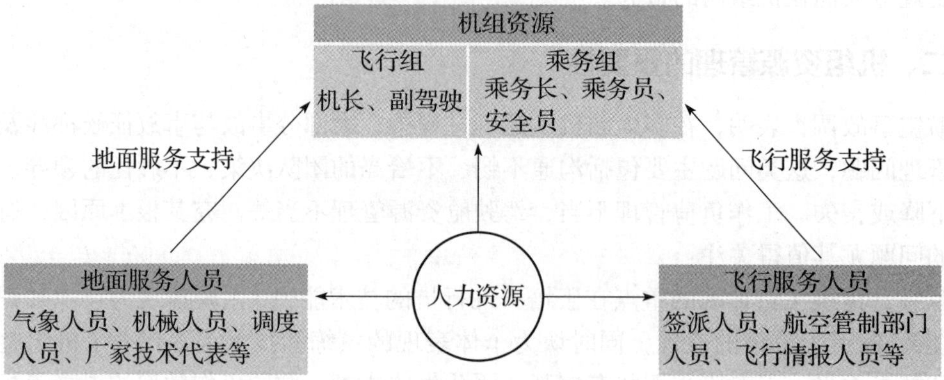

图 9－1　机组人力资源构成

2. 信息资源

信息资源也称软件资源。信息本意是消息，研究信息的数量及发送、传递和接收的科学称信息论。认知心理学、社会心理学和管理心理学都研究信息。现代人机系统中，操作者的体力负荷越来越小，而对其信息加工的要求和其心理负荷则越来越大。

飞行组需要获得信息以建立情景意识。营运信息是飞行员有效进行计划和做出决策所需要的信息来源，包括飞行手册、检查单、飞机手册、性能手册、飞行员操作手册、民用航空条例、航图、机场细则以及公司营运手册等，所有这些资料都应随机携带以便机组在必要时查找。营运信息也是航行准备不可缺少的必要组成部分，包括气象简述、飞行计划、NOTAMS、载运单、重量和平衡计算数据等。上述这些都可以称为信息资源。值得注意的是，间断的气象预报、陈旧的航图、过时的进近航图、陈旧的手册以及非权威性的出版物都是一些不可靠的资源。这些不完善的或者说无效的营运信息实际上会增加飞行组的工作负荷，导致不良的计划和决策，所以对营运信息的要求是：具有代表性、便于使用和具有实用价值。

3. 设备资源

设备资源是指人机系统中的飞机与机载设备，也可称为硬件资源。现代飞机大量采用高新技术及自动化系统，飞机制造商大大改善了飞行员的工作环境。现代飞机驾驶舱内大量的自动化装置改变了机组成员在飞行过程中的行为。设备资源是对人力资源的扩充，例如自动驾驶仪、自动着陆系统等，使飞行更安全、更高效。设备资源包括许多精密的机载设备。

（1）通信设备：通信设备提高了驾驶舱内外的信息传递速度和质量。无线电、驾驶舱电话以及异频雷达发射机使得飞行员与许多可用的资源联结起来。这些信息网络的存在，使得飞行组接收信息、处理信息和传播信息的能力得到进一步提高。

（2）状态指示器：状态指示器是获得和保持高水平情景意识的基础，它们不但提供了与飞行有关的信息，还有助于提升机组的判断和决策能力。状态指示器包括气象雷达、导航设备、飞行仪表、系统指示器、指示灯及听觉警告系统等。

（3）趋势预测指示器：趋势预测指示器有助于飞行组准确知道未来的飞行需要，并根据需要做出相应的计划。实时状态解释、燃油管理计算机、飞行计划管理计算机、内部导航系统等设备实时地指出了潜在的问题，并使机组有足够时间采取修正策略。另外一些趋势预测指示器还包括失速警告系统、近地警告系统及风切变探测预警系统等。

（4）劳动保护装置：劳动保护装置可以降低飞行员的工作负荷，减轻飞行员的生理性和心理性负荷，如自动飞行控制系统等。

4. 易耗品资源

易耗品资源是指在飞行过程中的消耗品，这些资源在每一次的飞行中所配给的数量是有限的。飞机上的易耗品资源中，最重要的三种是燃油、个人精力和时间。燃油是给飞行活动带来动力的易消耗品，是有形的资源；而个人精力和时间则属于无形的资源。如同飞机需要燃料一样，人体也需要能量来运转，足够的能量水平使人能够保持清醒并在生理上能够履行他们的职责。当能量耗竭时，疲劳就会到来，情景意识也就会受到破坏。个体的能量可通过获得足够的休息、适宜的营养、饮用适当的饮料、使用恰当的放松技术以及保持良好的身体状况来进行储备。

与人的精力一样，时间也是一种资源，常见于离场、进近、等待、机场开放时间以及其他一些时间限制因素。当时间耗竭时，意味着不可恢复。离场延误、等待以及改飞备降机场不仅涉及燃油问题，同时也增加了机组的飞行时间，这种情况下就会加剧飞行组的疲劳。对整个飞行建立现实的目标和时间管理将会帮助飞行员们避免时间的浪费，并能帮助他们对其他易耗品资源进行更为有效的管理。

对机组资源进行恰当的管理和整合是每一个飞行员都应该具备的重要技能。飞行员可用的机组资源非常丰富，一个成功的资源管理者应该知道：（1）需要多少这类资源；（2）有多少这类资源；（3）怎样有效地使用这些资源；（4）怎样确保这些资源够用。

四、机组资源管理训练

机组资源管理训练指运用课堂教学、模拟飞行训练、团队活动、案例分析，以及角色扮演等方式促进机组掌握有助于安全、高效飞行的知识，并形成相应的态度和行为模式的过程。

（一）训练目标

机组资源管理训练的最终或总体目标就是要实现安全、高效以及舒适飞行。为了便于实现最终训练目标，可以将最终目标分解为以下三个目标：

（1）帮助受训人员认识、理解影响团队工作表现的因素，以提高受训人员在工作中对这些因素的警觉性。

（2）提高受训人员对“人—机器—环境”资源的管理能力。例如：威胁与差错管理、沟通、决策、工作负荷管理、确实遵守标准操作程序等，以提升工作效率与飞行安全。

（3）帮助受训人员形成正面积极的安全态度，消除不安全的态度、行为及做法。

（二）训练对象

机组资源管理训练的对象主要为飞行组以及与飞行组有例行性工作关系的其他人员，也包括为以上人员提供机组资源训练的教员和实施检查的飞行检查员。这些人员包括但不限于：

（1）飞行组成员；

（2）乘务组成员；

（3）飞行教员；

（4）飞行检查员；

（5）机组资源管理训练地面教员；

（6）其他与飞行相关的人员。

（三）训练内容

针对不同的训练对象，机组资源管理训练的内容和模块也各不相同，这里着重就飞行组和乘务组的不同训练内容进行介绍。

1. 飞行组

对于飞行组，机组资源管理的课程内容涵盖了机组资源管理的核心主题，在初始训练、转机型训练、升级训练以及定期复训中应当有不同程度的体现。至少应包括以下内容：

（1）机组资源管理概述；

（2）威胁与差错管理；

（3）文化与标准操作程序管理；

（4）影响团队工作表现的个人因素；

（5）沟通；

（6）情景意识；

（7）工作负荷管理；

（8）决策；

（9）领导与协作；

（10）自动化管理；

（11）案例分析研究。

通过机组资源管理训练，飞行组可以获取与团队工作有关的知识，并形成有利于团队工作的技能与态度，从而增进飞行安全。

2. 乘务组

飞行组与乘务组之间的沟通与协调训练也非常重要，飞行组与乘务组对于手册、程序的内容可能理解不一致，对待某些事件的态度也会出现分歧。通过联合训练识别这些不一致或分歧并进行讨论，通常能够使问题得到妥善解决。

飞行组与乘务组之间的联合训练内容可包括航班延误、紧急撤离、水上迫降、反非法干扰，以及在客舱中使用个人电子设备的问题等。

另外一些特定的主题可能包括：

（1）飞行前简令；

（2）应急情况处置程序；

（3）飞行关键阶段驾驶舱程序；

（4）起飞前及落地前通告；

（5）颠簸及其他天气情况的处置程序；

（6）客舱失火；

（7）飞行过程中的医疗问题；

（8）客舱干扰事件。

知识拓展

时差效应

任务二　人为因素

目前的航空科技已经非常发达，由于机械故障等引起的飞行事故逐年减少，而人为因素已经成为影响飞行安全的首要因素。人是整个航空活动的中心，人自身固有的问题和局限性是人为因素研究的重要内容之一。同时，人自身的局限性及“人—机器—环境”的配合不当又是航空活动中人的错误的来源，也是航空事故的主要原因。因此，了解人为因素的基本理论对于航空人员而言至关重要。

一、人为因素的含义

人为因素通常是指与人有关的任何因素。国际民航组织对航空中人为因素的定义是：研究范围涉及航空系统中人的一切表现，利用系统工程的方法和有关人的科学知识，寻求人的最佳表现以达到预期的安全和效率。由该定义可知，其研究目标是航空活动中人的表现，航空系统是由“人—机器—环境”构成的有机整体，其中人是最活跃、最易受到影响的主体。

视频

人为因素

航空中人为因素的研究内容包括人与航空系统中的硬件、软件、环境和其他人的相互关系，改善设计和使用，加强维护，提高整个系统的效益。

二、人为因素的概念模型

（一）SHEL 模型

SHEL 模型是在航空人为因素研究领域使用最为普遍的模型，最初由英国爱德华教授提出，认为航空系统由软件（S—software）、硬件（H—hardware）、环境（E—environment）和人（L—liveware）四个要素组成，各要素的界面必须谨慎匹配，如果不匹配，人为差错就可能出现。其中人（主要指处于飞行操作中心地位的飞行员）处于系统的核心，是四个要素中最为重要、最为敏感，也最为复杂多变和最容易出现差错的因素。SHEL 模型主要研究处于模型中间的人与其他四个要素（软件、硬件、环境和人）的关系，如图 9-2 所示。

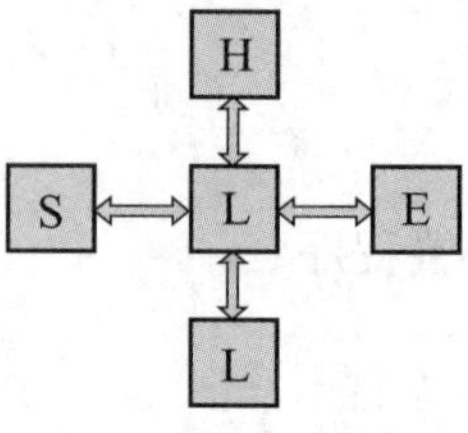

图 9-2　SHEL 模型

1. 人—硬件界面（L—H）

研究航空从业人员与硬件之间的相互关系，硬件要怎样设计才能符合相关人员的特点，相关人员要怎样操纵硬件才能保障飞行安全等。这是人犯错最常见的地方。如果机载设备的设计和制造不符合人的生理和心理特点，或者缺乏对意外情况的考虑，就容易诱发人的错误。

2. 人—软件界面（L—S）

研究合理的操作程序、飞行手册、检查单及应急程序等，以便简化相关程序，减少工作负荷，防止人员出错。该界面既包括自动系统的计算机软件，又包括飞行员有效地进行计划和做出决策所需要的各种资料，如飞行手册、检查单、航图、机场细则、气象简述以及飞行计划等。

3. 人—环境界面（L—E）

这是航空系统中最早被人们认识到的一个界面，也是诱发机组成员错误的常见来源。环境包括组织环境和工作环境两个方面，组织环境包含系统的安全观点、组织结构的安全性、航空企业的安全文化等；工作环境包含座舱噪声、温度、湿度、震动、高空低气压、迅速的时区变换以及倒班作业等。

4. 人—人界面（L—L）

在所有民用航空活动中，人—人界面是最微妙的，也是最重要的一个界面，主要指机组成员之间，机组与航空管制部门等与飞行活动相关的人员之间构成的界面。这一界面的缺陷会影响信息交流与团结协作的质量，会诱发人的错误并带来灾难性的后果。

SHEL 模型表明了航空中人为因素所涉及的研究内容，即航空人员与这四个界面的关系。目前，该模型已被广泛用于事故和事件调查。

（二）海因里希法则

海因里希法则（Heinrich’s Law）是美国著名安全工程师海因里希提出的一则关于事故的法则。海因里希经过大量统计分析，得出了一个结论，即死亡及重伤害事故、轻伤害事故和无伤害及未遂事故的比例为 1∶29∶300，因此其又称为 1∶29∶300 法则或 300∶29∶1 法则，如图 9-3 所示。

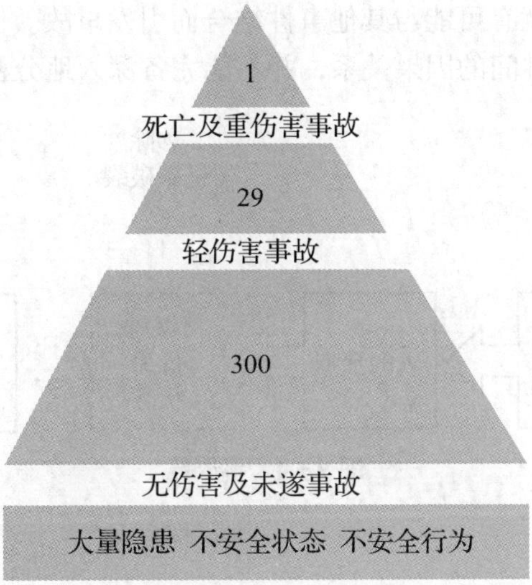

图 9-3　海因里希法则

海因里希法则揭示了一个重要问题，那就是在每一起严重事故的背后，必然有29次轻伤害事故和300起无伤害及未遂事故，以及更多的事故隐患。根据民航安全事件的划分原则，可以把事故征候进一步细化为：严重失误、一般失误和不安全事件。按照海因里希法则分析，当一件重大事故发生后，我们在处理事故本身的同时，还应该及时对同类问题的“事故征兆”和“事故苗头”进行排查处理，以此防止类似问题的重复发生，及时解决再次发生重大事故的隐患，把问题消除在萌芽状态。海因里希法则同时也说明，无论是多么高超的技术，多么完美的规章，在实际操作层面，人的责任心永远是第一位的。责任心主要体现在预防上，在点滴的细节上。因为，要预防特大飞行事故，必须预防重大飞行事故；预防重大飞行事故，必须预防一般飞行事故；预防一般飞行事故，必须消除日常不安全行为和不安全状态；而能否消除日常不安全行为和不安全状态，必须重视细节。

（三）事故链理论

事故链是国际民航组织在防止事故手册上提出的概念，来源于海因里希所建立的事故因果连锁理论。海因里希认为：任何事故的发生都不会由单一原因造成，而是由一连串的失误链造成，预防之道就是在事故发生之前，将某一失误链打断或者移走。绝大部分航空事故都不是因为一个原因引起的，都是环境、机器和人这三方面因素共同作用的结果，其中某一方面因素的恶化也会导致其他两方面的加速恶化，即形成恶性循环，最终发生事故。航空事故的发生通常是多种系统缺陷共同作用的不利后果，就像链条一样，当各个环节缺陷连接在一起时，事故就发生了。因此要防止事故的发生，只要将链条上的某一环节截断就可以了，如图 9-4 所示。

事故链理论明确指出，要预防事故必须从那些影响航空安全的不安全事件入手。一个不安全事件可能曾经造成过事故，也可能因为其他环节被阻断而只造成了差错、严重差错或事故征候。不论是否导致了事故发生，不安全事件都是事故链的链环，是安全隐患，如果不消除它们，就有可能与其他事件结合而引发事故。但是，事故链理论只是单纯从逻辑关系上给出事件间的因果关系，并不能完备深入地分析不安全事件。

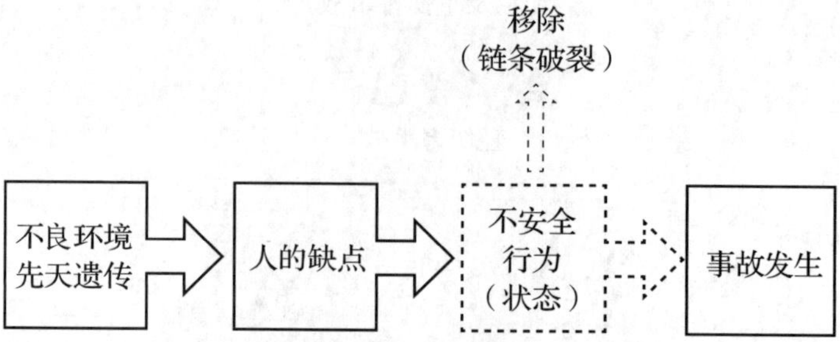

图 9－4　事故链

（四）墨菲定律

1942 年，航空工程师墨菲提出了著名的墨菲定律。墨菲定律指出，凡是有可能出错的地方，一定会有人出错，而且以最坏的方式发生在最不利的时机。墨菲定律并不是一种强调人为错误的概率性定理，而是阐述了一种偶然性中的必然性。墨菲定律告诫人们对所有可能出错的地方不能掉以轻心，存侥幸心理。因此，凡是有可能出错的地方都要有有效的防范措施。只有消除了出错的可能性，事故才可能避免。

与国外相比，我国在航空领域的人为因素研究起步较晚，还有很大的发展空间。人为因素被专家们反复指出，单纯的技术设备进步并不能完全避免航空事故或不安全事件的发生，一切组织措施或安全措施的落实最终应归结在作业人员的行为上。据统计，航空事故或是不安全事件中的 70% ～ 80% 都是由于人的不安全行为导致的。航空事故中人为因素的主要原因可以分为两大方面：一方面是个体原因，如飞行错觉、身体原因等；另一方面是机组配合原因，如机组配合不当、交流不畅、判断与决策失误等。

知识拓展

客舱机组成员面临的应激源——紧急事件

现在人们对航空安全的理解已经突破了以往忽视人为因素的观念，世界各国都在积极探索解决人为因素问题的方法和途径。人为因素研究是涉及多学科的系统工程，只有通过建立更加合理的人机系统，才能达到防止事故差错发生、提高工作效率、保证安全生产的目的。

任务三　威胁与差错管理

威胁与差错管理是一种包含航空运行和人的表现的安全概念。它并不是一个革命性的概念，而是通过人为因素在实践中综合应用，从而不断深入改进航空运行的安全裕度而逐渐发展的产物，是行业经验集中的产物。通过认识运行环境对人的表现的影响得出进一步结论：在关系到改善航空运行的安全裕度的问题上，抛开环境仅研究和考虑人的表现是远远不够的。因此，威胁与差错管理的目标是提供广泛审核动态和复杂操作时人的行为的原则性方法，这些复杂影响所产生的后果将直接影响安全。

一、威胁与差错的含义

（一）威胁

威胁是指在飞行期间应加以注意和应对的外部事件或差错。这些外部情况增加了飞行操作的复杂程度，容易诱发机组出现差错，并在一定程度上影响了飞行安全，应对其加以管理才能保证足够的安全裕度。威胁可能是预料之中的，也可能是预料之外的，如恶劣天气、组织失效、运行压力等。

视频

威胁与差错管理

美国联邦空管局（FAA）采用航线运行安全审计系统对 3 500 架次飞行进行数据采集。通过统计分析发现，72% 的飞行都经历过至少 1 次、最多 11 次的威胁，平均每次飞行面临 2 次威胁。

（二）差错

差错是指背离机组意图或预期的机组成员的行为，或既定工作的错、忘、漏现象。差错包括不遵守规章制度、违反标准操作程序和政策，以及背离机组、公司或航空管制部门的指令或要求等。运行过程中的差错往往会降低飞行安全裕度，差错管理不当容易导致或诱发新差错或非预期的航空器状态，增加事故征候或事故发生的概率。

二、客舱的威胁与差错管理

在运动中机组面临的威胁可能来自飞机内部和外部多个方面的，例如天气、特殊机场和陌生机场、不规范的管制指令、飞机故障等。在这里将重点讲述来自客舱内的威胁。与其他威胁不同的是，机组成员既可能是威胁的来源也是应对威胁时的支持与资源。驾驶舱飞行组和客舱乘务组的工作目标尽管是一致的，但却来自不同的文化背景，两者之间的沟通并非那么完美无缺，存在历史、组织、规章、环境、旅客等方面的诸多因素，它们会导致驾驶舱飞行组和客舱乘务组之间的误解，产生怀疑态度并导致相互之间沟通不畅。

乘务员的工作要求他们在工作期间对旅客进行亲切贴心的服务，并要求他们具备处理飞行中各种医疗或其他突发事件的能力。除此之外，乘务员是经过专业训练的救生员，是旅客应急撤离时最关键的资源。然而，很多航空运输事故都是由于乘务员的工作失职或与飞行组的沟通问题所致，其中原委与乘务工作所面临的诸多因素有关，这些因素包括以下内容。

（一）组织因素

航空公司流行的观点是乘务员的首要责任是关心旅客的舒适度，并在撤离时承担相应职责，这个观点很早就开始出现，是持续影响飞行组成员和乘务组成员沟通的一个重要组织因素。随之也产生了客舱服务仅是驾驶舱飞行组成员外围工作的观点，这观点使行业持续把飞行员和客舱乘务员放在不同的部门。从这两个群体的基本职责来看，这样安排并没有问题，但遗憾的是，这不能促进两个群体之间良好的互动。现在，几乎所有航空公司都开展了飞行员和乘务员之间的联合机组资源管理训练，但绝大多数航空公司的联合训练都侧重于在紧急撤离时的相互配合。

（二）规章因素

对乘务员来说，他们主要的业务压力是获取各种有效的资格证，这些资格证是他们从业和取得晋升机会的首要条件。这种行业规章的存在有两个重要的意义：第一，它使从业者的素质能够得到基本的保障；第二，假如取消官方要求的各种乘务员资格条件，那么在人力资源危机时公司将更容易临时或永久性地找到替代人选，这将不利于保护乘务从业者的利益。但从另一方面来看，这些行业规章使航空公司需要花费大量的时间和资源向乘务员提供各类培训以使其取得资格证并保持资格证有效。这类培训占用了大量的时间和精力，但在深入和有效方面仍有不少提升空间。

（三）环境因素

一些环境因素会妨碍驾驶舱和客舱之间的更好交流，如现代飞机驾驶舱和客舱连接门所形成的物理上的障碍。连接门使驾驶舱和客舱分割开来，按照我国现行规定，驾驶舱和客舱连接门在飞行中全程关闭，这使驾驶舱飞行组和客舱乘务组双方都不知道对方在做什么。封闭的驾驶舱和细分的旅客区都加剧了物理上的隔离问题。

类似情况的存在使得驾驶舱飞行组和客舱乘务组之间很难随时进行有意义的沟通。它们也使良好的机组资源管理训练和基于机组资源管理的威胁与差错管理变得更加困难，也更加重要。

（四）旅客因素

客舱乘务员的工作讲求团队合作，在提供航班服务时，乘务员常常会遇到各种类型的旅客，面对年龄、性别、体格、经历、语言以及旅行感受各不相同的旅客，其中的挑战显而易见。同时在当前的全球安全局势下，对恐怖袭击的警惕和防范也要求乘务员在看似平安无事的客舱服务过程中做到“眼观六路，耳听八方”。

（五）其他因素

FAA 规定任何机组成员在飞行的关键阶段都不得履行 / 进行保障飞机安全运行以外的任何职责。按照 FAA 的定义，飞机关键阶段包括所有的地面运行过程，如滑行、起飞和着陆以及所有在 10 000 英尺以下进行的飞行活动，但不包括巡航飞行。在我国的相关法规中也有类似规定：在飞行中的关键阶段及所有 3 000 米（10 000 英尺）以下的飞行运行（除巡航阶段外）期间，任何机组成员都不得进行与安全运行无关的活动或谈话。

知识拓展

人的错误的性质

这种“驾驶舱不受干扰”的规定的基本目的是可行的，但由于各航空公司对客舱乘务组和驾驶舱飞行组协作和沟通的重视程度不同，对规章的理解不同，对某些交流是否与安全相关，或是否有必要提醒驾驶舱注意的界定不清，这一规定在实施中造成了一些两难的局面。化解这一局面的第一个问题是，如何界定什么是与安全有关的事项，以及什么是不必要的沟通；第二个问题是，是否确切地告知客舱乘务员飞机已经下降到 10 000 英尺以下或是爬升到 10 000 英尺以上，是否脱离关键阶段。不同航空公司有不同的做法，总而言之，清晰的时间和交流内容界定能够帮助飞行组获得来自乘务组的安全支持。

任务四　机组交流

交流是机组资源管理的工具，对于机组交流，有研究表明：总的说来，交流多的机组成员通常比交流少的机组成员有更好的完成任务的倾向；当传递更多的有关飞行状态的信息时，相关系统操作的差错较少；经常进行简述、质询和观察的机组成员出差错较少。

视频

机组交流

一、机组交流概述

（一）机组交流的含义

机组交流是指以令人愉快和易于理解的方式相互交换信息、思维及情感的过程。机组交流中的信息传递必须借助于一定的符号系统才能实现，符号系统就是机组交流的工具。

符号系统包括语言符号系统和非语言符号系统。口头语言和书面语言属于语言符号系统，使用它进行的交流是语言交流；面部表情、手势、体态动作等则属于非语言符号系统，使用它进行的是非语言交流。有一些符号是大多数人所共同使用并为大多数人理解的，而有一些符号则只为特定的人群所熟悉，称为专业术语。使用专业术语必须仔细和谨慎，以便在传输信息时能被接收者理解并做出正确反应。

（二）机组交流的特点

在工作过程中，包括机长在内的每位机组成员都按其职责与外界或其他成员沟通信息，如机长与副驾驶或空中交通管制员的沟通，乘务长与其他乘务员或客舱旅客的沟通等。与其他交流相比，机组交流具有以下特点。

1. 语言交流与非语言交流分离

大多数情况下，机组交流存在语言交流及非语言交流相分离的现象。除了机组成员之间的交流，陆空对话、PA 通话等交流是严重缺乏非语言符号支撑的，这不可避免地加大了交流双方信息传递和理解的困难，这也是目前飞行事故发生的一个重要原因。

2. 参与者是积极主体

在交流过程中，每一个参与者都必须是积极的主体。即使是某时处于次要地位的副驾驶或机械师，也不能只是被动地接收信息或只机械地回应机长。信息的接收方必须根据自己已有的经验和自己对处境的理解，采取适宜的态度来理解对方，分析对方语言的目的和意图并及时做出反馈。同时，信息的发送者也必须根据反馈的信息及时地进行调整。可见，交流是双方都积极互动的过程。

3. 交流改变双方关系

交流在一定程度上改变了双方的微妙关系。交流并不只是单纯的信息交换的过程，在机组交流的过程中，机组成员有一个共性，就是希望通过交流来达到影响对方的目的，在心理上趋于同化对方的态度和行为，并在感情上更为融洽。因此，交流是双方相互施加影响的过程。

4. 交流存在障碍

交流有可能存在着社会障碍和心理障碍。良好的信息传递系统并不能完全保证交流的顺利，一些与交流无关的因素，如文化因素、社会因素、心理因素，以及个人需要、动机、知识结构等，均会影响机组成员对交流信息的理解。

（三）机组交流的障碍

有效地利用驾驶舱内外信息资源是提高机组处境水平的关键，信息交流技能是机组资源管理训练的核心内容。早在 1976 年，NASA 就建立了飞行安全报告系统（ASRS），最初的几个月，这个数据库给 ASRS 提供的报告中频繁地记录着飞行信息交流中固有的缺陷。

ASRS 的事故报告表明，70% 以上的报告中含有信息传递错误的证据。最普遍的问题之一（占报告事故的 37%）是信息传递过程开始的故障。在这些事例中，大多数需要的信息几乎都是存在的，但是那些需要的人却没有获得这些信息。另一个普遍的问题（占 37%）是信息不准确、不完整、模棱两可或断章取义。其他问题则包括在不适宜的时间传递信息失败（占 13%）、信息不能被接收或不能被理解（占 11%），而设备障碍问题仅占 3%。

交流障碍是指干扰或阻碍交流及削弱交流的一切事件。通过上文可见，交流障碍普遍存在于机组交流过程的各个环节。它既可能源于交流双方的内部，如偏见、态度、文化、生活阅历、动机、不恰当的表达等，也可能源于外部，如噪声、灯光、资源的物理位置、政策和程序等。

所有机组成员都不希望出现交流障碍。机组成员应该意识到这些障碍的存在，并在它变成导致交流破裂的冲突起源之前将其正确处置。这些障碍通常包括以下方面。

1. 态度

一方或双方认为不必沟通、不必交谈、不必倾听、不必提问，一旦一方不愿意，交流就会很难进行。

2. 观念

等级观念使人易于与同级的人交流，而不愿意与高一级的人沟通，如驾驶舱职权差异也会影响沟通。

3. 文化差异

东西方文化的差异，母语与外语的差别等会对沟通造成影响，如“Right”，可以是“正确”，也可以是“右”，因此使用不规范的用语或表达方式就会引起歧义。

4. 生理及心理状况

自我意识、心理因素、身体不适、疲劳、工作负荷过重会产生不利于交流的情绪，工作繁忙也会导致顾此失彼，注意力分配不当。

5. 语言技巧

语音、语调、语速、遣词造句、语言感染力以及口齿不清、犹豫不决、不恰当的面部表情和肢体语言等都会导致交流不畅。

6. 工作量

工作量过大时可能会使交流缺乏充裕或合适的时间。在较大工作量的期间如果强行进行交流，机组成员可能会顾此失彼，以致过早或过晚地恢复最初的工作活动状态，造成工作的失误，如重复已经完成的工作或遗漏了程序中应有的某个步骤。

7. 传播媒介

如背景噪声会影响旅客广播信息的传达，或较差的通话质量造成信息的歪曲等。

8. 假设

交流双方会自然而然地按照个人预计和事情的来龙去脉来进行假设。常见的情况有：（1）一方“假定”另一方了解或知道情况，且双方完全没有进行沟通；（2）信息的发送者假定接收信息的人理解了信息的全部内容和前后缘由。交流时，如果信息明确且有准确的反馈，就可以在最大程度上减少与假设有关的障碍。

9. 缺乏信任

交流时对其他机组成员的能力缺乏信任。

（四）案例分析

以下摘自某国家运输航空安全部门的事故征候报告，反映了机组成员有效交流的重要性。

根据对空中失火严重性的意识和客舱中明显可能存在火情的相关烟雾报告，对于机长勉强接受乘务员或其他机组成员返航报告的正确性或勉强寻找其他信息以证实他的不确定的做法，航空安全部门感到非常担忧，因为从副驾驶与客舱乘务组的谈话中反映出机长对烟雾报告的怀疑。

航空安全部门相信机长当时没有采取任何关于飞机尽快着陆的动作，飞行组没有有效地利用乘务组来准确获取问题恶化的程度。如果当时飞行组和乘务组进行了有效的沟通，那么机长会要求地面准备好相应的灭火和救援设备，并且在跑道上执行紧急撤离命令。

众多事故说明，驾驶舱和客舱之间需要改善配合和交流，且要进行有关交流的共同培训，执行驾驶舱与客舱配合的紧急程序及定期紧急演练。这样做的主要目的是：一方面，使飞行组更加有效地利用乘务组报告的任何对于空中安全问题的描述；另一方面，使乘务组向飞行组提供安全问题的信息时态度更加坚定，交流更加顺畅。

二、文化与机组交流

文化会自然地影响一个人的思维方式、认知过程、价值取向和交流模式。即使是经过严格训练的机组成员，文化也会潜移默化地影响机组成员交流的过程、决策的过程乃至最后的执行。

当机组成员进入飞机后，将同时受到三种文化的影响：飞行员的职业文化、航空公司的商业文化和本民族的传统文化。所有这些文化都会影响机组成员的表现。机组资源管理强调个人表现的局限性，必须通过培训提高集体表现，飞行安全不仅仅取决于飞行员的个人技术，更强调集体协作的整体技能。东西方文化的差异以及各航空公司的文化差异，决定了机组资源管理训练内容和方法不尽相同，但机组资源管理的训练目的和基本内容是相同的，事实上可以将机组资源管理看成是一种航空公司的企业文化或安全文化。

随着我国民航国际化程度的提高，越来越多的外籍人士加入了中国民航的队伍，跨文化情况下的交流将会带来更多的问题。减少文化对机组交流影响的措施如下。

（一）合理的机组资源管理训练

文化会影响机组资源管理的训练效果，因此在推动训练时，应根据民族文化的差异而进行调整。例如：我国属于集体主义与高权力距离的文化，所有训练内容应弱化机长权威，强调双向沟通，重视决策、质询和坚持等内容。另外，不同组织文化之间的搭配对机组资源管理可能造成的影响也应在训练中涉及。

（二）坚持标准操作程序

由于我国的权威文化对机组成员行为的负面影响很难完全通过机组资源管理训练消除，考虑到我国文化具有高不确定性回避的特点，飞行员倾向于遵守规则与SOP（Standard Operating Procedure），具有坚持程序的意识。因此，可以考虑将机组协作的理念纳入运营手册、程序和SOP，规范、固化机组的协作行为，如规定在飞行前的准备会中机组应对不同飞行阶段的威胁进行识别，规范机组在质询与劝告时的用语等。

（三）重视组织文化建设

按规章、程序运行是飞行安全的基石。航空公司应创建支持型的组织文化，强调高度协作与配合，使机组成员（特别是副驾驶）敢于表达或坚持己见，在驾驶舱内产生更多有助于安全的协作行为。要减少机组实际行为与公司书面规定的差异性，保证整个公司上下形成真实统一的“安全第一”的思想。

三、飞行组与乘务组的交流

乘务组成员应该发挥飞行组的延伸功能以确保客舱安全。飞行组和乘务组应以一个团队的功能来实现共同的飞行安全目标。

按照机组资源管理的要求，一旦出现任何可能威胁飞行安全的形势、感觉、词语和行为，乘务员必须警惕，并应立即向乘务长和飞行组报告。但是通常情况下，飞行组和乘务组之间的交流相对缺乏。而飞行组和乘务组之间缺乏交流的原因，与这两种不同文化的形成原因有很大关系。

在商业航空公司历史中，传统的指导在一定程度上影响着当代的机组。最初的飞行者都是一些飞行爱好者和飞机设计师，虽然早期的飞行充满危险，但是出于对飞行的热爱，他们仍然坚持着飞行工作。相比而言，最初的乘务员由护士组成，且选择的标准是服从性和从属性。早期的机组交流采用了陆军和海军传统刻板的指令链，飞行员和乘务员被归类为独立的部门。同时，早期的飞行手册教导机组成员不要交谈。这些指导在今天仍然存在一定影响。

（一）影响交流的因素

影响飞行组与乘务组之间交流的因素很多，除了前文所述的共同原因外，还有一些特质性的原因：

（1）飞行组向运行部门报告，而乘务组则做关于机上服务的报告；

（2）各自的值勤安排和工作时间不同；

（3）技术不同，社会思维定式不同；

（4）对彼此工作职责的认同较差；

（5）被加强型的驾驶舱门隔开在飞机的两个不同区域内；

（6）安静的驾驶舱原则；

（7）机组搭配问题。

交流对于飞机安全飞行至关重要，不顺畅的交流诱发了民航业众多的安全问题。其中，一部分安全问题是由于飞行组和乘务组的交流问题造成的，这是需要引起注意的。

飞行安全是飞行员和乘务员的共同目标，而这个目标需要通过良好的机组交流实现。大多数机组的工作配合良好，并且飞行员和乘务员之间都是公开化的交流。不过，在出现交流障碍或根本没有任何交流时，机组成员意识到这将危及飞行安全是很重要的。许多事故分析都表明，客舱和驾驶舱之间的信息交流对于飞行安全同样发挥着关键作用。

（二）实现良好交流的前提条件

1985 年，FAA 人为因素研究计划提出的目标之一就是提高驾驶舱和客舱的机组成员之间沟通和协作的有效性。机组的协作不仅在紧急情况发生时非常关键，在正常运行中也非常关键。尽管他们是作为两个不同的机组进行培训、排班以及被认为是两个独立的机组，但是驾驶舱和客舱的机组成员应当作为融为一体的机组成员进行工作。现在，几乎所有人都认同飞行员和乘务员联合训练这种训练方式具有激发性、积极性和教育意义，应当值得推广和鼓励。

客舱和驾驶舱之间实现良好交流的前提条件是：

（1）机组成员之间相互尊重、关系友好。

（2）紧急情况下沟通不会失败。

（3）理解其他机组成员的职责。

（4）特定情况下使用相互理解的信号或代码字。如果乘务员和飞行员不理解使用的代码字或信号以及使用它们时将要采取的行动，那么在发生劫机或应急撤离时使用这些代码字或信号是毫无用处的。

飞行组成员应该接受从乘务组成员获取信息的训练，并且应知道在非正常情况下乘务员及早得到清楚的信息对于他们的表现或旅客的行动来说非常重要。相比飞行员在运行中可能遇到的其他威胁，来自客舱的危险和与乘务员协作不当所造成的威胁可能更容易被忽略。这些威胁来自监控不到的区域，客舱突发事件的处置程序也并非全部有章可循，因此有效的交流和必要的机组资源管理技巧在应对这些威胁时显得尤为重要。

（三）案例分析

以下内容摘自一起某国的飞行事故的调查报告。这是航空史上少数几个重大事故之一，如果当时有充分的交流，结果可能完全不同。

后舱有3个乘务员看见并证实了1号发动机失火，并且其中2人偶尔看到客舱出现了带有亮光色彩的烟雾。之后机长通过客舱广播系统向旅客发出如下广播：由于右侧发动机（简称右发）出现故障并且在客舱中产生了一些烟雾，因此我们现在需要关闭此发动机，并且预计大约10分钟后在中东部的机场着陆。当时看见左侧发动机（简称左发）失火迹象的乘务员称，她们当时并没有听见机长关于右发的参考建议。当时，许多看见失火的旅客对于机长关于右发的参考建议曾感到困惑，但是却没有任何人提出异议，并引起乘务员的注意。

从这个事件，可以发现交流中存在如下所述的许多问题。

1. 对于旅客而言

（1）许多旅客知道左发失火，但是却没有找到任何与驾驶舱联系的方法；（2）旅客们通常认为飞行员都具有关于飞机状态的完备知识，并且旅客不需要也不应该向机长提供任何知识；（3）留意到机长提及右发的旅客认为机长只是口误，或者机长已经处置完毕，从而没有将信息传给飞行员。

2. 对于乘务员而言

（1）乘务员认为亲眼看见的左发故障不如飞行组从发动机仪表上看到的故障显示那样明显；（2）由于在工作中，许多广播没有太关键的意义，因此乘务员没有意识到潜在的错误，没有注意到机长关于右发的广播；（3）乘务员通常认为在紧张的飞行阶段进入驾驶舱会分散飞行员的注意力（如果飞行员正在处置紧急情况，这当然是正确的做法）。

在这个事件中，驾驶舱和客舱之间出现了明确的间隔。在飞行中，交流是非常重要的。要知道，飞行员并不是万能的，认为飞行员什么都明白只是主观想象。有时候，飞行员也会意识不到故障的发生，这是乘务组成员就应该发挥关键作用，及时、准确地向飞行组提供关键信息。

事件当中，如果当时看见左发故障的一名或多名乘务员主动采取行动，那么这起事故应该可以避免。这起事故的发生与航空公司的培训方式中没有专门提供乘务员和飞行员的配合训练有极大关系，也说明了乘务组关于机组资源管理训练的欠缺。

素养园地

刘清贵：飞行三五事

从军事战斗飞行到民用运输飞行，最大的转变就是对待飞行任务的价值取向。军事飞行为了完成任务，尤其是战斗任务，可以上升到不惜一切代价的高度。而民用运输飞行，特别是载客航班，则一定要“瞻前”（在规章标准限定的范围内，找既安全又经济的路径前行）“顾后”（时刻珍惜、顾及后舱旅客的生命安全），安全责任高于天。用现在的话来说，民航飞行要时刻“敬畏生命、敬畏规章、敬畏职责”。

高鸿教员的“决断高度”

那年，“春天的故事”正在祖国大地唱响，我来到了基地设在成都的中国西南航空公司（现为国航西南分公司）。油菜飘香的季节，我和杨捷同组，进行波音737机型的初始改装，带我们的是青春阳刚的高鸿教员。

高教员教学挺独特。一次，他设置了ILS着陆（俗称“盲降”），我处置完一大堆“非正常情况”，兴冲冲地驾机沿双流02号ILS程序、套着八字“指引”一步步向机场摸下来。航向道、下滑道很正，速度稳定，风平浪静，我坚信跑道就在我的正下方，只要沿着这个轨迹“穿”下去，肯定就能以正常的姿态飞越跑道头。正是基于这种思维，我没有理会PM（监视飞行员）在决断高时说没有看到跑道等目视参考的标准喊话，心想再往下“闷”口气就能看到。继续往下“穿”，PM干脆喊“复飞”，我还是打定主意，驾着“带伤”的飞机一门心思，就想着一次着陆成功。一直到最后，我凭着无线电高度的报告，侥幸将飞机平稳地降落并停在了跑道上。到了此时，我都没有完全看清跑道。原来，高教员将能见度设置为“0”，就是为了强化我的复飞意识，故意设了个技术陷阱，看我是不是会掉进去。

接下来，我挨了一顿也是唯一一顿劈头盖脸的批评。这一通“暴风骤雨”，让我懂得了“决断高度”的内涵。

教导员欧自初的“前紧后松”

第一次给教导员欧自初当副驾驶，实际上是他带我飞航班。心里多少有点畏惧，从和其他副驾驶聊天中得知他来自当年的北京管理局飞行总队，技术好、要求严。飞行前一天晚上，我找他协同，他刚做完一套自创的徒手操，满头大汗。他说，要想飞好，必须进近稳定，下降计划要做到“前紧后松”。

“前紧后松”是什么意思呢？我一晚上都在琢磨。次日一早，先执行成都到宜宾的航班，航程很短，刚起飞爬升就要准备下降着陆。给我的感觉就一个字——“忙”！他给我的要求还是那句“前紧后松”。飞临宜宾时，结合实际情况，他指导我第一次飞越宜宾VOR台前15秒钟时，一定要让飞机平飞且将速度减小到起始进近状态，即“襟翼5/速度170节”。按照他的提示，我一步步将飞机引导到五边对正跑道，以稳定的姿态、稳定的速度、稳定的推力将飞机平稳地降落在了宜宾机场跑道上。

这次起降让我受益终身。从欧自初教导员身上，我知道了什么叫作“严谨”。欧教员讲得最多的一句话就是“做进近要‘前紧后松’”，这样为后续的稳定进近创造了条件。有的人笑他“老早就吊着飞”，但明白人知道他的飞法最适合初始副驾驶的状况，因为最为从容。

训练科长阮国庆给我当副驾驶

时任西南航空飞行部训练科长阮国庆，当时四十多岁，中等个头，渊博好学、平易近人，是大家公认的技术权威。

在西南航空飞行几年，只有幸和他飞过一个航段，记得那是从武汉回成都。以往，我都是作为副驾驶配合机长飞行；这次，他转换角色，俯身配合我。也就是说，这个航班，他当副驾驶，让我模拟当机长，一切都听我的，让我决断。

飞机进入高空巡航，在恩施附近发现大片雷暴云团。我说：“向武汉请示左偏20海里。”

“武汉，西南4322，因天气，申请左偏20海里。”阮科长向地面请示。飞机绕过雷暴后，他点评道：“这个决断好，向上风绕飞，还可以避免冰雹袭击。”

一路上，阮国庆科长以其标准的动作诠释了PM的所有职责，SOP（标准操作程序）执行精准，标准喊话洪亮清晰，交叉检查细致入微，检查单执行“口到、眼到、手到”，指令复诵与证实简洁明了。通过这一个多小时的飞行，让我在自信心倍增的同时，也感受到了CRM（机组资源管理）的妙处，更让我体会到了阮国庆科长人品的高尚。

技术“一把刀”张科夫

张科夫是西南航空的飞行技术检查主任，因为技术把关严格，公司内外不少飞行员都多少有点怵他，是西南地区有名的技术“一把刀”。

第一次他带我飞，是我刚从广汉飞行学院模拟机中心改装完波音737回来，在成都双流国际机场旁边的太平寺飞本场。

上了飞机我有点傻眼了——之前一直训练的是EFIS驾驶舱，各种显示都反映在大屏幕上，而当天飞的是非EFIS飞机，全是原始仪表，各种功能显示分散在不同的仪表之中。一打听才知道，全中国只有6架这种类型的老波音737飞机，4架在西南航空，另外2架在云南航空。

在张科夫主任连示范带提示之下，我总算将飞机完整地引导到ILS盲降五边，看到跑道心里一下子就敞亮了，轻稳着陆。连续起飞之后，张主任就放手让我飞，基本上不怎么说话了。

10个起落飞完下来，讲评时，张主任说了一句：就这么飞！

另外，张主任还有一个小小的习惯，如果你飞得像模像样，检查场还剩点时间的话，他会上座，让你在座上陪飞。说是陪飞，如果你手脚不离杆舵，细细体会张主任的操纵，这不就是在给你做示范嘛！这可是学习张主任技术“宝典”的绝妙时刻！他通常会飞个小起落，高度只有120米（其他人飞大都近500米），三四个转弯连着转，对正五边就进跑道开始着陆了，没有更多修正方向位置和下滑线高低偏差的时间和空间，如果再加上侧风和颠簸，能够一次性成功落地，就算烧高香了。

在我的技术成长初期，无意中获得过几次陪张主任飞小起落的殊荣。飞机在他手里就像一个小玩具，想叫它落哪儿，它就会乖乖地落在哪儿，让人不得不打心眼里佩服。

（资料来源：刘清贵．刘清贵：飞行三五事．民航资源网，2021-07-30.）

模块九
案例阅读

模块十 机上医疗处置

知识目标

- 熟悉机上常见病的病情表现和处置方法
- 熟悉心肺复苏的相关知识和操作方法
- 熟悉包扎的相关知识和操作方法
- 熟悉机上应急医疗事件的处置程序

技能目标

- 能根据机上应急医疗的知识，判断机上常见疾病的类型
- 能根据心肺复苏的理论及实操知识，正确实施心肺复苏
- 能根据包扎的相关知识，对受外伤的乘客进行包扎
- 能根据机上常见病症的处置方法及不同的病情表现，采取相应处置措施

素养目标

- 提升安全意识、集体意识、团队意识
- 树立“三个敬畏”意识，弘扬当代民航精神
- 践行社会主义核心价值观

案例导入

万米高空，惊心动魄的生命急救

2017 年 11 月 11 日，东方航空（简称东航）西北分公司执行 MU749 航班由武汉飞往悉尼。北京时间凌晨 2:40，飞机平稳地飞行在万米高空上，旅客们都在安静地休息，突然客舱里传来惊慌的叫声，打破了原有的宁静。值班乘务员郭佳闻讯赶去，只见 65F 座的旅客慌忙摸着旁边老年女性旅客的脉搏并着急推搡着她，而这

位老年旅客瘫软在座椅上，任凭郭佳和邻座女士拍肩呼喊眼睛始终没有睁开，肢体动作没有反应。郭佳立即询问该女士病史及用药史，同时，乘务员阎妍立即通知区域乘务长王冬冬，并迅速拿来氧气瓶和急救箱等设备，广播员张珏客舱广播寻找医生帮助，并报告机长。经初步判断，该位旅客脉搏细弱无法触及，呼吸微弱，意识丧失。

客舱里，有着多次机上急救处置经验的客舱经理徐茜十分镇定，及时安抚老人的家属，通过询问其妹妹得知该旅客有高血压病史，随身携带的包里有丹参滴丸和速效救心丸。她迅速让老人含服速效救心丸，并用力按摩心脏位置和手部反射区心区部位，进行高流量吸氧。此时通过客舱广播也寻找到了一位曾做过医生的男性旅客协助救治，这位旅客为老人量血压，数次量取都由于机舱噪声过大检测不出实际数值，加之旅客意识丧失，着实让大家捏了把汗。这时遇事沉着的徐茜全身也已被汗水打湿，她脱下外套后继续用力为老人按摩心脏部位及强掐心脏反射区。经过不懈努力，凌晨3:15病人终于出现好转，但所有人都没有停下手中的工作，大家各司其职，一切都紧张而有条不紊地继续着……

持续吸氧两个小时后，老人的手心渐渐有了温度，脉搏平稳，开始能正常沟通。老人本人也表示她想好好休息，让大家不用担心。此后的三个小时里，乘务组保持密切关注，并每隔20分钟查看一次生命体征，徐茜也每隔30分钟过去搭一下脉搏，老人状态平稳无碍。落地前，老人已完全清醒，能够坐起来。徐茜为老人端来早餐，老人亲切拉着她的手问飞了多少年了，通过与老人的交谈得知她以前也是名医生。整个抢救过程她都清楚有意识，但就是人动不了说不出，她说自己当时的脉搏可能只有十下，所以测不到，很容易心脏骤停，如果不是乘务组及时有效的抢救，后果不堪设想。

（资料来源：阎妍，景潇涵，徐茜．万米高空，惊心动魄的生命急救．民航资源网，2017-11-15.）

讨论：民航乘务员机上遇突发疾病的旅客应如何处置？请总结案例中乘务组的处置程序。

任务一　机上常见病症

一、航空环境造成的病症及其处置

航空环境是指飞行组驾驶航空器在空中活动时的大气环境及飞机座舱内的人工环境。航空活动中人所处的环境较为复杂，环境中异常的物理因素和化学因素都有可能对机上乘员造成一定的影响。作为医疗和急救培训的一部分，乘务员应当学习如何识别这些问题，并采取措施帮助受影响的旅客。

飞行中空气压力的变化对旅客的健康状况有重要的影响，但并非所有旅客都意识到这一点。在高空环境中，机上乘员可能出现如下病症。

（一）高空缺氧

由于高空空气稀薄，密度下降，大气压力降低而导致氧分压降低，人体吸入的氧量减少，因此导致人体组织和器官缺氧。高空缺氧对人体的神经、心血管、呼吸、消化等系统均有不同程度的影响，其中对中枢神经的影响尤为明显。大脑皮层对缺氧的敏感度极高，随着高度增加，缺氧加重，高级神经活动障碍越来越明显，最终意识丧失。

1. 主要症状

（1）爆发性高空缺氧：指的是高空飞行期间发展非常迅速、程度极为严重的高空缺氧，常在增压舱迅速减压、增压系统失灵、呼吸供氧突然中断等情况下发生。缺氧如果发生在 8 000 米以上的高空，则可能出现爆发性或急性高空缺氧、高空减压病、高空寒冷、肺损伤及其他外伤。如果不采取紧急措施，一般人只能坚持十几秒到数分钟便会丧失意识。更严重时，暴露时间超过 3 ～ 4 分钟可能会引起急性心力衰竭、脑组织损伤，甚至导致死亡。

（2）急性高空缺氧：指在数分钟到几个小时内人体暴露在低气压环境中引起的缺氧，多发生在非增压舱飞机高空飞行时，通常由舱压降低和供氧不足引起。缺氧症状随着高度和暴露时间而异，如头痛头晕、视力模糊、呼吸困难、发绀、心悸和智力障碍等。由于"欣快感"而导致的自我感觉良好、情绪异常，往往使飞行员丧失及时采取措施的时机，严重时飞行员几分钟即丧失意识。

（3）慢性高空缺氧：是由长期执行高原通用飞行任务，或非增压舱飞机长期执行高空航线飞行任务未用氧，反复暴露于轻度或中度低氧环境所引起的，一般不被人重视。对人体的主要影响有飞行能力下降，头痛，失眠，记忆力和注意力减退，食欲不佳，以及消化功能障碍等，尤以夜航更为明显。

2. 预防及护理方法

机组成员应熟悉缺氧的表现、供氧装置的使用方法，以及发生缺氧时的处置方法等；每次飞行前应检查机上氧气装置及密封增压系统的完好程度、氧气设备的数量和质量，按照氧气设备的使用规定用氧。

当发生高空缺氧时，机组成员应立即打开紧急用氧开关，机上乘员尽快戴上氧气面罩；乘务员边吸氧边广播，指导旅客用氧；飞机立即下降到安全高度。飞机降到安全高度后，乘务员携带手提式氧气瓶在客舱内巡视，为缺氧的旅客提供氧气，同时检查客舱破损情况和有无火情，护理其他受伤旅客，并报告机长。听取机长命令，必要时准备紧急迫降。

（二）高空胃肠胀气

当飞机达到一定高度时，纵使客舱内有增压设施，但客舱内的气压仍然小于地面，胃肠道内存的气体体积随高空环境压力降低而膨胀，人体易出现胃肠胀气。这种症状和飞机的上升高度、上升速度以及旅客胃肠道的功能状态有关，普通旅客一般在 6 000 米高度才会出现相关症状。

1. 主要症状

高空胃肠胀气会出现机械压迫症状，如腹胀、腹绞痛，严重者有呼吸困难、面色苍白、出冷汗、脉搏减弱、血压降低甚至昏厥的表现，一般在飞机上升过程或达到一定高度后的最初阶段内发生。若气体不能经口或肛门排出，症状会随着高度增加而加重。

2. 预防及护理方法

为预防高空胃肠胀气，首先要保证密封增压座舱的良好状态。另外，为了能有更舒适的飞行体验，一般建议在搭乘飞机前避免或减少食用不易消化及含纤维多的食物，如高脂肪食品、油炸食品、豆类及其制品、萝卜、韭菜、红薯等，不宜喝汽水、啤酒等产气饮料；还应注意饮食卫生，防止便秘。另外，刚做过胃肠道手术最好不要搭乘飞机。

当旅客出现肠胃胀气的现象时，可以向其解释出现胀气的原因和今后的预防措施，以缓解旅客的紧张情绪；为旅客提供温水饮用；提供瓶装温水让旅客进行腹部热敷；并鼓励症状轻微的旅客在客舱内适当走动，缓解不适的症状。

（三）干眼症

干眼症即角结膜干燥症，是指由任何原因引起的泪液质和量异常或动力学异常导致的泪膜稳定性下降，并伴有眼部不适，导致眼表组织病变的多种疾病的总称。客舱环境较为干燥，周围氧分压降低，自身泪膜不稳定、佩戴角膜接触镜、眼睑内外翻等人群更容易出现该病症。

1. 主要症状

干眼症最常见的症状是眼疲劳、异物感、干涩感，其他症状有烧灼感、眼胀感、眼痛、眼红、畏光等。

2. 预防及护理方法

如旅客有上述症状，乘务员应仔细询问其病史。可以建议旅客主动增加眨眼次数，滴用人工泪液，并为旅客提供温热的湿毛巾适当热敷眼睑来缓解症状。

（四）航空性中耳炎

大气压力随着海拔高度的增加而减低。在高空环境中，随着飞机上升或降落，座舱内的气压会发生相应的变化，含气腔的气体也就随之扩张或缩小。在咽鼓管通气功能良好时，飞机升降过程中通过咽鼓管的调节和人为的主动通气动作，就可以保持鼓膜内外压力平衡，此时仅有耳胀感或轻微的听力障碍，不会造成耳部损伤。但如果中耳腔内外压不能迅速取得平衡，就会产生各种症候群，统称为气压损伤；伤及中耳腔的，称为航空性中耳炎。

1. 主要症状

航空性中耳炎轻者有耳痛、耳鸣、听力下降、鼓膜轻度充血等症状，重者可致鼓膜穿孔出血；如果有上呼吸道感染，可继发化脓性中耳炎，导致丧失听力，严重时气压变化可影响到内耳，出现一过性或持续性眩晕。

2. 预防及护理方法

对于机组成员来说，严禁感冒者飞行。乘务员应学会咽鼓管通气法，并在飞机起飞下降前向旅客做宣传。另外，采用主动送糖果和饮料，嘱咐抱婴旅客为婴儿喂食等方式可以有效预防因气压变化导致旅客耳部不适。咽鼓管通气法可以通过以下三种形式实现。

（1）捏鼻鼓气：用拇指、食指捏紧鼻孔，闭口用力向鼻咽腔鼓气，以增加鼻咽腔气体压力而冲开咽鼓管，注意勿使面颊鼓起和憋气过久，但可以多做几次。这种方法一般在飞机下降时使用。

（2）吞咽：可以多次吞咽唾液或咀嚼糖块。

（3）运动软腭：干咽，即只做吞咽动作，不吞咽唾液。如，模拟呃逆动作或打哈欠的动作等。

（五）航空性鼻窦炎

航空性鼻窦炎又称鼻窦气压性损伤。飞机下降时，大气压增大，窦腔内形成相对负压，窦口附近的阻塞物被吸附于窦口而发生阻塞，这时阻塞物起活瓣作用，外界气体不能进入窦腔内，可发生窦腔内黏膜充血、肿胀、水肿渗出、黏膜剥离，甚至出血等，并产生疼痛。

正常鼻窦在外界气压产生骤变时，可通过自然窦口的空气流通，调节窦腔内外气压平衡，故不发生病变。当鼻腔和鼻窦内有急、慢性炎症，致使窦口附近的组织肿胀而阻塞窦口，形成具有活瓣作用的栓子，在飞机下降时，窦腔内呈相对负压，该栓子易堵塞窦口，致使内外压力不平衡而引起气压损伤。

1. 主要症状

因额窦含气量大，而且与鼻腔相通的鼻额管细而长，故航空性鼻窦炎主要发生在额窦，可因黏膜充血、肿胀、渗出等引起患者头痛，但同航空性中耳炎相比，该病的发病率较低。

2. 预防及护理方法

如果有旅客发生航空性鼻窦炎，可服用药箱中的止痛药，用“滴鼻净”（萘甲唑啉）缓解鼻塞。头痛难忍时，乘务员可以指导旅客按摩太阳穴和合谷穴，可以在一定程度缓解疼痛。

（六）航空性牙痛

如果机上旅客患有牙髓炎或深部龋齿等牙病，那么飞行高度由 2 000 米上升到 12 000 米时，大气压降低，残留在牙髓腔内的气泡膨胀而压迫血管，刺激神经，导致牙痛。下降或着陆后，疼痛感会随即消失。

1. 主要症状

患者出现牙痛或原本的疼痛加重。

2. 预防及护理方法

如果有旅客在飞行过程中出现牙痛，可为其提供止痛药，并给予语言安慰和心理治疗。和头痛护理相似，乘务员可以指导旅客按摩穴位，如合谷穴和颊车穴。

二、旅客常见病症及其处置

（一）心绞痛

心绞痛是指由于冠状动脉粥样硬化狭窄导致冠状动脉供血不足，心肌暂时缺血与缺氧所引起的以心前区疼痛为主要临床表现的一组综合征。

视频

心绞痛发病处置

1. 主要症状

心绞痛发作时患者心率加快，血压升高，皮肤湿冷或出汗，以发作性胸痛为主要表现。胸痛区域主要在胸骨体上段或中段之后，可波及心前区，并向左肩、左臂内侧放射。一般持续数分钟至十几分钟。患者可能伴随头晕、冷汗、面色苍白、恶心、呕吐等症状。

2. 预防及护理方法

如果有旅客在飞行过程中出现心绞痛，应让其停止活动，就地休息。可以为其解开领带、腰带和衣扣等束缚物，安排相邻旅客到其他地方。及时用语言安慰旅客，消除其紧张情绪。仔细询问旅客病史，了解是否有自带药，帮助其服药。汇报机长，并用广播寻找专业医护人员协助。如旅客无自带药，可让其服用硝酸甘油。密切关注旅客生命体征，必要时可以为其提供便携式氧气瓶吸氧。如旅客病情恶化，呼吸、心跳停止，须立即施行心肺复苏。救护全程应做好口头汇报和文字记录工作。

视频

脑血管意外发病处置

（二）脑血管意外

脑血管意外俗称“中风”，是指供应脑组织的血管发生出血或栓塞而导致的疾病，包括脑出血及脑血栓。脑血管意外主要表现为运动、感觉、语言及意识障碍，其危害很大，如不及时治疗，轻则留下后遗症，重则危及生命。

1. 主要症状

脑血管意外分为出血性脑血管意外和缺血性脑血管意外。

（1）出血性脑血管意外：一般在动态活动，如剧烈运动、情绪激动时发作，起病较急，2～3分钟间临床症状可全部呈现。发作时颅内高压症状明显，如头痛、呕吐等，可伴随肢体瘫痪，意识障碍，血压明显升高。症状轻重主要取决于出血部位和出血量。

（2）缺血性脑血管意外：一般在静态活动，如睡眠或就座时起病，起病较缓，一般数小时或数天才达到疾病的高峰。患者常有高血压、糖尿病和高脂血症等病史。完全发病前一般伴随头晕、肢体乏力、短暂性脑缺血发作等前驱症状。缺血性脑血管意外的症状为“三偏症”——偏瘫、偏身感觉障碍、偏盲，伴有失语、反应迟钝、头晕等。

2. 预防及护理方法

如果有旅客在飞行过程中出现脑血管意外，应让其去枕平卧。对摔倒在地的旅客应就近移到易于处置、宽敞的座位上。移动旅客时应托住头部，使头与身体保持水平位置，检查其有无外伤。对昏迷旅客应将其头偏向一侧，保持呼吸道畅通，以防呕吐物误吸造成窒息。可以为旅客解开领带、腰带和衣扣等束缚物，安排相邻旅客到其他地方。汇报机长，并用广播寻找专业医护人员协助。尽快让患病旅客吸氧，如旅客意识不清，禁止喂食和喂水。密切关注旅客生命体征，如旅客病情恶化，呼吸、心跳停止，须立即施行心肺复苏。救护全程应做好口头汇报和文字记录工作。

（三）癫痫

癫痫俗称“抽风”“羊癫风”，是一种发作性短暂性脑功能失调综合征。

1. 主要症状

由于脑部病变及放电起始部位不同，癫痫发作的临床表现非常复杂，但最常见及最容易识别的是全面强直阵挛发作，也叫癫痫大发作。发病时患者通常会突然大叫一声，继而丧失意识，直立时突然倒地。典型症状是四肢强直，全身抽搐，面色青紫，口吐白沫，大小便失禁。每次发作持续数分钟，醒后头痛、头晕、嗜睡或肢体一过性瘫痪，对发病过程不能回忆。

视频

癫痫发病处置

2. 预防及护理方法

如果有旅客在飞行过程中有癫痫表现，且其不在卧位，应帮其处于侧卧位，保持呼吸道畅通。为旅客把头转向一侧，以便呼吸道分泌物和呕吐物排出。为其解开领带、腰带和衣扣等束缚物，安排相邻旅客到其他地方。汇报机长，并用广播寻找专业医护人员协助。必要时可以为旅客提供便携式氧气瓶吸氧。救护全程应做好口头汇报和文字记录工作。如果病情恶化、癫痫状态持续，须及时与地面联系，争取尽快将患病旅客送往医院。

需要注意的是：

（1）旅客发作后尽量不搬动他；

（2）旅客抽搐时，不要按压旅客肢体，以免造成损伤或扭伤；

（3）如果旅客处于睡眠状态，不要强行将其叫醒，不强行喂水、喂药；

（四）支气管哮喘

支气管哮喘是气道的一种慢性、炎性、过敏性疾病。接触过敏原、呼吸道感染、化学物质刺激、缺氧和气压改变等都可以诱发支气管哮喘发作。

视频

支气管哮喘发病处置

1. 主要症状

支气管哮喘可以表现为呼吸困难、发作性喘息、胸闷、咳嗽等。患者常常被迫坐直并使身体前倾，来帮助呼吸。支气管哮喘发作前眼睛、鼻腔常会发痒，有流泪、打喷嚏和干咳等前驱症状。

2. 预防及护理方法

如果有旅客在飞行过程中出现支气管哮喘症状，应尽快让患病旅客吸氧。帮助旅客解开其领带、腰带和衣扣等束缚物，调整体位使呼吸顺畅。及时用语言安慰旅客，消除其紧张情绪。仔细询问旅客病史，了解是否有自带药，帮助其服药。如果经过初步处置后症状仍未缓解，广播寻找专业医护人员协助。汇报机长，与地面联系，争取尽快将旅客送往医院。

（五）过度换气综合征

过度换气综合征是由于通气过度，超过生理代谢需要而引起的一组症候群。此种症状常见于 20 ～ 30 岁年轻人，患者多存在精神刺激、压力过大、过度劳累等诱因。本病症常易被误认为支气管哮喘或癫痫发作。

视频

过度通气发病处置

1. 主要症状

过度换气综合征表现为胸闷、胸痛、呼吸困难、心悸、大汗、面色苍白、头晕、面部口唇麻木等一系列症状。严重时会出现昏厥、跌倒，甚至手足、全身抽搐，类似于癫痫发作。由于症状相似，可能会被误以为支气管哮喘或癫痫，导致航变或备降。

2. 预防及护理方法

如果有旅客在飞行过程中出现过度换气综合征，应及时安慰旅客，向其解释清楚症状与过度换气之间的联系，消除其精神负担和恐惧心理。如语言安慰后旅客仍无法平静呼吸，可以取 5 ～ 10 升容量的纸袋或塑料袋，放于旅客口鼻上密闭，进行正常呼吸。乘务员亦可教导旅客进行腹式呼吸：先用鼻子吸气，默数 3 秒，停顿 1 秒，缓慢呼气 5 秒。呼气的时间比吸气时间长能改善碱中毒，缓解过度换气的症状。另外可以让旅客平躺闭上双眼，播放舒缓的轻音乐，让其把注意力集中到肢体各部分，直到全身放松。

（六）昏厥

昏厥是指因各种原因导致一过性脑供血不足引起的意识障碍，数秒或数分钟内意识短暂丧失，四肢无力，机体各种反应能力降低。神经反射性昏厥和低血糖性昏厥是客舱内较为常见的昏厥类型。

1. 主要症状

神经反射性昏厥：客舱环境较为特殊，旅客不便运动。长途旅行中，旅客久坐憋尿，在排尿后出现晕倒、短暂意识丧失，此类发作常无先兆。

低血糖性昏厥：发作前部分人有头晕、恶心、冷汗、视物不清等先兆症状，补充葡萄糖后意识可迅速恢复。常见发生于有糖尿病史的旅客。

2. 预防及护理方法

如果有旅客在飞行过程中出现昏厥，应让旅客平躺，帮助其解开领带、腰带和衣扣等束缚物。观察旅客的生命体征，并提供氧气。检查旅客有无外伤，及时进行处理。仔细询问有否其他病史，是否有过类似发作，初步判断昏厥类型。如果病人为低血糖性昏厥，为其提供糖水或巧克力补充葡萄糖，并协助病人检测血糖。如病人长时间不能恢复意识，广播寻找专业医护人员协助。汇报机长，与地面联系，争取尽快将病人送往医院。

任务二　机上应急医疗事件处置

一、机上应急医疗事件处置的原则

机上急救指的是对遭遇意外损伤或突然发病者给予立即和暂时的简单处理，以等待专业医护人员到来或送往医疗单位诊治。

乘务员在飞行全过程要保持警觉性，注意观察每一位旅客的状态，如果发现旅客身体状态异常，应引起足够重视。如果在登机时发现旅客存在异常反应，应结合规定判断其是否适宜乘机并提供及时的帮助。在起飞后也要加强巡视客舱，一旦发现旅客突发疾病，要立即实施急救及做其他必要处置。

（一）总原则

乘务员在机上处理急救情况时，履行的职责不是诊断某人的病情或进行预先治疗，而是提供必要的、基本的急救；不对旅客进行皮下注射，不宣布旅客死亡；除非急救需要，尽量避免移动旅客，保持最适合其病情或伤害的位置，直到专业医务人员赶到。

（二）一般原则

（1）实施机上医疗处置前，应先确认现场环境安全。

（2）保持镇静，在采取直接措施之前先询问患病旅客情况并观察其的生命体征。生命体征包括意识、脉搏、呼吸、血压和体温等。根据患病旅客生命体征和病情进行分析、判断，观察损伤情况。

（3）识别急救的必要性后，立即提供应急医疗处置，先处理最紧急的情况，并注意下列要点：1）确保呼吸和呼吸道畅通；2）检查及立即止住出血；3）预防休克和暴露伤部；4）确保正确处置昏迷者并保证有人照看。

（4）急救时乘务员应该只限于采取必要的措施，避免因采取不当方法而导致的错误；尽量不要移动病人或搬动损伤部位。

（5）急救时，乘务员应选用恰当的语言表达愿意并有能力帮助处理患者的伤情，但尽量避免使用诊断性和预后性质的词句。

（6）讨论旅客病情时应避开其本人及周围旅客。

（7）机上急救期间乘务员应全程监护并记录，直到专业医护人员赶到或与地服人员交接。

（8）机载应急医疗设备应由乘务员或在专业医护人员指导下使用，其中仅可由专业医护人员操作或使用的医疗器械和处方类药品必须经专业医护人员使用。

（9）乘务员实施急救期间，应注意保护自己和旅客：避免皮肤或嘴巴直接接触旅客体液和伤口等；使用应急医疗设备中相关物品进行自我保护；提供急救后应尽快洗手和消毒。

二、机上应急医疗事件的记录

（一）事件基本信息

（1）患病旅客及同行人员信息。记录病人及同行人员信息，如姓名、性别、年龄、座位号、身份证号（或其他有效证件）、目的地、联系方式及地址和其他必要信息。

（2）专业医护人员信息。记录专业医护人员信息的信息，如医疗从业自制证明相关证件（如有）、姓名、座位号、身份证号（或其他有效证件）、联系方式及工作单位。

（3）航班信息。记录航班信息，如机组成员姓名及工号、航班号、飞机型号、机上应急医疗事件的第一发现人。

（4）患病旅客情况。记录患病旅客情况，如发病情况、发病时间、旅客症状、旅客生命体征、旅客生命体征的消失时间（如遇机上死亡事件时）。

（5）乘务组应急医疗处置的过程。记录乘务组应急医疗处置过程，如实施救治的时间、方式及具体措施。

（6）专业医护人员的到场时间、救治措施及意见。

（7）应急医疗设备的使用情况。

（8）患病旅客本人及同行人的意见。

（9）是否需要地面医疗协助及所需地面协助的种类。

（10）其他必要信息。

（二）旅客证言证词

必要时可收集旅客证人证词，如采取记录和旅客签名的方法。

（1）以旅客自愿为原则；

（2）建议寻找了解事件经过的旅客或患病旅客附近的旅客；

（3）建议寻找 2 ～ 3 位或更多的旅客作证；

（4）记录作证旅客的信息，如姓名、地址、电话号码、身份证号（或其他有效证件）和对该事件的陈述。

三、乘务员遇到应急医疗事件时的处置程序

乘务员在机上遇到应急医疗事件时，应使用机载应急医疗设备，报告机长，使用机上广播寻求专业医务人员的协助，并随时向乘务长报告。具体处置程序如下。

（一）判断病人情况

1. 判断患病旅客意识

（1）如果旅客有意识，询问是否需要帮助，得到同意后提供帮助；

（2）如果旅客已经失去知觉，即默认同意提供帮助；

（3）如果旅客无反应、无自主呼吸，应立即进行心肺复苏。

2. 询问患病旅客病情

（1）询问旅客、旅客同行人员或周围旅客一些具体问题，以判断病情和伤情；

（2）询问旅客的病史及有无自备的药物；

（3）如果旅客已失去知觉，检查其个人物品中有无药品和个人诊断报告。

3. 检查医疗标识

迅速检查旅客颈部或手腕上的医疗警戒标志（MEDIC ALERT），查看已知医疗记录、医疗警戒系列编号和 24 小时医疗报警电话号码等信息。

（二）沟通和协调

第一，寻求其他乘务员的帮助。

第二，通知机长和乘务长。

在旅客出现急病或威胁到生命的情况时，为了让旅客尽快接受医疗救治，机长可能会提出非计划着陆。因此，应向机长详细说明应急医疗事件的情况，报告内容包括但不限于：旅客人数、性别、年龄、具体症状、过往病史（如有）、是否有同行人员、是否需要相关辅助设备，以及其他机长需要的信息。

第三，寻求医疗协助：

（1）通过客舱广播寻求机上专业医护人员的帮助；如果找不到专业医护人员或无法立即着陆，机长或可与飞行控制台联系，寻求 24 小时国际航空救护医疗服务部门的协助；

（2）机上广播寻找医生的广播词举例：

女士们、先生们，现在飞机上有一位旅客需要紧急医疗救护。如果您是医务人员并且愿意为我们提供帮助，请您与乘务员联系。谢谢！

（三）准备好应急医疗设备

相关内容见本书模块二任务四，此处不再赘述。

（四）检查病人

（1）主要检查：检查出威胁患病旅客生命的原因，在检查过程中按需要提供急救。

（2）次要检查：检查不构成立即威胁生命安全的医疗问题。

（五）实施急救

在医务人员未到之前或机上无义务人员时，应按急救箱内所附的“急救指导”或乘务员手册进行急救。使患者尽量舒适，根据情况决定是否给患者吸氧。

（六）持续沟通和协调

1. 记录信息

急救时乘务组应取得并记录以下内容：

（1）旅客身份；

（2）发病情况或主要症状；

（3）应急医疗处置的过程及效果（包括使用的医疗药品、器具及详细时间节点）；

（4）落地后是否需要担架或轮椅等搬运工具，是否需要救护车或医务人员到场。

2. 汇总信息

汇总信息，及时报告机长并始终与驾驶舱保持联系，在着陆前通知地面有关部门。

（七）填写文件

完成救治后乘务员需要完成以下文件填写：

（1）紧急医学实践报告单；

（2）知情同意书；

（3）特殊情况报告表；

（4）2 ～ 3 位旅客的证词；

（5）客舱记录本。

任务三　常用急救技能

一、心肺复苏

视频
心肺复苏

（一）心肺复苏的定义

心肺复苏（Cardio Pulmonary Resuscitation，CPR）是针对由于外伤、疾病、中毒、意外、低温、淹溺和电击等各种原因，导致心跳、呼吸骤停并伴有意识丧失这一急症所采取的救命技术。心肺复苏的主要目的是尽快建立人工循环和进行有效的人工呼吸，它包括胸外按压、开放气道和人工呼吸等操作。

（二）心肺复苏的重要性

心搏骤停会引起系列反应，随时间的临床表现如表 10－1 所示。

表 10－1　心搏骤停随时间的临床表现

时间	临床表现
立即	心音及大动脉搏动消失
3 ～ 5 秒	头晕，黑蒙
5 ～ 10 秒	缺氧引起晕厥，即意识丧失
10 ～ 15 秒	全身抽搐，大小便失禁（可能）
15 ～ 30 秒	呼吸断续或停止，面色苍白或紫绀
60 秒	瞳孔散大
4 ～ 6 分钟	中枢神经系统受到不可逆性损害

心搏、呼吸骤停是临床上最紧急的危险情况，达到 4 ～ 6 分钟会导致中枢神经系统受到不可逆性损害，超过 10 分钟再给予心肺复苏术则几乎无复苏成功的可能。现场急救人员发现患者心搏骤停后应立即开始心肺复苏，患者生存率会成倍增加。所以心肺复苏必须立即现场进行，为挽救生命赢得最宝贵的时间。

（三）如何判断病人需要进行心肺复苏

心搏、呼吸骤停并伴有意识丧失者需要立刻进行心肺复苏。心搏骤停可能有以下症状：（1）意识突然丧失；（2）颈动脉搏动消失；（3）呼吸停止，瞳孔散大；（4）皮肤黏膜呈灰色或发绀。

乘务员可以一手拍喊患者来判断其意识是否存在，如果发现患者无反应、无自主呼吸，或仅有濒临死亡的喘息，即可进行胸外按压。如配备自动体外除颤仪（AED），应优先使用 AED。

（四）心肺复苏的操作流程

心肺复苏以C—A—B的循环进行：C—compressions，即胸外心脏按压（人工循环）；A—airway，即开放气道；B—breathing，即人工呼吸。具体操作可以分为六步进行：

（1）判断意识和呼吸；

（2）若无意识无呼吸，立即呼救；

（3）将患者置于心肺复苏体位；

（4）胸外心脏按压，快速用力进行30次按压；

（5）开放气道；

（6）人工呼吸，向气道内吹气2次，同时观察患者有无自主呼吸。

（五）机上心肺复苏的操作流程

机上心肺复苏的操作步骤与步骤标准如表10－2所示。

表10－2　机上心肺复苏的操作步骤与步骤标准

操作步骤	步骤标准
确认环境安全	检查四周环境，看有无不安全因素。
确认有无反应，迅速判断呼吸	（1）轻轻地拍打双肩，大声询问："你还好吗？我是客舱乘务员。" （2）迅速判断有无足够呼吸或仅有濒临死亡的喘息，脸颊靠近口鼻处，用听、看、感觉的方式判断呼吸情况，约5～10秒。
若有自主呼吸	打开气道，按情况给予吸氧，可掐人中促进呼吸，并进行次要检查。
若无反应，立即呼救	（1）在原地大声喊："请帮助我！" （2）请其他乘务员报告乘务长、机长。 （3）广播找医生。 （4）带上应急医疗设备。
心肺复苏体位	将患者置于平卧位。
胸外按压	（1）按压位置：成人与儿童为两乳连接线中点，婴儿为两乳连接线中点下一指处。 （2）按压动作：对于成人与儿童，用手掌根放在按压位置上，手肘部伸直，手指离开胸部，用力均匀有节奏地按压，一边按压，一边大声数数；对于婴儿，用二手指按压。 （3）按压深度：成人最少5厘米；儿童、婴儿至少1/3前后径（4～5厘米）。 （4）按压频率：最少100次/分钟。
打开清理呼吸道	（1）如有明显的异物，将一手指伸入口腔，把异物清理出来； （2）压额，托下巴（仰头提颌法）。
给予两次人工呼吸	（1）可使用机上急救箱中的单向活瓣嘴对嘴复苏面罩保护自己； （2）往口鼻处吹初始的两口气，每次吹气持续1秒钟； （3）在每次呼吸之间停留足够长的时间（约5秒）； （4）使胸部完全隆起。
按压通气比例	（1）成人单双人均为30∶2； （2）儿童婴儿单人30∶2，双人15∶2。

续表

操作步骤	步骤标准
完成一个周期后，重新判断呼吸	（1）5个轮回为一个周期； （2）一个心肺复苏周期的时间约为2分钟； （3）重新检查呼吸、脉搏的时间为5秒。
若仍无足够呼吸，继续心肺复苏	重新判断呼吸的时间为5～10秒。

（六）心肺复苏何时可停止

现场的心肺复苏应坚持连续进行，即使中间检查呼吸、脉搏等循环体征，也不能停止超过10秒钟。心肺复苏不可轻易做出停止复苏的决定，如有下列情况，方可才考虑终止复苏：

（1）患者自主呼吸及脉搏恢复，面色、口唇由苍白青紫变红润，瞳孔由大变小、对光反射恢复，眼球能活动，手脚能动，呻吟；

（2）由他人或专门急救人员到场接替；

（3）现场救护环境危险，需要转移；

（4）有医生到场确定患者死亡。

二、气道异物梗阻

视频

气道异物梗阻

（一）气道异物梗阻的定义

气道异物梗阻是由于误将异物吸入呼吸道，形成呼吸道堵塞，引起通气障碍，导致窒息，甚至死亡的急症。气道异物梗阻容易发生在成人醉酒后或试图吞咽大块难以咀嚼的食物时，另外，有义齿和吞咽困难的老年人，以及吞食果冻等食物或异物的婴儿和儿童，也是气道异物梗阻病发的高危人群。

（二）气道异物梗阻的类型和表现

气道异物梗阻时有发生，一旦发生就会导致身体无法和外界进行气体交换，造成窒息甚至可能危及生命，所以应该马上进行抢救。异物可以引起气道部分或完整梗阻。

根据异物引起气道部分梗阻的程度，将气道异物梗阻分为不完全性气道异物梗阻和完全性气道异物梗阻。

1. 不完全性气道异物梗阻

患者有咳嗽、喘气或咳嗽微弱无力，呼吸困难，张口吸气时可以听到异物冲击性的高啼声，面色青紫，皮肤、甲床和口腔黏膜发绀。救护员不宜干扰患者自行排除异物的努力，但应守护在患者身旁，并监护患者的情况，如果气道部分梗阻仍不能解除，应迅速进行救治。

2. 完全性气道异物梗阻

较大的异物堵住喉部、气道处，患者面色灰暗、发绀、不能说话、不能咳嗽、不能呼吸、昏迷倒地、窒息、呼吸停止。如果不能及时解除梗阻，患者将丧失意识，甚至很快死亡。

（三）如何判断患者需要进行救助

患者如进食时，或刚进食后出现清醒状态下的呼吸困难或不能呼吸，或是说不出话来，应该怀疑是气道异物梗阻。

（四）气道异物梗阻的操作流程

1. 判断意识是否清醒

通过目测和对话判断患者是否有意识。

（1）患者清醒：评估梗阻严重程度。

（2）患者昏迷无呼吸：将患者置于仰卧位，立即呼叫，准备进行心肺复苏。

2. 患者清醒——评估梗阻严重程度

根据患者症状，判断气道异物梗阻的类型。

（1）梗阻较轻：鼓励患者用力咳嗽，用力手掌叩拍患者背部两肩胛骨之间。

（2）梗阻较重：根据患者类别用不同的方法实施救助。

3. 患者清醒且梗阻严重——选择合适方法实施救助

（1）腹部冲击：患者立位或坐位。站在患者身后，使患者弯腰并头部向前倾，双臂环抱患者腰部。一手握空心拳，用拳眼顶住患者腹部正中线脐上方两横指处，另一手掌握紧在握拳之手上，用力快速向内、向上冲击，每秒约一次，每次冲击动作要有明显分开。

（2）胸部冲击：适用于孕妇或肥胖者。站于患者背后用双臂绕过患者腋窝，环绕其胸。一手握拳，握拳手拇指侧朝向患者胸骨中点，避免压于剑突或肋缘上，另一手抓住握拳手向后冲击。注意：若为婴儿旅客，则采用 5 次背部冲击（两肩胛骨连线中点），5 次胸部冲击（定点同心脏按压，频率慢于心脏按压）。

重复以上步骤直至异物排出；或患者转为昏迷，则按昏迷处理。

（五）气道异物梗阻急救的注意事项

（1）尽早、尽快地识别气道异物梗阻的表现，迅速做出判断。

（2）腹部冲击时要注意防止胃反流导致误吸。

（3）对倒地的患者可以骑跨在大腿上进行腹部推挤。

（4）在异物没有排出之前应避免口对口吹气，否则异物将可能进入更深，而阻塞难解除。

三、止血

视频

止血

（一）止血的定义

通过一定方式快速处理，让血停止向外流动叫作止血。血液是维持人体生命活动的重要物质，成人的血液量约占体重 8%，如果一次出血量超过 20% 可能会引起休克，超过 30% 时就会威胁生命甚至导致死亡。因此，在现场及时、有效地为伤员止血非常重要，是挽救生命的有效措施。

（二）出血的类型

（1）动脉出血：血色鲜红，出血时像喷泉一样随着动脉搏动，从伤口喷出；出血急，出血量大，如不及时止血，危险性极大。

（2）静脉出血：血色暗红，出血像流水一样从伤口流出；出血随血管口径和伤口大小而不同，如不止血也有危险。

（3）毛细血管出血：血色鲜红，出血像水珠一样，从整个伤口面慢慢渗出；时间稍久，出血会自动停止，危险性不大。

（三）止血的方法

1. 直接压迫止血法

此方法适用于毛细血管、静脉或小动脉的出血。

（1）快速检查伤口，如有表浅小异物可将其取出；

（2）用消毒纱巾或干净布料覆盖伤口，再用绷带或三角巾适度用力包扎；

（3）紧急情况下可用手直接压迫止血，但必须持续用力压迫；

（4）如果敷料被血液湿透，不要更换，加盖新敷料继续压迫，直到无明显渗血；

（5）如果伤口有异物，禁止使用这一止血法。

2. 指压止血法

此方法适用于头面部和四肢的动脉出血。

（1）用手指压迫伤口近心端的动脉经过的骨骼表面部位，使其闭塞，中断血流，达到止血的目的；

（2）指压止血法快速、有效，多用于急救，压迫时间不宜过长。

3. 加压包扎止血法

在直接压迫止血的同时，可以再用绷带或三角巾加压包扎。

（1）直接压迫止血，压迫伤口的敷料应超过伤口周边至少 3 厘米，然后用绷带或三角巾环绕敷料加压包扎；

（2）包扎后检查肢体末端血液循环，如包扎过紧影响血液循环，应重新包扎；

（3）如果伤口有异物，禁止使用这一止血法。

4. 止血带止血法

当四肢有大血管损伤，直接压迫无法控制出血，或不能使用其他方法止血（如多发伤、离断伤等）时，尤其在特殊情况下（如灾难、战争环境、边远地区），可使用止血带止血；止血部位要先垫好衬垫。

使用止血带前，应先将伤肢抬高，促使静脉血回流；扎止血带以不出血为原则，防止过紧过松；至少在 30 分钟内松开止血带一次，每次 3 ～ 5 分钟，总时间尽量不超过 5 小时；扎好止血带后，应加标记，注明时间，以便随时观察。

（1）橡胶止血带止血法。首先在伤口近心端的肢体上先加好衬垫，乘务员用左手拇指与食指、中指拿好止血带的一端（A 端）约 10 厘米处，右手拉紧止血带缠绕伤侧肢体连同救护员左手手指、中指两周，同时压住止血带的 A 端。然后将止血带的另一端（B 端）用左手食指、中指夹紧，抽出手指时由食指、中指夹持 B 端从两圈止血带下拉出一半，使其成为一个活结，最后标上止血带的时间。如果需要松止血带，只要将尾端拉出即可。

（2）临时绞棒止血法。如无橡胶止血带，可根据现场情况就地取材，将绷带、三角巾、围巾、领带、衣服等作为布带止血带。将临时布带在止血部位绕一圈打结，然后用笔杆或小木棒在结下穿过，旋转绞紧直至止血为止，把绞棒固定在肢体上。

四、包扎

（一）包扎的定义

伤口包扎可以起到保护创面，固定骨折或关节，防止伤口污染，止血和止痛的作用，包扎要求严密牢固，松紧适宜。

（二）包扎方法

1. 绷带包扎法

视频

包扎

（1）环形包扎。适用于肢体粗细较均匀处伤口的包扎。用无菌敷料覆盖伤口，将绷带一端稍作斜形环绕第一圈，将第一圈斜出一角压入环形敷料边缘，加压绕肢体环形缠绕 4 ～ 5 层，每圈盖住前一圈，绷带缠绕范围要超出敷料边缘，最后用胶布粘贴固定。

（2）回返包扎。适用于头部、肢体末端或断肢部位的包扎。用无菌敷料覆盖伤口，环形固定两圈，固定时前方齐眉，后方到枕骨下方。一手持绷带一端于头后中部到前额部，反复呈放射性反折缠绕，直至将敷料完全覆盖。最后环形缠绕两圈，将上述反折绷带固定。

（3）“8”字形包扎。适用于手掌、手背、踝部及其他四肢关节部位和锁骨骨折等部位的包扎。用无菌敷料覆盖伤口，如包扎手时从腕部开始，环形缠绕两圈，再经手和腕部以“8”字形缠绕，最后绷带尾端在腕部固定。如包扎踝关节时，将绷带在踝关节一端做环形缠绕固定，再把绷带拉向踝关节中心缠绕一圈，最后向两端以“8”字形缠绕后固定。

2. 三角巾包扎法

（1）头部包扎。先将三角巾的底边折叠成两层，约 1 ～ 2 横指宽，边缘置于伤员前额齐眉处，顶角向后。三角巾的两底角经两耳上方拉向头后部枕骨下方交叉并压住顶角，再绕回前额齐眉打结。顶角拉紧，折叠后掖入头后部交叉处内。

（2）面部包扎。把三角巾的顶部打结，在预计遮盖眼、鼻、嘴的地方剪出小洞，然后包扎头面，把左右两角拉到颈后再绕到前面打结。此方法常用于面部烧伤。

（3）耳部包扎。先将三角巾折成条状，从头部至下巴绕一周，在未伤的耳部扭一下，从额部再绕一周，在伤耳的上方打结，注意不要压迫伤耳。

（4）眼部包扎。将三角巾折成条状，包住伤眼，将好眼露出，在头后部打结；或用两条折成条状的三角巾，一条从头顶部，搭在好眼下，再将另一条斜包在伤眼上，头侧部打结，将垂直的三角巾向上掀起露出好眼，在头后部打结。

（5）肩部包扎，分为单肩包扎和双肩包扎。

1）单肩包扎。三角巾折叠成燕尾式，燕尾夹角约 90 度，大片在后压住小片，放于肩上。燕尾夹角对准伤侧颈部，燕尾底边两边包绕上臂上部并打结固定。拉紧两燕尾角，分别经胸、背部至对侧腋前或腋后线处打结。

2）双肩包扎。三角巾折叠成燕尾式，两燕尾角相等，燕尾夹角约 100 度，披在双肩上，燕尾夹角对准颈后正中部。燕尾角过肩，由前向后包肩于腋前或腋后，于燕尾底边打结。

（6）胸部包扎，分为单侧胸部包扎和双侧胸部包扎。

1）单侧胸部包扎。将三角巾展开，顶角放在伤侧肩上，底部置于胸部下方，并绕胸至背的侧面打结，顶角系带穿过打结处上提系紧。

2）双侧胸部包扎。折叠三角巾与双肩包扎同，放置于胸部，两燕尾角过肩于背后，将燕尾顶角系带，围胸与底边在背后打结。将一燕尾角系带拉紧绕横带后上提与另一燕尾角打结。背部包扎时，把燕尾巾调到背部即可。

（7）前臂包扎。将直角点放在受伤一侧伤臂与身体之间，上端放在颈部，另一端包住伤臂放在颈部另一侧，在后面打结。

（8）单侧臀部包扎。操作步骤同单肩包扎，燕尾夹角约 60 度，方向相反。

（9）腹部包扎。腹部包扎方法同胸部包扎，但方向相反。单侧腹部包扎应将三角巾的大片置于侧腹部，压住后面的小片，其余操作方法与单侧臀部包扎相同，但两底角包扎伤侧大腿根在大腿后面打结。

（10）膝部和肘部包扎。将三角巾折叠成适当宽度的带状。将中段斜放于伤部，两端向后交叉缠绕，返回时分别压于中段上下两边，包绕肢体一周在肢体外侧打结。

（11）手足包扎。三角巾展开，手指或足趾尖对向三角巾的顶角，平放在中央。指缝或趾缝间插入敷料。将顶角折回，盖于手背或足背踝部前方打结。

若遇到外伤需要包扎，一时找不到三角巾或绷带，可按部位不同就地取材，利用毛巾、手帕、衣服或帽子等物品代替进行包扎。

五、骨折

（一）骨折的定义

骨的完整性由于受直接外力、间接外力、积累性劳损等原因的作用，其完整性和连续性发生改变，称为骨折。

（二）骨折的类型

（1）单纯性骨折。受伤部位严重疼痛、触痛。受伤部位肿胀变形与对侧的不对称。

（2）开放性骨折。除了有单纯骨折的症状外，还有皮肤伤口或骨折断端可能刺到皮肤外面。

（3）复合骨折。发生多处骨折并伴有其他损伤的情况。

（三）骨折的判断

具有以下三个骨折特有体征之一者，即可诊断为骨折：

（1）畸形，主要表现为肢体缩短、成角或旋转畸形；

（2）有异常活动，正常情况下肢体不能活动的部位出现不正常的活动；

（3）有骨擦音或骨擦感。

（四）骨折固定的处置原则

根据骨折现场的条件和骨折的部位，选择适合的器材并采取相应的固定方式。固定要牢固，松紧适宜，在骨折和关节突出处要加衬垫，以加强固定并防止皮肤损伤。骨折固定要遵循以下处置原则。

（1）先止血，后固定。

（2）选择适当位置，就地施救。

（3）不轻易搬动患者，开放性骨折不得移动。

（4）夹板与皮肤、关节、骨突出部位之间要加衬垫，夹板要超过骨折断上下两个关节，固定时动作要轻柔。

（5）先固定骨折近心端，再固定远心端。

（6）绑带不要系在骨折处，骨折两端应该分别固定至少两条固定带。

（7）前臂、小腿部位的骨折，尽可能在损伤部位的两侧放置夹板固定，以防止肢体旋转时受损，避免骨折断端相互接触。

（8）固定时，在可能的条件下放置功能位，上肢为曲肘位，下肢呈伸直位。

（五）骨折固定的方法

1. 上臂（肱骨）骨折

放置少许衬垫物到患者的腋下，轻轻地将患者的上臂置于身体一侧，手肘成直角。前臂放于胸前，将有衬垫的夹板放在上臂外侧，绑好固定。再用一条窄的吊带绕过颈部吊住前臂，夹板连同患者的躯体一同绑好，系在身体另一侧。

视频

上下肢骨折固定

2. 前臂和腕部骨折

小心地将前臂与上臂成直角横置胸前，握拳，拇指向上。然后将有衬垫的夹板置于前臂两侧，超过肘关节和腕关节，并将夹板绑好。再用三角巾绕过颈部吊住前臂，指头稍高过肘关节。

3. 颈背部骨折

颈背部骨折是所有骨折中最严重的一种，颈背部骨折后不管是任何地方的移动都有可能引起瘫痪或死亡。因此，对怀疑有颈部或背部骨折的患者，处理时必须要特别小心。用毛巾、报纸或其他可作衬垫的东西折成10厘米宽衬垫，沿着患者的颈部或背部包起来绑好，尽可能地将头固定。

4. 腿部骨折

腿部骨折常见的有大腿骨折（股骨骨折）、小腿骨折（胫骨、腓骨骨折）及膝盖骨骨折（髌骨骨折），外伤救护处理时基本相似。用包有衬垫的夹板放在脚部外侧，夹板长度超过骨折处的上、下关节，各关节与夹板接触的地方应放衬垫，并用绷带固定。在无夹板的情况下，可将伤腿与无伤的腿绑在一起以达到固定的目的。

5. 足踝骨折

保持患者身体平衡，小心地脱去其鞋子，用一个枕头或卷起的毯子从小腿到足跟把脚包起来，枕头边刚好与脚尖平齐，然后将枕头固定，将延伸至足跟的枕头的末端卷起来支撑脚部。

6. 锁骨骨折

用绷带或其他代替先从两臂之一的下面开始，对角越过背部，盖住肩膀，绕到腋下，再越过背部，盖过另一边的肩膀，绕到腋下，重复几圈，在患者的肩、背和胸部作“8”字形包扎。

（六）骨折处置的操作流程

1. 广播找医生

（1）如找到医生，核实其身份，听从医生指令，协助医生施救，并提供必需的机载应急医疗设备。

（2）如无医生，应先救助伤者。

2. 判断骨折的类型

询问问题，了解病症：

（1）是否局部疼痛？

（2）是否局部肿胀畸形？

（3）是否骨折处功能障碍？

（4）是否有骨擦音？

有怀疑时按骨折处理。

3. 止血

（1）除非骨折断端刺到皮肤外面，否则都要用直接压迫止血。

（2）处理止血时，应戴好保护性手套等，做好个人防护措施。

（3）用消毒敷布盖伤口。

4. 固定骨折

（1）尽量用夹板把包括骨折部位上下方关节在内的骨折骨头固定。

（2）不要试图去对接骨折的骨头。

（3）上肢骨折要曲肘悬吊。

5. 观察

（1）密切观察患肢手指端末梢血液循环情况。

（2）注意保暖和防止休克。

任务四 机组失能应急处置

一、机组失能应急处置程序

(一) 呼叫乘务组

驾驶舱利用内话系统或其他方式，通知乘务员到驾驶舱协助。

(二) 进入驾驶舱

(1) 进入驾驶舱前，拉好前服务间隔帘，确认前洗手间无人使用；

(2) 乘务长通过预先确定的方式进入驾驶舱，向接替机组询问具体情况。

(三) 了解情况

(1) 轻拍、呼唤失能机组，查看有无呼吸、脉搏等生命体征；

(2) 准备将失能者抬出驾驶舱。

(四) 接替与协助

(1) 当只有一名驾驶员操纵飞机时，乘务长须指派乘务员或安全员进入驾驶舱，按照机长或接替机长的要求提供必要的协助；

(2) 乘务长离开驾驶舱，将情况通知所有乘务员及安全员，安排人员负责抬出失能者，准备应急医疗设备。

(五) 广播找医生

(1) 客舱广播找医生，寻求帮助，做必要的记录；

(2) 广播中只强调机上有人需要医疗救助，不可公开被救助者是驾驶员的身份，避免引起恐慌；

(3) 控制客舱秩序，防止无关旅客进入前服务间。

(六) 移动驾驶员座椅

(1) 将失能者的肩带拉紧，人工锁定，座椅推到最后，后背倾斜，安排 2 个人移走失能者；

(2) 若无法使失能者离开座椅，一名机组成员应留在驾驶舱照顾并观察失能者。

(七) 搬运失能者

(1) 向后移动失能者座椅，调节失能者椅背，将失能者移开至驾驶舱外；

(2) 一人扶好失能者头部，另一人蹲在副驾驶位后，操作失能者座位向后向外移动，向后放平椅背，采用急救搬运中的抱持法（一人从后面抱住失能者的两肩，另一人抬住两膝）将失能者抱紧，解开安全带，向后移开驾驶位，注意防止触碰操纵杆仪表等；

(3) 将失能者抬出至避开旅客、可平躺的前服务间地板；

（4）取下失能者身上标识身份的领带和肩章等机组特征物品。

（八）找到医生

（1）确认核实医生身份，要求出示医生身份证明文件；

（2）详细记录事发时间、救护地点、医务人员姓名、救护措施等信息，填写机上应急事件报告单；

（3）听从医生指令，协助医生施救，提供机上急救箱和应急医疗药箱。

（九）若无医生协助

（1）判断意识：耳边呼叫、双手扣拍肩。

（2）检查呼吸、脉搏：查看有无胸部起伏、感觉口鼻有无呼吸气流、触摸颈动脉有无搏动。

（3）胸外心脏按压，开通气道，做人工呼吸。

（十）报告

将失能者处置情况报告空中管制员和公司运行控制部门。

二、机组失能时的职责接替

（1）在飞行期间，机长对飞机的运行拥有完全的控制权和管理权。当机长由于生病或其他原因丧失指挥能力时，接替指挥权的顺序是机长—副驾驶—飞行机械（观察）员—驾驶舱其他成员（必须是具备该机型资格的飞行人员）。

（2）如果是乘务长失能，按照乘务员号位顺序接替。一般来说乘务组的指挥接替顺序为主任乘务长 / 乘务长—区域乘务长—头等舱乘务员—公务舱乘务员—普通舱乘务员（按资历和年龄）。如果失能的乘务长是在乘务员工作站区域失能，要将其移到客舱。最后离开飞机时，要将乘务长带离飞机。

（3）乘务组按号位接替失能者职责后，根据组员情况调整号位。尽可能保证一个出口有一名乘务员，窄体机的翼上出口及采用最低配员时除外。

素养园地

坚持对旅客有利！小旅客突发疾病 首都航空紧急返航急救

2022 年 1 月 11 日下午，首都航空 JD5617 福州至沈阳航班，一名小旅客突发疾病，机组立即按程序开展救护，通过海姆立克急救法进行急救，小旅客状态好转，同时飞机紧急返航福州机场，小旅客由地面急救送医。由于救治及时、处置妥当，后小旅客平安脱险，家长也向首都航空表示真挚的感谢。

1 月 11 日下午，首都航空 JD5617 航班由福州飞往沈阳，起飞后不久一名旅客向乘务员寻求帮助。小旅客妈妈表示小旅客在乘机前食用了汉堡，起飞后就发生身体不适。乘务长邢遐与乘务员姜思萌、陶醉迅速组成 3 人急救小组开展急救，乘务长广播找医生，同时报告机长，乘务员将孩子转移到前服务间。幸好机上有一名医生，在了解小旅客情况后立即采用海姆立克急救法进行急救，小旅客呕吐后症状得以缓解，经过血压测量确认小旅客生命体征正常，意识恢复有应答，但仍有一些不适，乘务组继续悉心照顾小旅客。

为保证小旅客生命的绝对安全，机长决策将航班尽快降落采取进一步救治，经与地面运行保障部门协同评估，考虑小旅客就医便利，当班机组决定紧急返航福州机场。经过空中盘旋耗油，首都航空 JD5617 航班平安降落福州机场。落地后乘务长与地面急救医生仔细交接，地面急救人员随即将小旅客送往急救中心进行详细检查与治疗。

返航救治给同机旅客的行程造成了延误，首都航空为保障同机旅客权益，机组紧密配合，以最快速度完成各项航班过站准备，在返航半个小时后，航班再次顺利起飞前往目的地。全体机组成员向航班旅客的理解和支持表示衷心感谢，但机上旅客纷纷对返航决策表示理解，更对首都航空尊重生命、专业应对、成功救助的义举表示赞扬。由于救治及时处置妥当，小旅客情况稳定且平安脱险，家长向首都航空 JD5617 乘务组及机组表达了真挚的感谢。得知小旅客脱险，首都航空全体机组都感到无比欢欣与安慰，他们调整状态，迅速投入到后续航班的保障中。

首都航空坚持践行“党建为魂”的企业文化，筑牢航空安全底线，践行真情服务理念，遵循经营企业要“对政府有利、对企业有利、对员工有利、对旅客有利”的企业价值观。日常运行中，首都航空针对空中突发事件制定系统完备的应急预案，并对各级各类一线生产人员定期展开全面高效的培训，为保障旅客出行顺畅保驾护航；在面对紧急情况时，首都航空积极协调、沉着应对、通力协作，全力确保旅客的安全。

（资料来源：董潇滢 . 坚持对旅客有利！小旅客突发疾病 首都航空紧急返航急救 . 民航资源网，2022-01-12.）

视频

工匠精神

模块十
案例阅读

模块十一 野外求生技能

知识目标

- 掌握野外求生策略
- 掌握陆地求生知识
- 掌握海上求生知识

技能目标

- 能掌握并运用陆地求生技能
- 能掌握并运用海上求生技能

素养目标

- 提升安全意识、团队协作意识
- 树立“三个敬畏”意识，弘扬当代民航精神
- 践行社会主义核心价值观

案例导入

17 岁少女遇空难，从三千米高空坠落后雨林求生

1971 年 12 月 24 日，秘鲁的一架航班遭遇巨大的飞行事故。3 000 米的高空上，由于飞机解体，约有 92 名人员被抛出飞机，唯有一名 17 岁的少女，大难不死，坠落到一座无人雨林之中。经过 10 数天的艰难求生后，她才最终脱困。

航班于当天下午 1 点起飞，旅客中有一名叫朱莉安·科普克的少女，她和妈妈准备与远在德国的父亲一起过节。当天的天气似乎不怎么好，毕竟前一天刚刚经历了一场风暴，不过当局认为已经度过了这次危机，因此，大家都没有把它放在心上。

飞机起飞半小时后，处于3 000米的高空中，原本一片明媚的天空，突然一片电光。一场巨大的震动后，朱莉安发现头上掉落了氧气面罩。乘务员开始安抚躁动的旅客。整架飞机剧烈地震颤起来，随后飞机彻底颠倒过来，并在剧烈的撕扯下彻底解体，所有旅客都被抛出了飞机。

由于高空极度缺氧，朱莉安很快失去了知觉，反应过来后，才发现自己正从高空迅速坠落。短短3分钟时间内，朱莉安的耳边全是狂风的呼啸。幸运的是，朱莉安与自己的座椅牢牢绑在一起，掉进丛林时有座椅作为缓冲，她虽然受了伤，却不致死。

着陆后的第一时间，朱莉安就开始大声呼喊母亲的名字。不幸的是，周围没有任何人的回应。观察四周后，朱莉安发现自己处于雨林之中。托父母都是探险家的福，她能通过多种方式掌握方向，并且有一定的求生能力。随后，朱莉安根据树的年轮判断出了方位，沿途捡了许多行李，依靠其中的物资，对伤口进行简单的处理。

当时没有现成的食物，朱莉安想起父母教给自己的捕鱼方法。又找了些水果，以此吃了一顿不算美味的饭后，继续逃生。她不清楚自己的具体位置，也不清楚还要走多久。更可怕的是，她的伤口在这样恶劣的环境下开始化脓发炎。为了尽快脱离困境，朱莉安找了一根树枝作支撑，经过10多天的跋涉，终于发现有人居住的屋子，并见到了其中的人。

人们得知朱莉安的经历后，十分震惊，迅速把她送到医院进行紧急救治。痊愈后，她才和父亲联系上。而她父亲在得知空难的消息后正为失去妻女而悲伤，没想到女儿还活着，不禁十分激动。

这次灾难后朱莉安跟随父亲进行野外研究，取得了不少令人惊叹的成绩。

讨论：为什么乘务员要掌握野外生存知识？

任务一　野外求生策略

一、野外求生的基本原则

当飞机迫降后，求生者必须面对可能出现的诸如地形和气候之类的困难，从而保全生命、得以生存，为此而采取的一切行动被称为“求生”。

生存的首要条件是具备生存的欲望，求生的知识和技能，以及强健的身体。民航乘务员必须有能力使自己和其他患难者拥有乐观的精神，还应知道：如何获得水、食品、火种、容身之地等生存的必需物品和环境；如何呼救及吸引营救人员；如何在没有援助时获得安全的保护或脱离危险；如何保存体能；如何避免疾病或受伤及如何处理疾病或伤口等，以便帮助其他患难者。

视频

野外求生策略

在事故发生后的野外求生过程中，民航乘务员必须谨记以下基本原则。

（1）注意自身保护，野外求生中发生伤病会严重威胁生命。

（2）留在飞机附近的安全区域。如果飞机有起火或爆炸的可能，则要等危险过去后才回到飞机的着陆点附近等待搜救。

（3）为受伤的人提供必要的救护。

（4）把旅客集中起来进行管理。

（5）启动应急定位发射机。

（6）确保安全的情况下，收集和使用所有可利用的应急设备和其他有用物品，如食品、毛毯、医疗用品、信号器具等。

（7）就地取材建立临时避难所。

二、野外求生的基本要素

（一）态度

态度是野外求生是否能成功的关键。在求生过程中，正确的态度是首先要考虑“生存三法则”：（1）人最长可以 3 分钟不呼吸；（2）人在体温低于或高于正常范围的情况下，最长可以坚持 3 小时头脑清醒；（3）人最长可以 3 天不喝水，人在有水的情况下，最长可以 3 周不进食。“生存三法则”为求生行动提供了指导原则——在求生环境下，首先要找到避寒或者阴凉处，以防失温或者中暑；其次，要快速找到补充水分的方法；最后，要找到食物。

求生过程会面临许多挑战，要注意保持镇定的心态，避免恐慌。行动前遵循“SPEAR”原则：

S：Stop，不要乱走动。

P：Plan，计划如何逃出险境。

E：Execute，执行计划。

A：Assess，评估和计算。

R：Re-evaluate，重新评估状况。

有意识的评估和计划安排，可以让自己的大脑和身体保持较佳状态去面对现实，并帮助自己从慌乱中镇定下来，专注于如何摆脱困境，避免恐慌和其他消极心态。正确的态度和心态是求生中最重要的。

（二）避难所

直接长时间暴露在荒野环境中往往容易造成体温降低以致失温，或在炎热环境下脱水，因此寻找和建立避难所是非常重要的。避难所选择须满足三个原则：

（1）位置：要远离危险源且附近有丰富的可用资源。

（2）隔绝：能隔离地面、雨、风、热浪。

（3）热源：能保持体温或者生火。

有很多天然的地方可用来当作临时避难所，例如天然山洞、中空的树洞和原木、用树枝搭建的小屋等。

（三）水

水占人体重的 70% 左右，因此寻找水比寻找食物和火的优先级更靠前。很多人会因为脱水而虚脱甚至死亡，但是也要避免饮用不干净或未经处理的水。最佳的水源是泉水、溪流源头的水源和采集的露水，被根茎和砂石过滤的水也可饮用，此外使用净水设备和净水片也是一种方法。为了安全起见，应把水煮沸 5 分钟以上，以有效杀灭细菌等微生物。

如果能保持正确的态度，有避难所，并有持续的干净水源供应，正常情况下，人可以成功地生存几周。

（四）火

火虽然不是生存必需的，但生火是野外生存最有用的基本的技能之一。火可以烘干衣服、烧水、烧煮食物、保持身体温暖等。此外，火还可以提供心理支持，在求生环境下，给人以安全感，使人树立求生的信心。因此，良好的生火技能是野外求生时的无价之宝。

（五）食物

人不吃任何食物可以生存 3 周，没有食物与没有避难所和水相比，人可以生存更长时间。掌握一定的识别可食用及有毒植物的知识和捕猎技能，能提高人在野外生存的质量。

（六）了解和适应大自然

对大自然了解越多，就越能适应在野外生存。在基本的生存技巧以外，如果能了解更多自然中的小规律会更有帮助，例如：根据地面的爪印跟踪小动物，辨别植物等。其实，这种能力本来就是我们的祖先都掌握的，只是现代社会生活中人们都忽略了这些技能的传承。从乘务员岗位胜任力的角度来看，引入相关的培训是很有必要的。

总的而言，野外生存需要“五会”和“四能”。“五会”包括：会设营，会找水，会取火，会觅食，会在复杂情况和复杂地形条件下行进。“四能”包括：能预防和处置日常伤病，能掌握野外急救方法，能防止野兽的侵袭，能争取紧急救援。

任务二　陆地求生

当陆地撤离发生在偏僻和荒凉地区时，在救援人员没赶到之前，求生者应做陆地求生的准备。

视频

陆地求生

一、信号与联络

要获得援救，首先需要让他人知道自己的目前处境和位置，因此要想方设法发出联络信号。除了应急定位发射机和救命包内的信号设备外，利用声音、光亮、物品都可有效地制造求救信号。

国际通用的最为人熟知的求救信号是英文字母“SOS”，可以直接在地上写出，也可通过无线电、灯光、声响等方式发出。

（一）求救信号

一般情况下，重复三次的信号都象征求救，如根据周围的环境条件，可以点燃三堆火、制造三股浓烟、发出三声响亮口哨等。常见的求救信号有火光信号、浓烟信号、声音信号、光线信号等。

1. 火光信号和浓烟信号

坠机后，白天可燃烧植物发出烟雾，晚上可点燃干树枝等可燃物发出明亮闪烁的红色火光向周围发出求救信号。

国际通用的火光信号是燃放三堆火焰。在树林中点火几乎不起作用，浓密的树荫使火光难以被看到，信息也传不出去。应在坠机地点附近开阔的地方将火堆摆成三角形，每堆之间的间隔相等最为理想。如果燃料稀缺或者自己伤势严重，或者由于饥饿过度虚弱得不能凑够三堆火焰，那么因陋就简，点燃一堆火焰也行。

坠机后，可以将飞机的燃油、轮胎、可燃物料等燃烧起来形成大火，也可收集干枯的树枝、树叶、树皮、干草等作为燃料。火堆在草木之间或树木附近时，应给每堆火围堵小墙，以防火势蔓延。如果附近有河流，可以造三个小木筏，将其位置固定，把火种放在上面，沿水流方向成箭形排列。

要制造浓烟信号，在丛林中的话，可在火堆中放入绿草、树叶、苔藓等植物，潮湿的树枝、草席、坐垫则可熏烧更长时间，同时飞虫也难以逼近伤人；而在火堆中添加汽油和橡胶会形成黑色浓烟，适用于雪地和沙漠。

如果受天气条件限制，烟雾只能近地表飘动，可以加大火势，这样暖气流上升势头更猛，会携带烟雾到相当的高度。另外，要确保烟雾位于飞机着陆点和堆放的信号字样的下风向，以便飞机在空中可以发现它们。

野外求生时，不可能让所有的信号火种整天燃烧，但应随时准备妥当，使燃料保持干燥，一旦有任何机会，就尽快点燃求助，且要在周围准备一些青绿的树枝、油料或橡胶，在需要时可以放出浓烟。

2. 声音信号和光线信号

SOS 的信号可利用手电筒和哨子来发出。手电筒做的闪光信号是三短三长再三短。哨子的哨音信号同样为三短三长再三短，表示为“…———…”。还可利用飞机残骸中的玻璃、金属片或罐头盒盖、镜子物料来反射光线，只要是明亮的材料都可以考虑利用，持续的反射将规律性地产生一条长线和一个圆点，这是莫尔斯代码的一种。即使不懂莫尔斯代码，随意反照，也可能引人注目，但至少应掌握 SOS 的莫尔斯代码。

另外，国际通用的山中求救信号是光照或哨声，每分钟闪照六次或六响，停顿一分钟后，重复一次。搜寻过程中，任何颜色的闪光都会引起注意，但还是要尽量选择最佳颜色。接近树林的区域，绿色光对比度差，而红色光醒目。雪地中，白光会和雪地反光融为一体，难以分辨，因此红色与绿色光线最好。

3. 其他求救信号

野外求生时可利用树丛、树叶、石头、雪等天然材料堆出求教信号，建议每个信号长 10 米、宽 3 米，每个信号间隔 3 米，以便吸引空中救援人员的注意。国际公认的求救信号有五种：

（1）V 表示求援者需要帮助；

（2）箭头表示求生者行进的方向；

（3）X 表示求生者需要医疗救护；

（4）Y 和 N 分别代表“是”和“不是”；

（5）SOS。

求救信号应在开阔的地带安放或制作，而不应在陡峭的溪谷或峡谷深处，也不应在方向相反的斜坡上使用。在雪地中，可以直接用脚踩出这些信号，直到下一次下雪它们都能保存。

在黑暗处，可尽量利用灯光、电筒光、火光、哨声等方式求救。在白天，可用石头、树枝或飞机上的救生衣及滑梯等颜色鲜艳的物品堆成求救信号，或者挖出狭窄的壕沟，在边缘垒上土块墙，加深壕沟的深度，再堆上岩石或树木使其更为醒目，否则不易被空中救援人员看到。

（二）地面信息信号

当离开失事地点或避难所时，应该间隔一定距离留下一些方向信号。可制作一些大型的箭头形信号，表明自己的前进方向，且使这些信号在空中也能一目了然，再制作其他一些方向指示标，使地面搜寻人员可以理解。这些信号被称为地面信息信号。

地面信息信号使救援人员能了解求生者的位置或过去的位置，有助于他们寻找求生者的行动路径。一路上要不断留下方向指示信号，这不仅可以让救援人员追寻而至，在求生者希望返回时，也不致迷路。如果迷失了方向，它们就是指引。

地面信息信号可用石头摆成箭头（见图 11－1）；或把棍棒放在树杈间，顶部指引行动方向等，具体如图 11－2 所示。

图 11－1　石头摆成的箭头

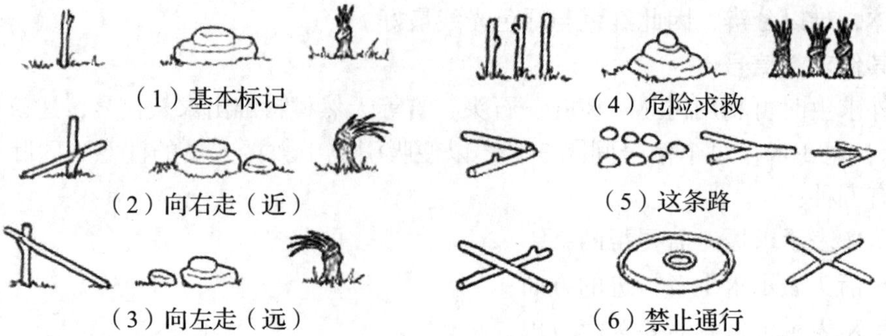

图 11－2　地面信息信号图示

（三）注意事项

（1）做好发信号的一切准备，并保证其有效性。

（2）应保证堆设的信号在 24 小时内都有效，信号在日间大部分时间内都有阴影，所以堆设方向应为东西方向。

（3）所有信号的发出和堆设都应在开阔地带，并尽可能多准备几种求救信号。

（4）用火作为信号时，应注意不可以在树林中点火，这样不但会危害林木引起火灾，更容易危及自己的生命。

（5）要保护好信号材料不受冷受潮。

（6）烟雾和反光镜是仅次于无线电的最佳联络手段。

（7）任何异常的标志和差异较大的颜色在空中都能发现。

二、建立避难所

（一）避难所选址

（1）天然避难所：山区和岩石岸边的山洞，凸出的大岩石下方，树、树枝和树洞。

（2）飞机避难所：完整的机身，机翼和尾翼，滑梯，机舱内的塑料板和绝缘板。

（二）注意事项

（1）避难所选址要远离低洼地带，晚上冷空气会聚集在低洼地带，容易导致身体热量的流失，甚至引起感冒，须知道野外生病是致命的。此外，如果下雨，低洼地带会迅速被水淹没，后果严重。

（2）选择有陡坡的高处，夜晚时温度会比低处高，更重要的是高处能起到自然屏障的作用，防止危险动物的靠近。

（3）选择背风面，环境相对安静利于休息，也利于保温。

（4）尽量寻找洞穴作为避难所，没有的话也要找一个凹进去的地方作为过夜地点，不仅保温而且能避雨，但是要注意洞穴里面可能会潮湿，最好铺上枯草、枯叶，此外也要留意有无其他生物的存在。

（5）因金属散热快，冬季时不宜在机身旁修建避难所。

（6）避免在茂密的草木丛林深处和大树下修建避难所。

（7）要争取在天黑前准备好避难所。

（8）如有伤势严重不便移动的患难者，则就地搭建简便的避难所。

三、寻找水源

在野外求生中，水是人生存的必需品，比食物更为重要。呼吸、工作强度加大、气温升高和出汗等都会促使人体失去水分，必须不断补充水分以维持正常水分平衡。能找到流动的水源是最理想的。

（一）获得可饮用水的方法

（1）从飞机上撤离时，应尽可能携带水及饮料。

（2）首选溪水、泉水、河水、湖泊等流动的水。

（3）收集雨水、雨露。除了工业区等严重污染地带，多数地区的雨水都可以直接饮用。没有雨水的话，就找雨露。如果是清晨的雨露，可以将衣服渗透水，再拧出来；或把衣服绑在腿上，在有雨露潮湿的植被中来回穿梭，就可以拧出水来，或直接吮吸水。也可以找到湿地挖洞取水。

（4）借助动物寻找水源。食草性动物，谷食性鸟类如雀类和鸽类，爬行类、昆虫类动物如蜜蜂、蚂蚁等，都是很不错的水源指示者，它们通常不会离水源很远。可以顺着动物的足迹和粪便等寻找水源。

（5）植物中取水。部分植物中空的叶子含有水，甚至竹子类中空的节间也常存有水。椰子树、藤本植物、仙人掌植物的果实和茎干都有丰富的水分。

（6）寻找水源时优先去山谷的底部地带，万一谷底没有溪流甚至没有积水池，那就四处留意旁边绿色植物的分布带，找到比较茂盛的植物往下挖可能就有水源了。即使是干涸的河床，也有可能发现泉眼。如果是沙石地带，可以沿着岩石裂缝往下挖，发现水源的机会大些。

（7）在寒冷地带，可融化并净化冰和雪。

（8）采用日光蒸馏法取水（见图 11－3）。在沙漠地区或昼夜温差大的地区，可在潮湿的地面挖出一米直径的坑，上面加上塑料膜，坑底中间放上可收集淡水的器皿。当太阳光照射时，坑内潮湿土壤和空气的温度升高。开始蒸发出大量的水蒸气，水蒸气与塑料膜接触，遇冷凝结成水珠，下滑至收集器皿中。

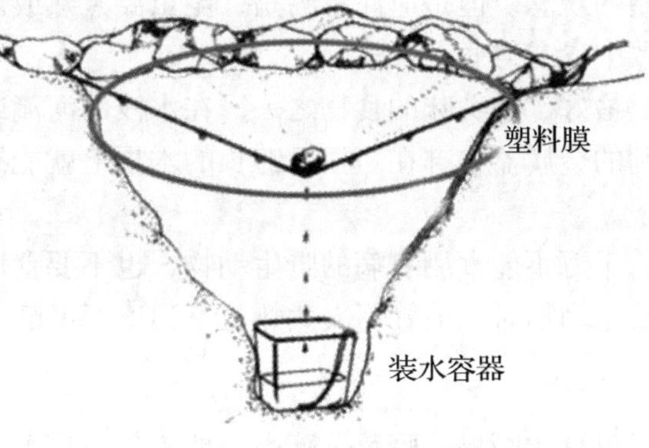

图 11－3　日光蒸馏法示意图

（二）注意事项

（1）不干净的水要煮沸 5 分钟以上方可饮用。

（2）河流、湖泊、池塘、山泉等水源，须消毒后饮用。

（3）不能直接食用冰和雪解渴，冰和雪会降低体温，或造成更严重的脱水。

（4）丛林中植物的乳汁状的汁液可能有毒，不要饮用。

（5）尽量减少活动避免体液损失。

（6）飞机上带下的水和应急水应放在最后使用。

（7）沙漠中的湖泊和水坑的水，如含有盐碱味，不要饮用。

（8）合理分配用水量。可饮用水源不能保证的情况下，为使水分消耗达到最低限度，可采取以下措施：1）多休息，少运动；2）不抽烟；3）待在阴凉的地方，如找不到就搭一凉棚或遮挡墙；4）不躺在热气腾腾的地上；5）不进食或尽可能少进食，如果身体得不到水分，体液会从要害器官转移以便消化食物，这会加速脱水，而且脂肪很难消化，需要大量的水分；6）不饮酒，否则会使器官消耗大量水分；7）不谈话，不用嘴呼吸。

四、获取食物

野外生存时，食物的重要程度虽不及水，但也是人的运动能量，能让人保持精力。坠机后，在安全的情况下，应从飞机上带走可用的食品，包括货舱内可食用的货物。而在周围环境获取食物的途径主要有两种——猎捕野生动物和采集野生植物。

（一）野生动物

猎捕野生动物要掌握“一条原则、两个要点、三种方法”。“一条原则”是要将精力放在较小的动物上，捕猎大型动物费力且伴有危险；“两个要点”是了解动物的栖息地，掌握动物的生活规律；“三种方法”为猎杀、诱饵、陷阱。知道动物的栖息地，掌握动物的生活规律，采取压捕、套猎、捕兽卡以及射杀等方法进行猎捕，这些都需要在专家指导下经过较长时间的训练和实践后才能真正掌握。

可食用的动物最易捕获的就是昆虫了，大部分昆虫都含有丰富的蛋白质，是最理想的食物。目前，世界上人们食用的昆虫有蚂蚁、知了、蟑螂、蟋蟀、蝴蝶、蝗虫、蚱蜢、湖蝇、螳螂等。万不得已的情况下，为维持生命，保持战斗力，必须摒弃传统的认为昆虫恶心而拒绝食用的观念。但是应注意的是，昆虫要煮熟或烤透，以免昆虫体内的寄生虫进入人体，导致中毒或得病。

此外，鱼类无疑是最好、最美味的食物之一，在水浅的河流或小溪中可直接自制鱼叉捕鱼。把尖刀或尖利的金属器物绑在一根足够长的木棍上就能制成鱼叉，或可直接把木棍削尖来使用。

一定要注意的是，千万不能食用有病的野生动物，也不要食用野生动物的肝脏，以防被传染疾病。食用野生动物时，最好用火煮熟，不到迫不得已不要生食。

（二）野生植物

可食野生植物包括可食的野果、野菜、藻类、地衣、蘑菇等。我国地域广大，适合各种植物生长，其中能食用的就有 2 000 种左右。我国常见的可食野果有：山葡萄、笃斯、黑瞎子果、茅莓、沙棘、火把果、桃金娘、胡颓子、余甘子等，特别是野栗子、椰子、木瓜更容易识别，是应急求生的上好食物。常见的野菜有苦菜、蒲公英、鱼腥草、马齿苋、刺儿草、荠菜、野苋菜、扫帚菜、菱、莲、芦苇、青苔等。野菜可生食、炒食、煮食或通过煮浸食用。

以植物为食物时要注意的是，不是所有的植物都可食用。采集植物时，要选择鲜嫩的绿枝、状根、果实等，不要采集有乳白色汁液的、颜色鲜亮的植物，如采集菌类植物时，颜色鲜亮的大半是毒蘑菇。

如果是没见过或不能直接分辨其可食性的植物，最好的方法是观察是否有其他动物啃食的痕迹，如果有则多半是安全的，但这也不是绝对的。

植物也可以通过尝试来分辨其是否可食。尝试后当感觉不适时，立刻催吐。可以挤榨汁液涂在肘部与腋下之间的上臂，如有不适就丢弃；15 分钟后没有不适的话，可以用唇、舌接触或咀嚼一小块，有任何发痒或者灼热等不适感也丢弃；15 分钟后如无不适，可以吞咽一小块并等待数小时，如仍然没有不良反应，就可以认定该植物安全可食。在紧急情况下，最简单的鉴别野生植物有无毒的方法是将采集到的植物割开一个小口子，放进一小撮盐，然后仔细观察原来的颜色是否发生改变，变色的植物通常不能食用。

五、取火

火在野外求生时必不可少，它能让人保暖，烹煮食物，烧沸生水，烘干衣物，照亮黑夜，阻止野兽靠近，发求救信号，燃火产生的烟雾还能驱赶蚊虫等。因此，野外生存的能力，在某种程度上说，取决于取火的能力。

（一）生火的材料

1. 引火物

生火之前首先要准备引火物。引火物是用来引烧燃料的，一般嫩树枝、大树杈及湿柴草是很难直接用火点燃的。引火物指仅仅需要一点热量和火星就可点燃的材料。作为引火物的材料必须是干燥和高度易燃的。野外求生期间，要经常保持足够量的引火物并维持其始终干燥，而且要为第二天备够生火工具和材料。

（1）干草、细木屑、小树枝、枯树叶、小木块、鸟毛都可用来引火。如果是雨天，可在树底下或岩石下寻找干燥的引火物。

（2）针叶松的干果和落果通常是多树脂的，是极好的引火物。枯死的松树的节子上常有“松树油”或树脂。有时，在枯死的老树根上，也可挖到树脂。即使是雨天，桦树皮仍是很好的引火物，因为里面含有易燃的油脂。

（3）在没有树的地区，同样有天然的引火材料，如拧成绳的干草、枯死的灌木、煤泥干、油页岩、含油的沙土、干动物粪便等。

（4）如找不到干燥的天然引火物，可利用棉衣里的棉絮、药箱里的绷带和脱脂棉、口袋里积聚的绒毛、蘸过汽油的抹布等。

2. 燃料

凡是可以燃烧的东西都可以作为燃料，可混合在一起使用。在周围环境中可获得的燃料包括干木材、湿木材、硬木材、软木材、灌木、地面裸露的煤块、干燥的动物粪便、动物脂肪等，此外在飞机残骸中的汽油、轮胎等也能作为燃料。

3. 点火工具

一般而言，常见的点火工具包括打火机、火柴、放大镜、打火石或打火镰、电池和口香糖锡纸、小件的钢制品、电瓶、信号弹等。其中如使用电瓶作为点火工具，须注意不要在飞机残骸附近进行；而信号弹是最佳火种，但应留到最后使用。

（二）生火的方法

野外生火的方法有不少，这里重点介绍几种相对简单易操作的方法。

1. 火柴生火

火柴生火时，如果火柴潮湿了，可以在干燥不油腻的头发上摩擦一会儿，头发产生的静电会使火柴干燥。火柴最好配合蜡烛使用。如果没有蜡烛，可做一个羽毛棒或棉花棒替代，由干燥的软木切削后制成，木屑密密麻麻地粘在棒上，再缠上干燥的棉花、布料或羽毛等，将几根 20 ～ 30 厘米长的棒交叉放在火种下，就可点燃大量燃料。

2. 放大镜点火

用放大镜透过阳光聚焦照射易燃的燃料，可以迅速生火。利用放大镜取火最为迅速的是照射汽油、酒精等，可在 1 ～ 2 秒内点燃燃料。此外，放大镜透过阳光聚焦照射，还可将受潮或被水浸湿后晒干的火柴点燃。放大镜是一种重要的点火工具。如果没有现成的放大镜，可从望远镜和瞄准镜、照相机上取下一块凸透镜来代替，瓶碴片也可在强光下起作用（最好是瓶底），在手电筒反光碗的焦点上放火种，向着太阳也能取火。

3. 电池和口香糖锡纸生火法

将口香糖锡纸剪成 15 毫米宽的长条后对折，在中间绞或撕掉小三角，之后将有锡箔面的接通电池的正负极就可完成，潮湿的电池也同样有效，如图 11－4 所示。操作时要注意别烧到自己的手。

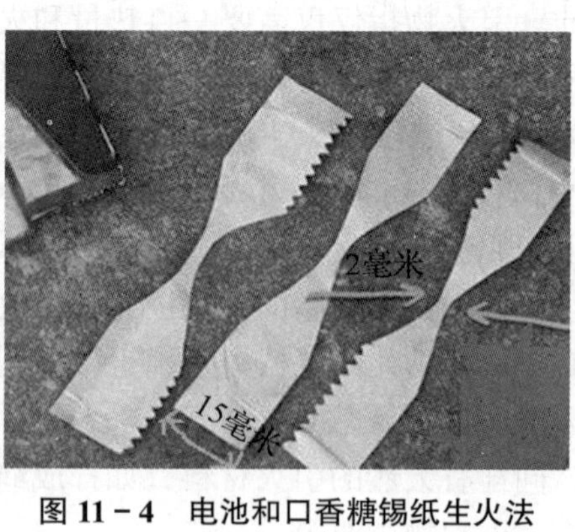

图 11－4　电池和口香糖锡纸生火法

4. 电火花法

如果飞机上的蓄电池没有坏，可截取两段不大重要的电线，如照明灯的电线，或使用跨地线。两线各接一个电极，然后小心把两线的另一端互碰，激出火花点燃旁置的引火物，如图 11－5 所示。

图 11－5　电火花法

野外生火在没有火柴和打火机的情况下，没有哪种方法是轻而易举的，需保持耐心。选择生火地点时，优先考虑在沙土地和坚硬的岩石上；如果要在丛林中生火，应尽可能在林中的空地上进行，务必注意不能引起山火。在离火源中心至少 1.5 米的圆圈之内不得放置任何易燃物，同时地面的草要先清理干净。燃烧木头的火除了会发出噼噼啪啪的声音，火星还会四处飞迸，在干燥的日子极易引燃四周的杂草，因此还要在火堆近处准备好沙子或干土等，以防引起森林大火。

六、辨别方向

野外迷失方向和生病一样危险，不仅是因为迷失方向让人不知道该怎么走，甚至只是原地打转，更重要的是迷失方向会让人产生焦虑烦躁情绪，从而失去正常的判断能力。因此掌握野外方向辨别技巧对野外求生至关重要。

(一) 影钟法

即利用太阳判定方位，用一根树干（直杆），使其与地面垂直，把一块石子放在标杆影子的顶点 A 处；约 10 分钟后，当标杆影子的顶点移动到 B 处时，再放一块石子。将 A、B 两点连成一条直线，这条直线的指向就是东西方向。与 AB 连线垂直的方向则是南北方向，向太阳的一端是南方，如图 11－6 所示。

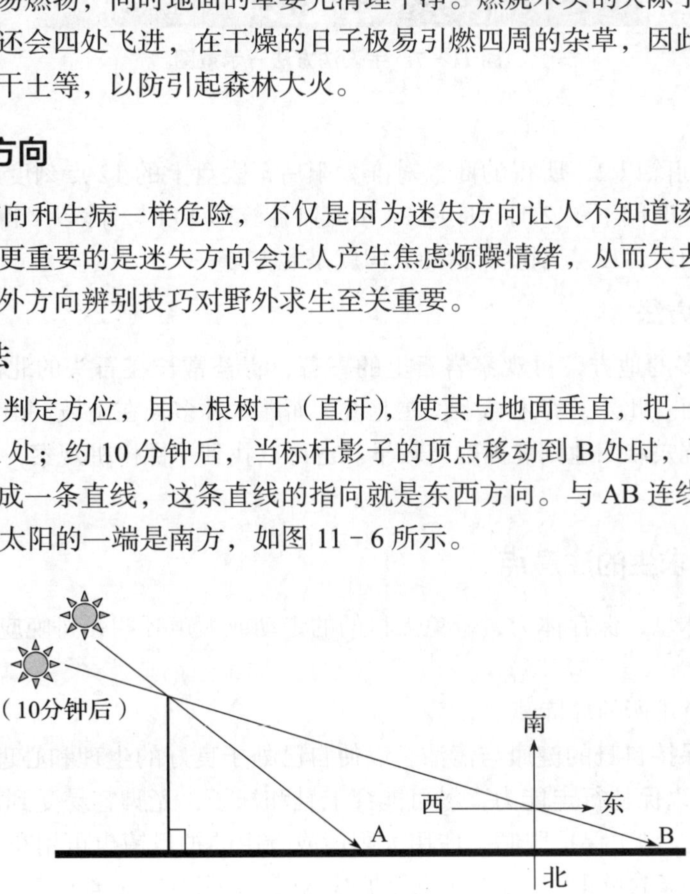

图 11－6　影钟法示意图

（二）手表法

利用手表的时针和分针可以确定方向，使用这一方法判断方向的前提是知道确切的当地时间，不是调整过的夏令时，也不是统一的跨时区标准时间。

1. 方法一

将手表托平，表盘向上，转动手表，在北半球的话，将表盘的时针指向太阳，在南半球的话则将 12 点刻度指向太阳，这时，时针与 12 点刻度形成一个夹角，这个夹角的角平分线指明的就是南北方向，如图 11－7 所示。

图 11－7　手表法方法一示意图

2. 方法二

把当地时间除以 2，所得的商数对准太阳后，表盘上的 12 点刻度所指方向就是北方。例如：当地时间下午 2 时，应用 24 小时制计算即 14 时，除以 2 得商数 7，将表盘上的 7 对准太阳后，12 点刻度所指的方向就是北方。

（三）其他方法

在岩石众多的地方，可观察岩石上的青苔，青苔常长在石头的北面，石头干燥光秃的一面为南面。此外，乔木林多长在北坡，而灌木林多长在南坡。山上积雪先融化的一面是南面，坑穴和凹地则北面融雪较早。也可以找到一棵树桩观察，年轮宽的一面是南方。

七、陆地求生的注意点

（1）充分休息，保存体力，避免无目的的走动或大声呼叫，每晚应尽量休息 7 ～ 8 个小时。

（2）保持避难所的环境清洁。

（3）尽量保持自身的健康与清洁，以使自己处于良好的生理和心理状态。具体为：1）保护双脚，以保持行走能力，尽可能穿上鞋和袜子，光脚容易受到沙蚤、蜈蚣、水蛭等动物的伤害；2）保护眼睛，使用太阳镜或专用的护目镜也可用布片或树皮保护眼睛，中间留出一条狭缝即可；3）注意保护视网膜，防止雪盲；4）慎防外部感染，避免揉搓眼睛，不得不使用隐形眼镜又没有专门的护理液时，可把隐形眼镜含在口中用唾液消毒；5）天气阴冷时，尽可能保持身体干燥和温暖；6）穿戴衣服前先把衣服抖开，仔细检查后再穿；7）身体条件允许的情况下，可适当锻炼身体，但不要超量；8）有条件的话要多喝水，并注意补充盐分。

（4）如处于沙漠中，要尽可能躲避太阳照射，以减少体内水分的流失。寻找水源和食物的工作最好在傍晚、清晨、夜间进行。

（5）除了必须转移到安全干燥的地方以外，求生者应留在遇险地区等待救援。

（6）所有人员应集中在一起，避免走散，要注意随时清点人数。

视频

团队协作

课后拓展

乘务员沙漠求生知识

任务三　海上求生

在所有求生环境中，海上求生环境生存状况之恶劣，条件之艰苦，恐怕是最令人觉得可怕的。处于寒冷的海水中体温会迅速下降，须想方设法尽快登上陆地或救生筏。

一、海上求生的难点

（1）溺水，尤其对于不会游泳的人而言，这是首要的困难和恐惧。

（2）缺乏淡水和食物。

（3）难以找到避难所。

（4）海上不易找到目标作为参照物，难以辨别方向，求生者很难判断自己的位置。

（5）通常风大浪高，平均风力 3 ～ 4 级，大风时，风力可达 10 级以上。

（6）水温低，表面平均水温不超过 20 摄氏度，13% 的水表温度为 4 摄氏度以下。

（7）某些海洋生物会对人造成伤害。

二、淡水

普通海水的盐浓度在 3.5% 左右，而人体肾脏排泄盐的功能有限，一般排泄盐的浓度不会超过 2%，低于海水的盐浓度。也就是说，如果人喝下了含盐量大于 2% 的水，必须补充适量的淡水把盐的浓度冲淡到 2%，才能使其中的盐分全部通过尿液排出，否则，会造成人体脱水，人体组织也受到破坏，继而引起许多器官和系统的严重损伤。海水的成分还很复杂，卫生状况不好把握，饮用后可能造成腹泻、呕吐等，因此，海上求生时不能直接饮用海水。

（一）淡水的获得

坠机事故后，获得淡水的方法有以下几种。

（1）离开飞机前，在安全的前提下，尽量收集机上的饮料和饮用水带到救生筏上。

（2）收集雨水，利用救生筏上的设备储存雨水。雨水不能长期保存，因此有雨水时先喝雨水。

（3）搜集金属表面的露水。

（4）利用海洋生物的体液，如生鱼的眼球有不少水分；鱼的脊骨不仅含可饮的髓液，还含有大量蛋白质；将捉到的鲜鱼切成块，放在干净的布中可拧出体液等。

（5）北半球海域的冰山是淡水的来源，但靠近冰山时要非常小心，若冰山发生翻转是十分危险的。

（6）淡化海水，利用海水淡化剂或太阳蒸馏海水能使海水成为可饮用淡水。简易的太阳能海水蒸馏器可用两个大小不一样的塑料饮料瓶制成。分别把大塑料瓶的瓶底和小塑料瓶的上部切掉后，大瓶的底边往内折，形成环状的小凹槽，将大瓶的瓶盖拧紧，在小瓶里装上半瓶海水。然后把大瓶套在小瓶上，放在阳光底下晒，小瓶里的海水会逐渐蒸发，凝结在大瓶的内壁上，到晚上气温降低时，只要弹弹瓶子，凝结在内壁的水就会流到大瓶往内折起的底部凹槽上。等收集完后就可以打开大瓶的瓶盖饮用或另用容器收集起来。

知识拓展

怎样用T恤衫从海水中获得淡水

（二）注意事项

（1）估计饮水状况，计划好定量饮水。

（2）先饮用已有的淡水，再进行海水淡化。

（3）当淡水很少时，在能收集到雨水前，只能用水湿润嘴唇或含一点水。

（4）不是特别渴的话，在救生筏上的第一个24小时可不喝水，婴儿和重伤的求生者可适当分配一点水；之后如果水量有限，每天喝大约1升水；如雨水充足或1升不能满足身体需要，可以适量增加。

（5）不能抽烟，不能饮酒及饮咖啡因制品，以避免体内水分的散发，酒可以用作外伤消毒止痛。

（6）尽量少活动，多休息，以减少体内水分的消耗。

三、食物

（一）食物来源

食物来源一般有以下几种：

（1）离开飞机前，在安全的前提下，尽量收集机上的食品带到救生筏上。

（2）飞机断裂后货舱内散落漂浮出来的可食用货物。

（3）海里的鱼类及海面上的飞鸟。将聚集在救生筏水下阴影中的小鱼小虾作为饵，放在船上诱捕飞鸟，在飞鸟翅膀完全收起来后迅速将其抓住。另外有些鱼类具有趋光性，夜晚用手电筒照射水面或用小镜子反射月光至水面，可以吸引部分鱼类。

（4）如果上了岛屿，可以在涨潮后，去沙石下找鱼、虾、螃蟹、蛤蜊、牡蛎等。对于龙虾、螃蟹，要先将它们打晕后才能用手抓，以免被抓伤，抓伤后易感染；有些礁石上有海参，也可以煮食。

（二）注意事项

（1）进食时须注意的是，在有足够的饮用水时才可以以鸟、鱼等高蛋白食物充饥。

（2）水量充足时，先吃蛋白食物；水量不足时，先吃碳水化合物。

（3）在海上最好的食物是鱼，但是有些没有正常鱼鳞而带有刺、硬毛或棘毛的鱼多数是有毒的，不要食用。

（4）海草虽然含有丰富的矿物质，但肠胃不好的人吃了容易腹泻，须谨慎进食。

四、登陆

（一）寻找陆地岛屿

1. 天空

在晴朗的白天，远处的天空如果能看到棉花状积云，则积云下方可能是陆地岛屿。热带水域在天空或云的下端如果有绿色反光，通常是珊瑚礁或暗礁反射形成，说明可能有浅水地区。受海陆风的影响，白天风从海上吹向陆地，晚上由陆地吹向海上，可观察云的移动方向来寻找陆地的方向。

2. 海水

靠近陆地岛屿的话，海水的颜色由深变浅，可能看到海豹、海狮，海面上的海藻中有树枝、植物，还可能看见漂浮的生活垃圾。

3. 鸟虫

群鸟早晨飞出、傍晚回归的方向可能是陆地岛屿。如发现蚊子、苍蝇、蜻蜓或蝴蝶等昆虫，那陆地岛屿就很可能在上风处。

4. 海浪声响

留意有没有海浪拍击岸边或礁石的回声可确定附近有没有陆地岛屿。

寻找陆地岛屿时，不要被海市蜃楼迷惑，试着在船上改变自己的坐位高度，如果景象消失或改变了形状，就是海市蜃楼。

（二）登上陆地岛屿

登陆是海上求生的最后环节，要成功登陆，须谨记以下几点：

（1）登陆点尽量选择岛屿的背风面，在缓流处登陆，也可选择下风缓流处。

（2）穿好救生衣并充好气。

（3）穿好所有的衣服鞋帽。

（4）靠岸时尽量放长海锚绳，降低救生筏向登陆点的接近速度，保证安全。

（5）在救生筏登陆海滩前，不能爬出救生筏。

（6）一旦救生筏登陆，要迅速下筏并立即设法将救生筏拖上海滩。

五、海上求生的注意点

（1）海上求生能否获救的基本条件是具有求生知识。

（2）求生时无论在热带海洋还是寒冷气候中都要避免身体暴露。

（3）落水后求生者体温下降的速度只取决于水温和采取自救的方法。如浸在水中，求生者应该多穿衣服，以减慢体热消耗速度。海上求生者在不同温度的海水里的可生存时间如表 11－1 所示。

表 11－1　海上求生者在不同温度的海水里的可生存时间

海水温度	生存时间
低于 0 摄氏度	少于 15 分钟
0 ～ 2 摄氏度	45 分钟
2 ～ 4 摄氏度	1.5 小时
4 ～ 10 摄氏度	3 小时
10 ～ 15 摄氏度	6 小时
15 ～ 20 摄氏度	12 小时

（4）求生者在低温水中最容易受到伤害的器官是心脏。当环境温度低于 20 摄氏度时，即使颤抖得再厉害也无法维持体温保持不变，此时求生者的体温开始下降。当体温下降到 35 摄氏度以下时，人会患上“低温昏迷”；当体温下降到 31 摄氏度以下时，人会失去知觉；当体温下降到 28 摄氏度以下时，人会出现血管硬化；当体温下降到 24 ～ 26 摄氏度及以下时，人会死亡。

（5）在酷热的气候中，救生筏上的求生者所面临的最大威胁是缺水；影响筏上饮水保持时间的主要因素是气温；当人体失去 1/5 以上体液时，就会死亡。登上救生筏后，条件允许的话，求生者应该服用晕船药，服药可以减少身体对水的需要。

（6）在有鲨鱼活动的海区，应该避免出汗和出血。

知识拓展

遇到鲨鱼怎么办

（7）当需要跳水时，跳水位置最好选择在上风舷的头部或尾部；海面有油火时跳水，应穿着棉毛衣服。

（8）有风天气使用烟雾信号时，将其点燃后最好扔于救生筏下风舷的水中。在附近有船只或搜救飞机经过时再发射，在空无一人的海域发射，只会白白浪费宝贵的信号弹。

（9）在救生筏上，要合理安排人力，有人划桨，有人掌舵，有人休息，每隔一段时间进行轮换，才能保存体力，寻找获救的机会。

（10）获救时，当救援船来到，不要急于自己登上救援船。如果已经在海上等了很久救援，身体其实很虚弱，一定要静坐在船上等待救援人员施救。当直升机实施救援时，一个吊篮只能容纳一个人，被救人员切勿穿宽松衣服。

素养园地

南航海南公司乘务员竞赛野外生存技能

南方航海（简称南航）海南分公司客舱五分部曾在海南热带雨林开展乘务野外生存技能竞赛，让乘务员更加熟练掌握应急处置技能，在遇到飞机上有突发病旅客、航班返航备降等情况时可以沉着应对。

"各位旅客，飞机起火冒烟，需要紧急撤离，请听从乘务员指挥迅速离开飞机……"在活动现场设计了特殊的情景。80 多名乘务员进行野外生存技能竞赛，包括野外辨别方向、求援符号、救生衣的正确穿法和注意事项、指南针的简易制作方法、水上撤离程序、CPR 等。

南航海南分公司相关负责人表示，客舱安全是乘务员的首要职责，提高乘务员的野外生存能力也非常重要，尤其是在航班遇到特殊情况需要进行水上和陆地迫降时，乘务员应当能迅速指挥旅客撤离到安全地带。希望此次竞赛提升乘务员的业务技能水平，更好地为旅客提供精准化服务。

（资料来源：陈丽园，施晓英．南航海南公司乘务员竞赛野外生存技能．海口网，2018-06-26.）

视频

团队精神

模块十一
案例阅读

模块十二 机组成员安全管理

知识目标

- 了解机长的职权
- 了解客舱乘务员的安全职责
- 明确疲劳对客舱乘务组行为能力的影响
- 明确疲劳管理的方法

技能目标

- 能正确履行客舱乘务员的职责
- 能识别疲劳的症状
- 能正确运用疲劳管理的策略

素养目标

- 培养安全责任意识
- 培养敬业奉献的职业操守

案例导入

专访川航 3U8633 英雄机组

2018 年 5 月 14 日，四川航空（简称川航）3U8633 航班在执行重庆至拉萨飞行任务中，突发驾驶舱右风挡玻璃破裂脱落罕见险情。从故障突发到飞机安全着陆，机长刘传健沉着冷静，带领 8 名机组人员，克服高空低压、低温、低氧和高噪声恶劣环境影响，以及仪表盘脱落等突发情况，科学完成了险情判断、应急响应、旅客安抚等险情处置。

与此同时，中国民用航空西南地区管理局、中国民用航空西南地区空中交通管理局、四川省机场集团有限公司等单位，紧急启动应急预案，主动参与险情处置。通过各方密切配合，飞机成功备降成都双流国际机场，确保了 119 名乘客和 9 名机组人员生命财产安全，创造了民航客运史上在极其艰难的紧急突发情况下成功处置险情的奇迹。

一时间，各界给予川航 3U8633 航班机组“英雄机长”“英雄机组”“航空史诗”等极高赞誉，大赞机组人员实力过硬，衷心感谢他们确保了全机人员安全。在四川省、中国民用航空局成功处置 3U8633 航班险情表彰大会上，川航 3U8633 航班机组被授予“中国民航英雄机组”称号，机长刘传健被授予“中国民航英雄机长”称号，并享受省级劳动模范待遇。中国民用航空局、四川省人民政府还给予机长、副驾驶员和乘务组适当奖励。

2018 年 5 月 14 日，当时究竟发生了什么？乘务长毕楠回忆起了事发时的情景，“当时，灯光全部黑了，驾驶舱的门打开了，机舱氧气面罩全部脱落了。那一瞬间，我的第一反应是，我要固定自己，保护自己，拉下面罩吸氧。在当时，我来不及去恐惧。接下来，我就去广播通知旅客，让他们做一些保护措施，例如让旅客拉下面罩吸氧，系好安全带，不要紧张，听从我们的指挥。”

毕楠告诉记者，在这 33 分钟之内，乘务长和其他的乘务员都是通过手势在传递信息，“当时机舱里是慌乱的，我也想过一些不好的结果，但是我相信我们一定会平安，我相信机长”。毕楠解释道，自己做乘务工作已经 11 年了，在她的工作经历中，虽然从来没有发生过这样的事情，但是每年会有两次的培训模拟，所以大家并没有慌乱。经历了这一切，毕楠觉得对自己没有太大的影响，过一段时间她就会重回到自己的岗位继续工作。

这样的一次经历，对于机长刘传健来说又意味着什么呢？刘传健表示：“对我来说只是一个新的起点而已，新的工作还有很多会去做，因为我们以后还会再继续飞行。”

接下来，刘传健还将进行相关的专业检查，检查完了确认没有问题，才会恢复工作。“但是我身体很好，现在没有什么问题。”

如今，在刘传健身上有了一个新的称号，那就是“中国民航英雄机长”。然而刘传健却这样告诉四川新闻网记者：“我觉得只要在平凡的岗位上做出不平凡的工作，都是英雄。我还会回到我的岗位上继续工作，争取让好的工作作风影响到更多的人。”

（资料来源：戴璐岭，李慧颖．专访川航 3U8633 英雄机组“平凡岗位上做出不平凡都是英雄”．四川新闻网，2018-06-08.）

讨论：当客舱发生紧急情况时，机组成员肩负什么职责？

任务一　机组成员安全职责

机组成员主要负责在飞机机舱内执行与安全有关的职责。这些职责对旅客和其他机组成员的安全至关重要。机组成员应遵守所有适用的操作规则、指示和命令。

一、机长的职权

（一）机长的职责

民用航空运输的机长是依据中国民用航空规章取得航线运输驾驶员执照，并被航空运输企业聘为机长的飞行员。机长应当具有良好的职业道德品质、高度的负责精神、强烈的安全意识、牢固的章法观念、熟练的操作技能、精细的工作作风、严谨的组织纪律以及健康的体魄。在整个飞行过程中，当班责任机长负责指挥航空器和机组，并对旅客、机组成员、货物和飞机的安全负责。机长在任何情况下具有决定指挥权，机组成员应当服从机长的指令。

机长的职责是负责飞机的安全运行。根据《国际民用航空公约》中的规定，机长应当对航空器的运作和安全以及飞行期间所有机上乘员的安全负责。根据我国民航局制定的《民用航空运输机长职责》，机长是当班飞机的负责人，对当班飞行活动以及当班机组负有管理责任，在其职权范围内发布的命令，民用航空器所载人员都应当执行。机长对飞行组成员名单、机组成员的职责分配、离场和到达地点、离场和到达时间、飞行小时、飞行性质、负责人签名等各项内容的飞行记录负责。机长应当模范遵守并督促机组成员执行法律、法规、规章和标准，以及被批准或加入的国际公约。

机长是飞机安全运行过程中最重要的执行者和决策者。飞行前，机长应当对民用航空器实施必要的检查，未经检查的民用航空器一律不得起飞。飞行中，遇特殊情况时，为保证民用航空器及其所载人员和财产的安全，机长有权对民用航空器做出处置。在各个运行阶段和紧急情况中，机长应当严格遵守检查单，并确保遵守运行手册中的操作程序。当机长发现机组成员不适宜执行飞行任务时，为保证飞行安全，有权提出调整，或者发现民用航空器、机场气象条件等不符合规定，不能保证飞行安全时，有权拒绝起飞。飞行中，对于任何破坏民用航空器、扰乱民用航空器内秩序、危害民用航空器所载人员或者财产安全，以及其他危及飞行安全的行为，在保证安全的前提下，机长有权采取必要的适当措施。飞行结束后，机长应当负责将所有已知或怀疑的民用航空器故障向经营人报告。

机长还需要具备良好的危机管理能力。在民用航空器遇险时，机长有权采取一切必要措施，并指挥机组成员和航空器上其他人员采取应急措施。在必须撤离遇险民用航空器的紧急情况下，首先组织旅客安全离开民用航空器。在未经机长允许或旅客未完全撤离航空器的情况下，机组成员不得擅自离开民用航空器。机长应当最后离开民用航空器。机长在民用航空器发生事故或严重不安全事件后，应当以现有和最迅速的方法，如实将情况及时报告有关部门。

《中华人民共和国民用航空法》从法律层面上对机长的职责做了明确的规定。民用航空器的操作由机长负责，机长应当严格履行职责，保护民用航空器及其所载人员和财产的安全。航空器在飞行中的安全保卫工作由机长统一负责。航空安全员在机长领导下，承担安全保卫的具体工作。机长、航空安全员和机组其他成员，应当严格履行职责，保护民用航空器及其所载人员和财产的安全。

（二）机长的权利

我国《公共航空旅客运输飞行中安全保卫工作规则》中规定，机长在履行飞行中安全保卫职责时，有权行使相关权利。在起飞前，发现未依法对航空器采取安全保卫措施的，有权拒绝起飞。在飞行阶段，如出现扰乱机舱内秩序，妨碍机组成员履行职责，不听劝阻的，可以要求机组成员对行为人采取必要的管束措施，或在起飞前、降落后要求其离机。如出现非法干扰行为等严重危害飞行安全的行为，可以要求机组成员启动相应处置程序，采取必要的制止、制服措施。在飞机上出现扰乱行为或者非法干扰行为等严重危害飞行安全行为时，可以根据需要改变原定飞行计划或对航空器做出适当处置。

二、乘务组成员职责

全体机组成员应当服从机长的统一指挥，按照分工维护客舱正常秩序，发现航空器上可疑情况及时通知航空安全员，协助机长和航空安全员妥善处置飞行中出现的扰乱行为或者非法干扰行为等严重危害飞行安全行为。机组成员应当按照相关规定，履行维护客舱安全的职责。包括对驾驶舱和客舱实施安保检查，查验旅客及机组成员以外的工作人员的登机凭证，制止未经授权的人员或物品进入驾驶舱或客舱。对扰乱客舱秩序或妨碍机组成员履行职责，且不听劝阻的，采取必要的管束措施，或在起飞前、降落后要求其离机。对严重危害飞行安全的行为，采取必要的强制措施。对运输携带武器人员、押解犯罪嫌疑人、遣返人员等任务的飞行实施安保措施。

（一）主任乘务长 / 乘务长职责

在执飞航班任务过程中，主任乘务长 / 乘务长应当认真执行《大型飞机公共航空运输承运人运行合格审定规则》中的有关规定，全程监控服务工作和客舱安全，确保国家财产和旅客的安全。主任乘务长 / 乘务长的职责具体如下。

（1）在飞行前，负责召开航前会议，分配各乘务员的工作号位；在飞行过程中，对飞行全程中正常运行、不正常情况和应急情况下执行、协调客舱程序负有全面责任。

（2）对客舱工作进行管理，组织、监督、协调乘务组成员在执行航班任务中按手册要求履行程序和标准，合理分工，评估和记录乘务组表现。

（3）在航空器运行期间，服从机长指挥，保持与飞行组、乘务组、安保组成员的沟通，并向机长汇报。

（4）负责与地面保障部门的协调和沟通，并做好相关交接与记录工作。

（5）负责机上旅客的安全，有权要求旅客严格执行相关的安全规则，遇有特殊、紧急情况及时报告机长，在机长的指示下，指挥乘务员充分利用机上应急设备，保证旅客安全，应急情况下，负责广播。

（6）收集旅客反馈信息、航班任务中的信息、客舱设备信息，并做好记录和报告。

（7）在飞行结束后，认真填写乘务日志、客舱记录本、问题反映单、机上应急事件报告单等服务工作单据。

（二）区域乘务长职责

（1）在主任乘务长领导下开展工作，协助主任乘务长处理客舱安全和机上服务有关事宜，做好对组员的考评、管理及业务学习等工作。

（2）在服务工作中，除履行本区域的工作职责外，还应对所管辖区域的客舱安全及服务工作进行全面管理，督促该区域乘务员做好服务工作，并将有关事宜及时向主任乘务长汇报。

（3）对上，及时向主任乘务长反映各种信息，提出合理化建议；对下，做好乘务员的传、帮、带工作。

（4）负责机上娱乐系统的正确操作、机上卫生物品的接收和管理，以及机上免税物品的核销和交接。

（三）客舱乘务员职责

客舱乘务员是保障飞行运行安全的人员之一，在执行飞行任务前，要完成必需的训练，确保个人资质符合飞行运行要求。客舱乘务员的职责具体如下。

（1）主要职责是保证客舱安全，当出现危及人身安全和财产安全等应急情况时，及时进行处置、降低风险，尽可能减少机上乘员的伤亡，包括发生事故时组织旅客撤离飞机。

（2）要求旅客遵守法律法规、合格证持有人政策和程序以及机组指令，维持客舱秩序，协助机长和空中保卫人员做好安全保卫工作。

（3）在满足和确保安全的前提下，可以为旅客提供适当的服务。

（4）如遇有颠簸或其他不正常、不安全的情况，客舱乘务员可以调整、删减服务程序，或不提供服务。

（5）收集旅客反馈信息、航班运行中的信息和客舱设备信息，并向乘务长汇报。

（6）要服从机长、乘务长的管理，保持与机组成员之间的沟通并向机长、乘务长汇报。如有合理化建议应当及时提出。

（四）厨房乘务员职责

（1）在航班起飞前，应检查落实本岗位内应急设备和服务设备处于良好和适航状态。掌握本航班餐食配备情况，检查餐食、食品、供应品数量和质量。

（2）在飞行中，按规定做好餐饮服务的各项准备工作。按规定操作、使用厨房服务设备和应急设备；按服务计划根据旅客情况合理使用供应品。

（3）确保厨房、服务用具卫生、整洁，各种物品摆放整齐美观。

（4）在做好厨房工作的同时，与客舱乘务员做好配合，共同完成客舱服务工作。

（5）在起飞、落地时关闭厨房电源，固定好厨房用品。

（6）在落地后做好机供品回收和交接工作。

（五）两舱乘务员职责

（1）除履行客舱、厨房乘务员职责外，还应在航班起飞前认真检查每个座位的服务系统、操作荧幕板和小荧幕。

（2）规范地摆放阅读刊物、礼品、鲜花及酒类，营造安静、优雅的客舱环境。

（3）为旅客提供细微和个性化服务，例如姓氏服务。保证两舱旅客免税品的优先选择。

（六）客舱广播员职责

客舱广播员除履行本区域的职责外，在登机后，应检查并落实本区域广播器处于良好状态并调试音量，正确使用广播设备。还需要按公司规定的广播服务内容、工作程序，准确、适时向乘客进行中、外文广播。

（七）客舱乘务检查员职责

客舱乘务检查员是合格的客舱乘务员，应符合客舱乘务员训练、经历和职责要求，同时，履行客舱乘务检查员职责，并符合客舱乘务检查员经历和资格要求。客舱乘务检查员的职责具体如下。

（1）负责按照合格证持有人经民航局批准的训练大纲，对客舱乘务员的训练进行评估和检查。

（2）做出客舱乘务员是否合格的证明，在训练记录上进行签注。

（3）及时向合格证持有人主管部门或客舱训练机构主管部门上报任何训练的缺陷和工作建议，每年向合格证持有人递交工作报告。

三、机上指挥权

机组成员在严格管制的环境中工作，因此必须制定明确的机上指挥和管理权，以便让每位机组成员了解各自的职责，以及能够在正常或紧急情况下接替生病、受伤或失能的机组成员对客舱进行管理。

（一）机长

机长，英文为 Captain 或 Commander。机长的姓名排在飞行任务书上机长栏内第一位，机长就座于驾驶舱内左侧座位。在飞行期间，机长对飞机的运行拥有完全的控制权和管理权，这种权力没有限制。机长对一切发生在航班起飞前、航行中和航后的事情有一切权力和责任。机长是机组成员的领导者，因此他或她需要营造一种积极的工作氛围，以便鼓励团队合作。这要求机长具备出色的沟通能力和机组资源管理技能。

除飞行工作外，机长对飞机上发生的一切事情和人员负责。机上所有人员必须服从机长发出的一切命令，其中有些命令可能会与书面程序不一致。机长肩负巨大的安全责任，因此要成为一名合格的机长必须经过异常严格的培训，通过各种理论和实操考核。同时，必须拥有过千的飞行小时，具备丰富的飞行经验。

机长必须时刻为机上可能出现的任何突发问题做准备。在发生紧急情况时，要求机长迅速做出判断并发出指令。机长必须按照程序操作航空器，以及采取他或她认为能确保航空器和旅客安全的行动。听从机长的指令是客舱乘务员的职责之一。

（二）副驾驶

副驾驶，也称副驾驶员，英文为 Co-pilot 或 First Officer。每趟航班任务都会配备至少两名飞行员，以确保飞行完全。例如：其中一名飞行员因身体等原因不能操控飞机，另一名飞行员能接替其岗位。副驾驶座位在驾驶舱的右侧。由于副驾驶拥有机上第二指挥权，并在飞行过程中主要负责操控飞机，因此副驾驶同样必须通过严格的理论和实操考核。副驾驶独立操控一套飞行控制装置并执飞一半以上的航程。此外，副驾驶通过核对检查清单、地面文件等方式协助机长完成航前检查。

对于长航线航班，机组成员在航班上安排有休息时间，因此航班中会配备三名或以上的飞行员进行轮值。当机长由于生病或其他原因丧失指挥能力时，接替指挥管理权的顺序是机长—副驾驶—飞行机械（观察）员—驾驶舱其他成员（必须是具备该机型资格的飞行人员）。

（三）主任乘务长

主任乘务长，英文为 Purser。主任乘务长是客舱乘务组的领导者，负责直接向机长汇报工作情况。主任乘务长的工作职责要求担任该岗位的乘务员必须通过额外的培训。例如：参加领导力课程、学习机上紧急事件报告撰写、学习公司管理规章制度等。对于大型飞机，不同舱位设有区域乘务长，但所有区域乘务长听从主任乘务长管理。

乘务组的接替指挥顺序是主任乘务长 / 乘务长—区域乘务长—头等舱乘务员—公务舱乘务员—普通舱乘务员（按资历和年龄）。

任务二　乘务组成员安全资质

一、乘务组成员资格要求

（一）客舱乘务员资格要求

客舱乘务员对保障航班安全起到至关重要的作用。航空公司应该根据我国民航局颁布的各项规章制定乘务员资格要求，包括取得由民航局颁发的有效的航空人员体检合格证和客舱乘务员训练合格证。

客舱乘务员资格应该满足以下要求：（1）年满 18 周岁；（2）具有高中或高中以上文化程度；（3）能正确听、说、读、写中文，无影响沟通的口音和口吃，外籍客舱乘务员应具备一定的外语沟通能力；（4）具备执行正常、不正常和应急情况下的程序，以及操作航空器机型设备、系统的能力和力量。

（二）乘务长资格要求

乘务长资格要求包含但不限于以下内容：（1）具有相应的知识经验、训练和经证明的能力，按照训练大纲完成乘务长培训，并通过合格证持有人的检查；（2）持有在特定飞机上担任客舱乘务员所需的有效的训练合格证及航空人员体检合格证。

（三）客舱乘务检查员资格要求

客舱乘务检查员资格要求包含但不限于以下内容：（1）持有在特定飞机上担任客舱乘务员所需的有效的训练合格证及航空人员体检合格证；（2）具有相应的知识经验、训练和经证明的能力，按照训练大纲完成客舱乘务检查员训练，并通过考试；（3）客舱乘务检查员在进行特定机型的监督检查时，应按照训练大纲圆满完成该机型的训练，具备服务该机型的资格。

二、乘务组成员训练要求

（一）新雇员训练

新雇员训练是指新雇佣的人员，或者已经雇佣但没有在客舱乘务员工作岗位上工作过的人员，在进入客舱乘务员工作岗位之前需要进行的训练。新雇员训练包括基础理论教育（地面训练）和针对特定机型和岗位的训练。

新雇员训练包括地面训练（时间大于 40 小时）、应急生存训练、飞机飞行训练以及资格检查。根据不同新雇员的原有经历和拟担任的职位，完成初始训练，或转机型训练＋定期复训，或转机型训练＋重获资格训练，或差异训练＋定期复训，或差异训练＋重获资格训练等。

（二）初始训练

对于未在相同组类其他飞机上的客舱乘务员职位经审定合格并服务过的人员，应当圆满完成初始训练。客舱乘务员应当在结束初始训练的所有地面训练和应急生存训练后的 120 天内，完成飞机飞行训练和资格检查。逾期未完成的应重新进行补充训练，训练内容不少于所有地面训练和应急生存训练的 50%。

（三）转机型训练

对于已在相同组类其他机型飞机的相同职务上经审定合格并服务过的客舱乘务员，在转入该机型的同一职位之前，应当圆满完成转机型训练。客舱乘务员应当在结束转机型的所有地面训练和应急生存训练后的 90 天内，完成飞机飞行训练和资格检查。逾期未完成的应重新进行补充训练，训练内容不少于所有地面训练和应急生存训练的 50%。

（四）差异训练

对于已在某一特定机型的飞机上经审定合格并服务过的客舱乘务员，当使用的同一种机型飞机与原飞机存在差异时，应当圆满完成差异训练。

（五）定期复训

定期复训，是指已取得资格的客舱乘务员为保持其资格和技术熟练水平，在规定的期限内按照规定的内容进行的训练。

（六）重获资格训练

对于因为未按照规定期限完成定期复训、民航局或合格证持有人检查未通过等原因而失去资格的客舱乘务员，应当进行相应的重获资格训练。

（七）乘务长训练

乘务长训练是指已取得资格的客舱乘务员在担任乘务长之前需进行的训练。乘务长应每 12 个日历月完成一次不少于 6 小时的乘务长复训。逾期未完成复训或不合格等原因失去乘务长资格的，应当重新进行乘务长训练。乘务长复训时间可计入客舱乘务员定期复训时间。

（八）客舱乘务教员训练

客舱乘务教员训练是指已取得资格的客舱乘务员在担任客舱乘务教员之前需进行的训练。客舱乘务教员应每 24 个日历月完成一次不少于 8 小时的客舱乘务教员复训。逾期未完成复训或不合格等原因失去客舱乘务教员资格的，应当重新进行客舱乘务教员训练。

（九）客舱乘务检查员训练

客舱乘务检查员训练是指已取得资格的客舱乘务员在担任客舱乘务检查员之前需进行的训练。客舱乘务检查员应每 24 个日历月完成一次不少于 8 小时的客舱乘务检查员复训。逾期没有完成复训或不合格等原因失去客舱乘务检查员资格的，应当重新进行客舱乘务检查员训练。

任务三　客舱乘务员的配备

一、客舱乘务员服务机型数量

客舱乘务员所服务的机型数量应当不超过 3 种，但在特殊情况下经民航局批准可增加至 4 种。如果一个机型的改型或衍生型的应急出口操作、应急设备安放位置、应急设备型号以及应急操作程序方面差异较大，民航局也可将其视为客舱乘务员所服务的另一种机型。在同一飞行值勤期内客舱乘务员所飞机型不超过 2 种。

二、客舱乘务员的配备原则

客舱乘务员的配备必须按照运行手册的运行标准进行，任何时候配备人数不低于运行规范的最低配备。在起飞和着陆过程中，客舱乘务员应当尽可能地靠近所要求的地板高度出口，而且应当在整个客舱内均匀分布，以便在应急撤离时最有效地疏散旅客。如果因紧急或者某些特殊情况导致客舱乘务员人数低于运行规范的最低配备，则需在飞行结束后 48 小时内向民航局报告。正在接受飞机飞行训练或资格检查的客舱乘务员不得担任机组必需成员，即不得在合格证持有人特定机型的客舱乘务员运行最低配置中承担职责（差异训练和乘务长训练除外）。

在设定客舱乘务员运行标准配备时还应考虑客舱布局和旅客分布情况、飞行中机组的休息（包括飞行在岗执勤时间、休息设施等）、机上特殊旅客的数量以及客舱乘务员的工作量等因素。

为保证安全运行，对于旅客座位数量为 20 ～ 50 的飞机，至少配备 1 名客舱乘务员；对于旅客座位数量为 51 ～ 100 的飞机，至少配备 2 名客舱乘务员；对于旅客座位数量超过 100 的飞机，在配备 2 名客舱乘务员的基础上，按照每增加 50 个旅客座位增加 1 名客舱乘务员的方法配备，不足 50 的余数部分按照 50 计算。

在制定客舱乘务员配备数时，还需考虑出口的数量、位置、类型和撤离手段，客舱乘务员座位位置，水上迫降时客舱乘务员要求的程序，负责成对出口的客舱乘务员额外程序要求以及航线类型等因素。

在起飞和着陆过程中，要求客舱乘务员尽可能地靠近所要求的地板高度出口，而且应当在整个客舱内均匀分布，以便在应急撤离时最有效地疏散旅客。在滑行期间，客舱乘务员除完成保障飞机和机上乘员安全的任务外，其他时间应当坐在其执勤位置并系好安全带和肩带。

三、客舱乘务员的配备要求

航班中应当指定 1 名客舱乘务员为乘务长，作为乘务组的负责人，履行客舱管理的职责并向机长报告。对于分舱管理的情形，可能会出现多个“乘务长”，总负责的乘务长被认为是客舱乘务长。乘务长的资格应符合《客舱乘务员的资格和训练》的要求。航空公司应当建立一套客舱乘务员排班程序，保证科学合理地搭配乘务组成员，安全地完成所分派的任务，避免飞行疲劳。搭配乘务组成员时当考虑客舱乘务员的年龄和飞行时间经历，以及客舱乘务员的训练、资格满足所飞机型、区域和特殊运行的要求。表 12－1 为中国民用航空局飞行标准司的《客舱运行管理》给出的客舱乘务员运行标准配备样例。

表 12－1　客舱乘务员运行标准配备样例

最长航段	特定风险	机型		
		E-190	B-738	A-332
90 分钟	最低配备数	2	4	8
	航段 >4 段	+1	+1	
	涉及 0 点—6 点时段	+1	+1	+1
	有餐食 / 售卖服务	+1	+1	+1
标准配备数				
270 分钟	最低配备数	2	4	8
	涉及 0 点—6 点时段	+1	+1	+1
	有餐食 / 售卖服务	+1	+1	+1
	分舱服务		+1	+1
	延伸跨水飞行		+1	+1
标准配备数				

续表

最长航段	特定风险	机型		
		E-190	B-738	A-332
480 分钟	最低配备数		4	8
	无专用休息区		+2	+3
	涉及 0 点—6 点时段		+1	+1
	延伸跨水		+1	+1
标准配备数				
远程	最低配备数			8
	无专用休息区			+5
	有三级休息区			+4
	有二级休息区			+3
标准配备数				

注：累计计算时，客舱乘务员总数不超过最大乘务员座位数。

任务四　客舱乘务员的疲劳管理

疲劳风险日益成为航空安全关注的重点风险之一。各国逐渐意识到，疲劳对人的影响严重威胁到飞行安全，一些飞行事故或事故征候被证明是直接或间接由疲劳所引发。疲劳是不能避免但可以控制的，对疲劳的影响进行管理评估并采取适当方法加以控制，可降低疲劳对航空运营人的影响，最大限度保证航空运营安全。

一、疲劳

（一）疲劳的含义

疲劳是一种非常复杂的生理和心理现象，它并非由单一的、明确的因素构成，目前关于疲劳存在多角度描述性定义，从不同角度来描述，可得出不同的定义。

《现代汉语词典（第 7 版）》中指出，疲劳包括三方面的含义：（1）因体力或脑力消耗过多而需要休息；（2）因运动过度或刺激过强，细胞、组织或器官的功能或反应能力减弱；（3）因外力过强或作用时间过久而不能继续起正常的反应。

《当代西方心理学新词典》中指出，疲劳是指高强度或长时间连续工作而产生的工作效能减低的状态，属于一种自然的防卫反应。工作速度减慢、工作质量下降和错误率增加是疲劳的三个客观指标。

《中国医学百科全书——劳动卫生与职业病学》中指出，疲劳一般是指因过度劳累（体力或脑力劳动）而引起的一种劳动能力下降现象。具体表现为：反应迟钝、动作灵活性和协调性降低、工作差错率增多，并伴有主观感觉疲乏、无力等。

综上所述，可将疲劳概括为以下几个方面：(1)疲劳既可是全身不适表现，又可是局部不适表现。(2)疲劳既有生理性疲劳，又有病理性疲劳。生理性疲劳是一过性的，休息后可缓解，病理性疲劳见于某些疾病之中。(3)疲劳的表现可以体现在躯体方面，如表现为无力继续工作；也可体现在精神方面，如表现为对活动（体力或脑力）的厌恶感；在行为学上表现为工作效率的下降。

国际民航组织（ICAO）在第9966号文件中提出航空疲劳的定义：由于睡眠不足、长时间保持清醒、所处的昼夜节律阶段或者工作负荷（脑力和/或体力活动）过重而导致开展脑力或体力活动的能力降低的生理状态，这种状态会损害机组成员的警觉度以及其安全地操作航空器或者履行安全相关职责的能力。

航空医学研究认为，机组成员疲劳主要包括生理和心理疲劳，表现主要为精神错乱、身体疲乏、反应迟缓，判断、决策能力下降，代谢改变，生物节律发生变化，不能在预定时间内完成规定的任务直至失能。尽管他们仍能执行任务，但却可能在错误的时间执行，反应迟钝，理解能力下降，对仪表或设备的注意力松懈；随着疲劳加深，理解力进一步下降，便会失去综合判断能力，无法把各种正常工作的仪表所提供的参数联系起来并做出判断；最终，疲劳达到一定程度，便会出现12秒的瞬间精神错乱。疲劳是能够累积的，随着疲劳加深，人的判断能力将继续下降，对飞行安全产生影响。

（二）疲劳产生的原因

除了缺乏睡眠或正常睡眠周期被打乱外，还有很多其他因素会导致疲劳的发生，例如睡眠缺失，连续清醒时间过长（自上次主要睡眠期起超过17小时），昼夜节律系统紊乱（即工作与身体内部生物钟不同步），工作负载强度或者生病、药物或酒精造成的副作用。

（三）疲劳的分类

疲劳是一种相当复杂的人体机能衰退现象，根据不同的分类方式，可将疲劳分为不同的种类。

1. 根据疲劳的性质分类

根据疲劳的性质不同，可分为体力疲劳和脑力疲劳。

体力疲劳，主要表现为肌肉疲劳，发生肌肉运动失调或能力衰减。其具体表现为收缩力下降，运动速度降低，动作的灵活性和协调性降低，运动不能持久等。

脑力疲劳，主要见于脑力劳动者，由于长时期进行复杂的脑力劳动，大量消耗能量，招致大脑血液和氧气供应不足，削弱了脑细胞的正常功能。其表现为头昏脑涨，记忆力下降，注意力涣散，失眠多梦等。

2. 根据疲劳发生的原因分类

根据疲劳发生的原因不同，可分为生理性疲劳和病理性疲劳。

对于体力或脑力劳动者，劳累过度，必然会出现头痛头昏、腰背酸楚、全身乏力等症状，这种因劳累所致的疲劳称为生理性疲劳。生理性疲劳是机体功能暂时下降的生理现象，是一种“预警”信号，是防止机体功能受损的保护机制。生理性疲劳在日常生活中较为常见，经过休息和调整可自行消除。

一些疾病所致的疲劳称为病理性疲劳。病理性疲劳不像生理性疲劳有明确的引发因素，如不通过医生的全面系统检查，不易找到病因，这是病理性疲劳区别于生理性疲劳的特征之一。

3. 根据疲劳的持续时间分类

根据疲劳持续时间不同，可分为暂时性疲劳、累积性疲劳和过度疲劳。

暂时性疲劳，又称短暂性疲劳，是指人体在某一时间段内由于高强度或者高负荷的工作而产生的暂时性的疲劳。这种疲劳状态产生快，由于个体差异，一般人体高度集中注意力 15 分钟左右开始产生，30 分钟达到极致。这种疲劳的特点是来得快、去得也快，只需要立即休息缓冲，或是小憩、打盹儿、舒展身体等即可恢复。

累积性疲劳，即中长期疲劳，是指人体由于重复相同劳动而每天产生倦怠感觉，日积月累且没有完全消除倦怠感而产生的厌烦性、不可恢复性的疲劳状态。对于重复工作，人体易产生麻木倦怠的情绪，从而会影响身体机能，这种疲劳短暂时间内不能完全恢复，处理不当时疲劳引发的症状会越来越强烈。

过度疲劳，也称为长期性疲劳，是指由于工作时间过长、劳动强度过大、心理压力过重导致精疲力竭的亚健康状态。它最大的隐患是引起身体潜藏的疾病急速恶化，例如导致高血压等基础疾病恶化引发脑血管病或者心血管病等急性循环器官障碍，甚至出现致命的症状。这种长期、慢性疲劳后诱发的猝死就是“过劳死”。一个人经常加班、熬夜、休息不好，时间长了就会导致焦虑、失眠、记忆力减退、精神抑郁，甚至引发抑郁症和精神分裂症。如果这种疲劳持续 6 个月或更长时间，身体就可能会出现低烧、咽喉肿痛、注意力下降、记忆减退等症状。而且，非常严重的过度疲劳很可能就是其他病症的先兆。

（四）疲劳的症状

当噪声、体力劳动、咖啡因、尼古丁、口渴、饥饿、兴奋或其他干扰因素存在时，疲劳的症状可能不会被注意到。然而，一旦刺激消失，疲劳的症状就会出现，例如：（1）眼神难聚焦和散乱；（2）持续打呵欠；（3）思绪游移不定或产生没有条理的想法；（4）短期记忆混乱，情绪恶化（即易怒）；（5）注意力难以集中。

（五）疲劳的规律

研究表明，疲劳可以通过休息恢复，并且青年人比老年人恢复得快，体力疲劳比心理疲劳恢复得快，脑力疲劳常与心理状态同步存在和消失。疲劳有累积效应，未消除的疲劳可能延续到次日，即只要疲劳当日没有得到充分的休息，次日可能仍有疲劳症状。疲劳程度与生物周期有关，在生物周期处于波谷的状态时发生疲劳较重，而在生物周期处于波峰状态时发生疲劳较轻。人对疲劳有一定的自适应能力，机体疲劳后，在短时间内仍能保持原有的工作能力，连续进行工作，这是体力上和心理上对疲劳的自适应性。

（六）疲劳的恢复

疲劳的产生与消除是人体正常生理过程，工作产生疲劳和通过休息恢复体力和脑力，这两者多次交替重复，使人体的功能和适应能力日趋完善，工作能力及水平不断提高。人在工作过程中体力消耗也在进行着恢复，人在工作时消耗的体力，除了在休息时能得到恢复，在工作时同样也能逐步恢复。但这种恢复不彻底，补偿不了体力的全部消耗，而脑力的消耗同步恢复很困难。因此，在脑力、体力劳动后，必须保证适当的、合理的休息。疲劳与恢复相互作用是适应生理、心理过程的动态平衡，工作消耗体力和脑力越多，越容易产生疲劳，刺激恢复的作用就越强。实质上疲劳是人体中枢神经产生的保护性抑制，这种抑制作用刺激着机体的恢复过程。

（七）疲劳对乘务组工作产生的危害

乘务组成员的主要职责是保障客舱安全，如果乘务组成员在执勤期间处于疲劳状态，会对客舱安全产生严重危害。疲劳会导致人的反应时间减缓，从而使做决策时间减慢；肢体活动能力和协调性降低、判断力受损、灵活性降低、态势感知能力降低从而对安全警惕性降低；还会降低机组成员团队配合能力，使得机组工作效率低下。

二、疲劳管理

（一）疲劳管理的含义

ICAO 在《疲劳管理办法—监管手册（第二版，Doc9966）》中指出：疲劳管理是指应对疲劳安全问题的一种管理方法。其中主要的是对个体客观对象疲劳状态的一种管理方法，它必须至少具有四个组成部分，分别是疲劳管理的政策、法规及文件，疲劳管理的流程，疲劳管理的安全保障过程以及疲劳管理的实施推广过程。

（二）疲劳管理的方法

目前，ICAO 在标准和建议措施中用于疲劳管理的有两种方法。第一种是规范性方法。它要求航空服务提供商在国家规定的责任期限内，使用一般的 SMS 流程管理安全隐患和管理疲劳所产生的风险。第二种是基于绩效的方法。它要求航空服务提供商建立经国家批准的疲劳管理系统，实施疲劳管理系统中的管理方法。

首先，这些方法应用时都应考虑到：（1）个体需要充足的睡眠（不仅是在清醒时）以恢复和保持清醒功能所涉及的各个方面（包括警觉性，身体和心理的表现和情绪）；（2）个体在进行心理和生理工作时须符合其生活节奏，并具有睡眠倾向（入睡和保持睡眠状态的能力）和生物钟驱动能力；（3）人体的身体疲劳及心理负荷的状态之间相互作用；（4）个体的业务背景以及疲劳受损方面的安全隐患。

其次，因为疲劳受到所有觉醒活动（不仅是工作需求）的影响，所以疲劳管理是国家、航空公司和乘务员个人的共同责任。国家负责提供监管框架，确保疲劳管理和航空服务提供商在管理与疲劳相关的不利影响时达到可接受的安全性能水平。航空公司负责提供疲劳管理培训，建立工作时间表，使个人能够安全地履行职责，并监控实施流程，并管理由疲劳引发的潜在危害。乘务员个人负责具体开展工作，包括适当利用非工作时间来获得睡眠和自愿报告。

在规范性疲劳管理方法中，所有操作必须保持在规定的工作期限和最低非工作时间标准中，由监管机构设立的相关操作人员实施开展。此外，航空运行服务提供者应使用用于管理其他类型风险的 SMS 流程管理疲劳所导致的风险。

疲劳管理方法为航空运行服务提供者提高安全性，更有效地利用资源，以及提高业务灵活性提供了机会。疲劳管理是一种特殊类型的安全管理，重点是管理其在适用操作中的实际疲劳风险（而不是一般性地解决疲劳风险，这是规范性要求的基础）。同时，疲劳管理还具有其特定的管理要求，以确保在规定的操作范围内可以使用 SMS 流程来管理疲劳风险的安全水平。

实施疲劳管理仍需要保证运行单位拥有最多的工作时间和最少的非工作时间，但这些是由航空运行服务提供者提出的，必须经监管机构批准。同时，要获得批准，航空运行服务提供者必须向监管机构证明本单位有合理的过程保障机制和风险缓解措施来实现可接受的风险水平。

（三）疲劳管理的策略

保持机警性执行飞行任务是至关重要的。因此，必须采取适当的措施预防因睡眠障碍或昼夜节律紊乱而对飞行产生负面影响。以下是一般性的建议，必须根据个人的需要加以调整：

（1）平静的睡眠需求（良好的睡眠习惯）；

（2）保护个人所需的睡眠时间；

（3）保持正常的睡眠 / 唤醒时间表（如果可能的话）；

（4）创造一个合适的睡眠环境（例如：眼罩、低温、耳塞等）；

（5）养成和练习有规律的睡前习惯；

（6）如果饿了就吃一点零食；

（7）不喝睡前酒（酒精诱发睡眠，但对睡眠质量有负面影响）；

（8）睡前不喝咖啡、红茶或其他含咖啡因的饮料；

（9）不做睡前运动；

（10）如果 30 分钟还不能入睡，则下床走动，不要在床上翻来覆去。

素养园地

国产大飞机突显中国产业链升级（节选）

近日，国产大飞机 C919 圆满完成 100 小时验证飞行，正在为今年春天投入商业运营做最后准备。

近半个世纪来，中国从未放弃国产大飞机的研制生产和市场探索。2022 年，C919 向全球首家用户——东航交付首架机，而此时，来自欧洲、亚洲同步起跑甚至曾领先几个身位的商用飞机研制者，或中途放弃，或举步维艰。从“运 10”到 C919，坚持自主创新和开放合作的中国国产大飞机跨过了大型客机从无到有的“分水岭”。

伴随国产大飞机从研制到运营，产业体系建设、数字技术赋能、市场开发探索等，国产大飞机及其代表的高端制造业迎来崭新时代。

一、从“运10”到C919

中国商飞公司的总装基地，停放着一架白色涂装的客机，飞机前的石碑上镌刻着四个字——“永不放弃”，这就是“运10”飞机。

从1970年我国自主研制的“运10”飞机立项，到2022年C919成功交付，中国人的“大飞机梦”穿越了50多个春秋。这不仅标志着中国航空制造业取得重大历史性突破，也是我国实现创新驱动、产业升级的带动性、标志性工程和重大时代成果。

国产大飞机事业从未中断。伴随着C919首飞、适航取证、交付直到首航，几代人砥砺前行终偿夙愿。进入21世纪，我国国产商用飞机研制运营稳扎稳打。C919已于2022年完成适航取证并交付全球首家用户东航，正在为今年春天投入商业运营做最后准备。

C919“一飞冲天”标志着我国商用飞机产业走通了三条路：自主设计研制之路、适航验证之路和市场开拓之路。一个飞机型号带动了大型客机研制、试验、管理和运营能力的整体提升。

据了解，目前C919的全球订单已超过1 000架，中国的广阔市场为国产飞机产业化、规模化、系列化发展提供了有力支撑。中国商飞公司有条件立足国内市场开拓国际市场，探索国产飞机商业成功路径。

二、从1到无穷大

不少业内专家赞叹C919的超临界机翼姿态优美，它不仅符合工业美学，还符合气动力学，是既能适应高速巡航飞行，又能保持较高气动效率的翼型。

这是中国人第一次设计超临界机翼，心里没底，但试验数据给了设计团队十足的底气。在国内外风洞试验中，机翼的试验结果比预想的还要好，圆满完成了所有试验目标。

自主设计仅仅是国产大飞机创新探索的体现之一。C919成为创新驱动发展的“引擎”，正在激发无穷大的创新潜力。

C919已经成为应用和孵化新技术新成果的创新“策源圈”。在国产大飞机的巨大带动作用下，5G、大数据、云计算、人工智能等已经在为国产商用飞机服务。C919在为新技术提供应用场景的同时，也催生出更高效科学的研制和试验方法。

通过C919的设计研制，我国掌握了民机产业5个大类、20个专业、6 000多项民用飞机技术，带动新技术、新材料、新工艺群体性突破。与此同时，数字技术、智能装备的应用又反哺国产商用飞机的设计研制和试飞试验。

三、竞逐全球航空制造价值链

从国产大飞机上看到了中国在产业升级、科技创新、开放合作中的抉择。大国制造离不开创新土壤、产业生态和人才基石，这正是国产大飞机几十年发展历程中着力构建的产业发展综合环境。

通过C919大型客机研制，我国商用飞机产业的创新链、价值链、产业链得到极大的拓展和延伸，带动了新材料、现代制造、电子信息等领域技术的集群性突破，提升了国内商用飞机机体结构、机载系统、材料和标准件配套能级；带动了民用航空工业体制机制的创新，提高了我国民用航空工业的制造能力和管理水平。

国际航空制造业目前的竞争更为激烈。C919 的横空出世受到国际市场的密切关注，波音、空客分别对同类机型进行改良优化，以期在市场竞争中赢得先发优势。国产大飞机仍需加快实现自主创新突破，实现规模化、系列化发展。

当前，国际航空制造业市场业已形成以波音和空客为核心的两条全球价值链，其涵盖民用飞机的设计研发、技术创新、生产制造、市场销售、航线运营、维修维护、产品拆解等各个环节。价值链的核心是飞机的主制造商，价值链上的供应商与合作伙伴都依附或依托于主制造商而发展。全球化市场竞争已远远不再是飞机主制造商在企业层面的竞争，而演变为以主制造商为核心的全球价值链的竞争，是价值链上的所有分支和主体，包括供应链、运营链、创新链的集团化竞争。正因为此，通过 C919 等国产商用飞机型号的研制、运营，整体带动航空制造业产业链升级，形成以国产商用飞机为牵引的供应链体系意义重大。

长风破浪会有时，直挂云帆济沧海。国产大飞机已经乘风起飞，并将久久为功、勇毅前行。

（资料来源：贾远琨．国产大飞机突显中国产业链升级．《瞭望》新闻周刊，2023-02-27.）

模块十二
案例阅读

模块十三 机上危险品

知识目标

- 掌握危险品的相关概念
- 掌握危险品的分类
- 掌握危险品的运输限制
- 掌握危险品处置原则
- 掌握锂电池的基础知识

技能目标

- 能正确处置危险品
- 能判断旅客和机组成员携带的危险品
- 能掌握爆炸物可疑装置的处置程序
- 能进行锂电池应急处置

素养目标

- 树立“三个敬畏”意识
- 积极进行团队协作
- 正确理解工匠精神

案例导入

成立危险品专项运输管理委员会 鄂州花湖机场危险品运输再探新模式

随着鄂州花湖机场货运转场工作稳步开展，货运航班量逐渐增加，货物吞吐量也直线上升，其中越来越多的含磁电子产品、大型锂电池货物等航空危险品正从鄂州花湖机场运往全国各地。为进一步创新危险品货物在鄂州机场的运营管理模式，优化运输保障能力，提升转运效率，2023 年 8 月 3 日，在民航湖北监管局运输处的大力支持下，湖北国际物流机场有限公司联合机场公安、顺丰航空等驻场单位和多家货运代理单位，共同创新成立鄂州花湖机场危险品专项运输管理委员会（以下简称危管委）。

鄂州花湖机场危管委致力于搭建一个本场危险品安全运输沟通平台，通过开展全场共同参与沟通协调、监督评价、信息共享，落实规章标准、规范操作行为，解决危险品安全运输中的难题、安全问题，确保鄂州花湖机场危险品货物运输安全、高效、便捷、合规的运行，实现确保危险品运输持续安全的目标。

结合危管委相关举措，鄂州花湖机场将针对航空货物托运人、航空货运销售代理人制定诚信管理办法，采用积分管理的模式，并利用积分结算成果，对于违规信用单位开展从严安全检查措施，对于无违规行为的航空货物托运人、航空货运销售代理人，视情况给予差异化安检、加开通道、优先过检等奖励。

鄂州花湖机场危管委的成立与相关创新模式的应用，是结合货运枢纽机场定位，利用日益增长的货邮吞吐量以及完成货运转场后大量危险品需要运输的实际情况，积极研究解决新业态、新产品等衍生的运输方面问题，创新探索安全、快速、便捷转运危险品的有效模式，更是对于鄂州机场转运保障能力提升的又一重要举措。

（资料来源：曾晓新．成立危险品专项运输管理委员会 鄂州花湖机场危险品运输再探新模式．中国民航网，2023-08-05.）

讨论：为什么必须全面杜绝不符合民航规定的危险品“登机”？

任务一　危险品的基础知识

一、危险品的相关概念

（一）危险品的定义

根据《中华人民共和国安全生产法》第七章附则第九十六条内容，危险物品是指易燃易爆物品、危险化学品、放射性物品等能够危及人身安全和财产安全的物品。在航空运输中，危险品是指可能明显地危害人身健康、安全或对财产造成损害的物品或物质。

（二）危险品运输事件

危险品事故、危险品事故征候、危险品一般事件统称为危险品运输事件。

1. 危险品事故

危险品事故是指与危险品航空运输有关联，造成致命或者严重人身伤害或者重大财产损坏或者破坏环境的事故。

2. 危险品事故征候

危险品事故征候是指不同于危险品事故，但与危险品航空运输有关联，不一定发生在航空器上，但造成人员受伤、财产损坏或破坏环境、起火、破损、溢出、液体或放射性物质渗漏或者包装未能保持完整的其他情况。任何与危险品航空运输有关并严重危及航空器机上乘员的事件也被认为构成危险品事故征候。

危险品事故征候分为危险品严重事故征候和危险品一般事故征候。危险品严重事故征候是指构成运输航空严重事故征候的危险品事故征候。危险品一般事故征候是指未构成运输航空严重事故征候的危险品事故征候。

3. 危险品一般事件

危险品一般事件是指与危险品航空运输有关联，违反《中国民用航空危险品运输管理规定》，但不构成危险品事故或危险品事故征候的事件。

（三）危险品违规行为

危险品违规行为是指不构成危险品事故或事故征候，但与危险品航空运输有关，违反《中国民用航空危险品运输管理规定》或《危险品航空安全运输技术细则》的行为，包括但不限于旅客行李中夹带禁止携带的危险品，瞒报谎报危险品运输、危险品货物错误粘贴标签等。

二、危险品的分类

我国的《危险货物分类和品名编号》（GB 6944—2012）按危险货物（即危险品）具有的危险性或最主要的危险性将其分为 9 个类别。需要注意的是，第 1 ～ 9 类危险品的类别编号仅为使用方便，与危险程度无关。

（一）第 1 类：爆炸品

爆炸品（物质本身不是爆炸品，但能形成气体、蒸气或粉尘爆炸的不包括在第 1 类内），不包括那些危险性极大以致不能运输或根据物质或物品的主要危险性应归于其他类别的物质。

爆炸品不包括以下装置：其中含有爆炸品的物质，但由于其含量或性质的缘故，在运输过程中偶然或意外被点燃或引发后，不会因抛射、发火、冒烟、发热或巨响而在装置外部产生任何影响。

为产生爆炸或烟火效果而制造的上述未提及的物质或物品也归为爆炸品。

爆炸品按其危险程度的不同分为 6 个小项，如表 13－1 所示。

表 13－1　爆炸品

标签图形	颜色	项别	描述
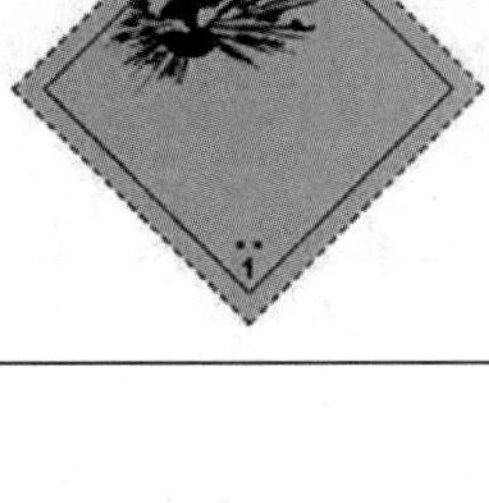	符号黑色，底色橙红色	1.1 项	有整体爆炸危险的物质和物品
		1.2 项	有迸射危险，但无整体爆炸危险的物质和物品
		1.3 项	有燃烧危险并有局部爆炸危险或局部迸射危险或这两种危险都有，但无整体爆炸危险的物质和物品

续表

标签图形	颜色	项别	描述
	符号黑色，底色橙红色	1.4 项	不呈现重大危险的物质和物品
	符号黑色，底色橙红色	1.5 项	有整体爆炸危险的非常不敏感物质
	符号黑色，底色橙红色	1.6 项	无整体爆炸危险的极端不敏感物质

这一类的物品中，可运输的主要物品有小型雷管、小型武器的空弹药筒、小型武器的弹药子弹（用于运动或打猎）。不可运输的主要物品有黑火药、爆炸物（甘油炸药、TNT）、催泪弹、烟花爆竹等。

（二）第 2 类：气体

气体是指具有下列性质的物质：在 50℃时，蒸气压力大于 300kPa，或在 20℃时在标准压力（101.3kPa）下，完全处于气态的物质。

根据运输中不同气体所表现的主要危险性，将本类危险品分为如下 3 项，具体如表 13－2 所示。

（1）易燃气体。可运输的此类主要物品有打火机（作为货物时）、烟雾产品（化妆品、药品）等；不可运输的此类主要物品有氢气、一氧化碳、甲烷、丙烷、丁烷、液化石油气等。

（2）非易燃无毒气体。可运输的此类主要物品有空气（压缩的）、氧气（压缩的）、氮气（压缩的）、灭火器、液化氮（非压缩的或低压）等；不可运输的此类主要物品有液态氮、氯气、液态空气、液态氧气、液态氦、甲基溴化物等。

（3）毒性气体。此类物品除特殊物品外一律禁运，例如氟、氯化氢、氧化氮、硫化氢、氰、氰化氢、碳酰氯、乙硼烷等。

表 13－2　气体

<table>
<tr><th>标签图形</th><th>颜色</th><th>项别</th><th>描述</th></tr>
<tr><td></td><td>符号黑色，底色正红色</td><td rowspan="2">2.1 项</td><td rowspan="2">易燃气体</td></tr>
<tr><td></td><td>符号白色，底色正红色</td></tr>
<tr><td></td><td>符号黑色，底色绿色</td><td rowspan="2">2.2 项</td><td rowspan="2">非易燃无毒气体</td></tr>
<tr><td></td><td>符号白色，底色绿色</td></tr>
<tr><td></td><td>符号黑色，底色白色</td><td>2.3 项</td><td>毒性气体</td></tr>
</table>

（三）第 3 类：易燃液体

易燃液体是指在闭杯试验中闪点不超过 60℃，或者在开杯试验中闪点不超过 65.6℃的易燃液体、液体混合物、含有固体的溶液或悬浮液（例如：油漆、清漆、磁漆等，但不包括主要危险性属于其他类的物质）。其标签图形信息如表 13－3 所示。

表 13－3 易燃液体

标签图形		
颜色	符号黑色，底色正红色	符号白色，底色正红色

可运输的此类主要物品有石油衍生物、酒精、油漆、真漆、胶粘剂、药品、打火机用燃油、航行用涡轮燃油等；不可运输的此类主要物品有丙烯醛、乙醚、丙烯腈（氰乙烯）、乙醛、火棉、硝化甘油（不少于 1% 或酒精溶液中的重量达到或超过 5%）等。

（四）第 4 类：易燃固体、易于自燃的物质、遇水放出易燃气体的物质

第 4 类危险品分为三项，具体如表 13－4 所示。

（1）易燃固体。可运输的此类主要物品有硫、黎球（卫生球）、安全火柴、引火物、红磷、金属钛、金属锆、氢化钛、火棉、明胶（只限固体）等；不可运输的此类主要物品有黄磷、癸硼烷等。

（2）易于自燃的物质。可运输的此类主要物品有铁屑、钢屑、鱼食粉、氯化钠、金属钛粉、钙（在特定条件下）等；不可运输的此类主要物品有催化剂镍等。

（3）遇水放出易燃气体的物质。可运输的此类主要物品有金属钠、金属钙、铝粉、石灰氮等；不可运输的此类主要物品有氢化铝、氢化钙、金属铯、金属锂等。

表 13－4 易燃固体、易于自燃的物质、遇水放出易燃气体的物质

标签图形	颜色	项别	描述
	符号黑色，底色白色红条	4.1 项	易燃固体
	符号黑色，底色上白下红	4.2 项	易于自燃的物质

续表

标签图形	颜色	项别	描述
	符号黑色，底色蓝色	4.3 项	遇水放出易燃气体的物质
	符号白色，底色蓝色		

（五）第 5 类：氧化性物质和有机过氧化物

第 5 类危险品分为下列两项，具体如表 13－5 所示。

（1）氧化性物质。氧化性物质自身不一定可燃，但通常可放氧引起其他物质燃烧或起助燃作用。生活常用品漂白粉属于这一类。可运输的此类主要物品有硝铵、硝化钙、次氯酸钙盐（普通漂白粉）等；不可运输的此类主要物品有过氧化钾、过氧化钠、五氟化碘等。

（2）有机过氧化物。过氧化物遇热不稳定，它可以放热并因而加速自身的分解。此外，它还可能具有下列一种或几种以上特性：易于爆炸分解，速燃，对碰撞和摩擦敏感，与其他物质发生危险的反应，损伤眼睛等。生活中常见的物品如双氧水。

表 13－5　氧化性物质和有机过氧化物

标签图形	颜色	项别	描述
	符号黑色，底色柠檬黄色	5.1 项	氧化性物质
	符号黑色，底色红色和柠檬黄色	5.2 项	有机过氧化物

续表

标签图形	颜色	项别	描述
	符号白色和黑色，底色红色和柠檬黄色	5.2 项	有机过氧化物

（六）第 6 类：毒性物质和感染性物质

第 6 类危险物品分为两项，具体如表 13－6 所示。

（1）毒性物质。毒性物质是指在吞入、吸入或皮肤接触后，进入人体可导致死亡或危害健康的物质。可运输的此类主要物品有亚砷酸铜、药品、杀虫剂、杀菌剂、灭鼠药、砒霜、甲酚、酚溶液等；不可运输的此类主要物品有丙酮氰醇、催泪弹、毒气弹、氯乙酰苯、硫酸二甲酯、马钱子碱等。

（2）感染性物质，如病毒、细菌。《危险品航空安全运输技术细则》中把感染性物质分为 A 类和 B 类。A 类感染性物质是指在运输中与之接触能对本来健康的人或动物造成永久性残疾，危及生命或致命疾病的感染性物质；B 类感染性物质是那些不符合 A 类标准的感染性物质。

表 13－6　毒性物质和感染性物质

标签图形	颜色	项别	描述
	符号黑色，底色白色	6.1 项	毒性物质
	符号黑色，底色白色	6.2 项	感染性物质

（七）第 7 类：放射性物质

放射性物质指自发地和连续不断地放出电离辐射的物质或物品，此种辐射对人体和动物的健康有害并能作用于未显影的胶片。射线一般不能被人体的任何器官察觉到，但可以通过特殊的仪器测量。具体如表 13－7 所示。

可运输的此类主要物品有药物、化妆品和医疗设备的相关监管条例中提到的药品，医疗设备中使用的物质等；不可运输的此类主要物品有除用于医疗（非损伤性检查等）的放射性同位素外的所有放射性物质。

表 13－7　放射性物质

标签图形	颜色	包装分级	名称
	此标志的衬底应是白色，三叶图形和印字应是黑色，级别竖条应是红色	Ⅰ级（白）	一级放射性物质
	此标志上半部的衬底应是黄色，下半部的衬底应是白色，三叶图形和印字均应是黑色，级别竖条应是红色	Ⅱ级（黄）	二级放射性物质
	此标志上半部的衬底应是黄色，下半部的衬底应是白色，三叶图形和印字应是黑色，级别竖条应是红色	Ⅲ级（黄）	三级放射性物质
	衬底应是白色，印字应是黑色	临界安全指数	裂变性物质

（八）第 8 类：腐蚀性物质

如果发生泄漏情况，由于产生化学反应而能够严重损伤与之接触的皮肤组织，或严重损坏其他物质及运输工具的物质，被定义为腐蚀性物质。可运输的此类主要物品有盐酸、乙酸、蚁酸、硫酸、蓄电池、杀菌剂（含有腐蚀性物质）、烧碱等；不可运输的此类主要物品有硝酸、钾、氯化碘、烟雾弹、王水、高氯酸等。其标签图形信息如表 13－8 所示。

表 13－8　腐蚀性物质

标签图形	
颜色	符号黑色，底色上白下黑

（九）第 9 类：杂项危险物质和物品

对于航空运输而言，有些物质或物品虽不具备前列 8 类危险品的任一特性，但可能会危及航空运输安全。为此，联合国在危险品运输规则中专门设立了第 9 类：杂项危险物质和物品。如：航空限制的固体或液体、磁性物质，其他杂项，常见杂项有石棉、干冰、环境污染物、救生设备、装有内燃机的机械设备、聚苯乙烯珠粒材料、自带动力的交通工具等。其标签图形信息如表 13－9 所示。

表 13－9　杂项危险物质和物品

标签图形	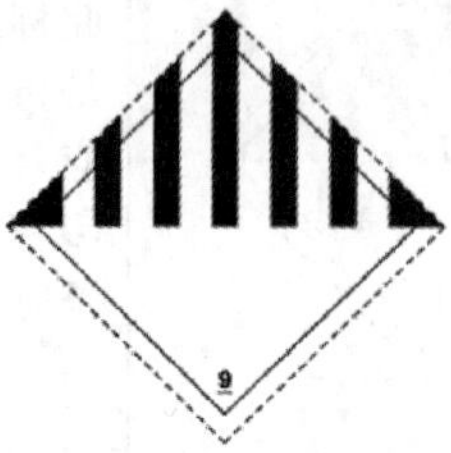
颜色	符号黑色，底色白色

任务二　危险品的运输限制

一、旅客和机组成员携带的危险品

（一）禁运物品

（1）公文箱、现金箱 / 袋。内装锂电池和 / 或烟火材料等危险品的公文箱、现金箱 /

袋、现金袋等保密型设备绝对禁止携带。

（2）使人丧失能力的装置。禁止随身、在交运的行李中或在手提行李中携带诸如梅斯毒气、胡椒喷雾器等带刺激性或使人丧失行为能力的装置。

（3）液氧装置。禁止随身、在交运的行李中或在手提行李中携带使用液氧的个人医用氧气装置。

（4）电击武器。禁止在手提行李或交运行李中或随身携带含有诸如爆炸品、压缩气体、锂电池等危险品的电击武器。

（二）经经营人批准，仅可作为手提行李接收的物品

1. 水银气压计或温度计

政府气象局或类似官方机构的代表每人只能携带一支水银气压计或水银温度计。水银气压计或水银温度计必须装进坚固的外包装中，且内有密封内衬或坚固的防漏和防刺透材料制成的袋子，此种包装能防止水银从包装件中渗漏（不论该包装件的方向如何）。水银气压计或水银温度计的装载位置必须通知机长。

2. 备用锂电池

（1）便携式医疗设备的备用锂电池，并满足：

1）超过 100Wh，但不超过 160Wh 额定值的锂离子电池，以及锂金属含量超过 2g 但不超过 8g 的锂金属电池可以携带 2 块；

2）电池必须单独包装以防止短路；

3）电池必须是通过联合国《关于危险货物运输的建议书—试验和标准手册》第Ⅲ部分 38.3 节的系列测试，每人携带的备用电池量不超过 2 块。

（2）轻便电子设备的备用电池，并满足：

1）超过 100Wh，但不超过 160Wh 额定值的锂离子电池可以携带 2 块；

2）电池必须单独包装以防止短路；

3）电池必须是通过联合国《关于危险货物运输的建议书—试验和标准手册》第Ⅲ部分 38.3 节的系列测试，每人携带的备用电池量不超过 2 块。

（三）经经营人批准，可作为行李接收的物品

1. 医用氧气

医用的气态氧气或空气气瓶，每个气瓶的毛重不能超过 5kg。充装的气瓶、阀门和调节器必须加以保护，以防止损坏，防止由此造成的内容物的泄漏。此规定也适用于由受过专业医疗训练人员携带的气瓶。必须将氧气或空气气瓶的装载数量和装载位置通知机长。禁止随身携带或在交运行李和手提行李中放人含液态氧的个人医疗用氧气装置。

2. 盛装 2.2 项气体的小型气瓶

为自动充气救生衣配备的装有有二氧化碳或其他 2.2 项（见表 13－2）气体的小型气瓶。每人携物不超过 2 个，外加不超过 2 个备用气瓶；其他设备使用的装有二氧化碳或其他 2.2 项无次要危险性气体的小型气瓶每人携带不超过 4 个。每个气瓶的水容量不超过 50mL（50mL 水容量的二氧化碳气瓶相当于 28g 的气罐）。

3. 雪崩救援背包

每人可携带一件内装 2.2 项无次要危险性的压缩气体的雪崩救援背包。雪崩救援背包也可内装含有净重不超过 200mg 的 1.4 项（见表 13－1）爆炸品的烟火引发装置。这种雪崩救援背包的包装方式必须保证不意外启动，背包内的空气袋必须安装减压阀。

4. 化学品监视设备

含有放射性物品的仪器，不超过相关法规规定的放射性活度限制，包装牢固，不带锂电池，由禁止化学武器扩散组织相关人士在公务旅行时携带。

5. 固体二氧化碳（干冰）

用于包装不受规则限制的易腐物品的干冰，每人携带数量不超过 2.5kg，并且包装件可以释放二氧化碳气体。每件含有干冰的交运行李必须有以下标记："固体二氧化碳"或"干冰"；干冰的净重，或注明净重为 2.5kg 或少于 2.5kg，如图 13－1 所示。

图 13－1　干冰

（四）无须经营人批准的可接收物品

1. 非放射性药品或化妆品

非放射性药品或化妆品（包括气溶胶），意指发胶、香水、科隆香水及又含酒精药品。

2. 属于 2.2 项的气溶胶

用于体育运动或家庭的第 2.2 项无次要危险性的气溶胶仅作为交运行李运输。每一旅客或机组成员携带这类物品的总净数量不得超过 2kg 或 2L，且每一单件物净数量不得超过 0.5kg 或者 0.5L。气溶胶释放阀必须由盖子或其他适当的手段保护以防因疏忽而释放内装物。

3. 用于机械假肢的气瓶

是指为操纵机械假肢而携带的第 2.2 项气体的小气瓶。为保证旅途中的需要，还可携带同样大小的备用气瓶。

4. 心脏起搏器 / 放射性药剂

包括那些植入人体内以锂电池为动力的心脏起搏器或其他装置，或作为治疗手段置于人体内的放射性药剂。

5. 医用 / 临床用温度计

是指置于具防护性盒内供个人使用的含汞的小型医用或临床用体温计。

6. 安全火柴或打火机

是指自用的一小盒安全火柴或一只不含有未吸收的液体燃料（不包括液化气）的打火机。火柴及打火机不能放入交运或手提行李中。打火机燃料和燃料罐不允许随身携带，也不能放入交运或手提行李中。擦火柴、蓝焰或雪茄打火机禁止空运。

7. 酒精饮料

在零售包装内体积浓度在 24% 以上但不超过 70%，盛装在不超过 5L 容器内的含酒精饮料，每人携带的总净数量不超过 5L。含酒精体积浓度小于 24% 的酒精饮料不受限制。

8. 卷发器

含烃类气体的卷发器，每一旅客或机组成员只可携带一支，但其安全盖必须紧扣于发热元件上。在任何时候卷发器都不得在航空器上使用。此种卷发器备用的充气筒不得装入交运的或手提携带的行李中。

9. 内含电池的轻便电子装置（包括医疗装置）

旅客或机组成员携带个人自用的内含锂金或锂离子电芯或电池的轻便电子装置（包括医疗装置），如手表、计算器、照相机手机、手提电脑、便携式摄像机等，可以在手提行李中携带。备用电池必须单个做好保护以防短路。例如：可以放到原商品包装中，用胶带缠好暴露出的电极，把每块电池放在单独的塑料袋或保护袋内，并且仅能在手提行李中携带。

10. 轻便电子设备中的燃料电池

为轻便电子设备（如照相机、手机、手提电脑，以及便携摄像机等）提供电力的燃料电池，以及备用燃料盒，必须满足以下条件：

（1）燃料电池和燃料电池盒只可以含易燃液体、腐蚀性物质、液化易燃气体、水反应物质或金属氢化物形式的氢。

（2）不允许在飞机上给燃料电池盒充装燃料，除非安装备用燃料电池盒是允许的。

（3）任何燃料电池或燃料电池盒中燃料的最大数量：1）液体不超过 200mL；2）固体不超过 200g；3）液化气若是非金属燃料电池或燃料电池盒不超 120mL，若是金属燃料电池或燃料电池盒不超过 200mL；4）金属氢化物中的氢的燃料电池盒必须等于或小于 120mL 的水容量。

（4）每个燃料电池和每个燃料电池盒必须符合相关法规要求，而且必须标上制造商符合此标准的合格证。此外，每个燃料电池盒上必须标记盒中燃料的最大数量和类型。

（5）每一旅客可以在手提行李、交运行李或随身携带不超过 2 个备用燃料电池盒。

（6）含有燃料的燃料电池盒或燃料电池只能在手提行李中运输。

（7）燃料电池与设备中集成电池组之间的相互作用必须符合相关法规要求，仅用作为设备中电池组充电的燃料电池或燃料电池不允许运输。

（8）燃料电池的设计必须使其在轻便电子设备不使用的时候不能为电池组充电，且生产商必须有牢固的标识——只允许在客舱内携带。

（9）上述标识除了以始发国要求的文字标注外，还应该以英文标往。

11. 含冷冻液氦的隔热包装（液氮干装）

隔热包装含有的液氨全部被多孔材料吸附，并且用于在低温下运输非危险品。只要隔热包装的设计能确保该隔热包装不会因放置的方向性而导致容器内压力增加和冷冻液氮逸出，则不受规则的限制。

12. 含密封型电池的轻便电子装置

是指符合相关法规特殊规定的，在交运行李或手提行李中的含密封型电池的轻便电子装置。也可携带最多 2 个备用的符合该规定的密封型电池。须满足下列要求：

（1）每个电池的电压不超过 12V 且瓦特小时值不得超过 100Wh。

（2）装置必须防止意外启动，或电池必须与设备断开且电极绝缘保护。

（3）每个电池必须采用电极绝缘的方法作防短路保护。

13. 与少量易燃液体一起包装的非感染性样本

如含有少量易燃液体的哺乳类、鸟类、两栖类、爬行类动物、鱼、昆虫和其他无脊椎动物的样本。

14. 内燃机或燃料电池发动机

仅限在交运行李中，单独运输或安装在机器或其他设备上的内燃机或燃料电池发动机。发动机必须符合相关法规特殊规定的要求。

15. 渗透装置

仅限在交运行李中，校准空气质量监测设备的渗透装置。此装置必须符合相关法规特殊规定的要求。

二、隐含的危险品

按一般情况申报的货物可能含有不明显的危险品，这样的物品也可能在行李中被发现。为了避免未经申报的危险品被装上航空器，同时防止旅客在其行李中携带不可携带的危险品登机，在怀疑货物或行李中可能含有危险品时，货物收运人员和办理乘机手续人员应从托运人和旅客那里证实每件货物或行李中所装运的物品。典型的隐含的危险品如表 13－10 所示。

表 13－10　隐含的危险品

物品名称	隐含的危险性
紧急航材 / 航空器零备件 / 航空器设备	可能含爆炸品（照明弹或其他烟火信号弹）、化学氧气发生器、不能使用的轮胎组件、压缩气瓶（氧气、二氧化碳、氮气或灭火器）、油漆、黏合剂、气溶胶、救生用品，急救包、设备中的燃料、湿电池或锂电池、火柴等。
汽车、汽车零部件 / 用品	（轿车、汽车、摩托车）可能含有虽不符合对磁性物质的定义，但由于可能影响航空器仪器而需符合特殊装载要求的铁磁性材料；也可能含发动机（包括燃料电池发动机）、化油器或含有装过燃料的燃料箱、湿电池或锂电池、轮胎充气装置中的压缩气体、灭火器、含氮震台架 / 支柱，气袋充气机 / 气袋模块、易燃黏合剂、油漆、密封剂和溶剂等。
电池供电的装置 / 设备	可能含湿电池或锂电池。

续表

物品名称	隐含的危险性
呼吸器	可能有压缩空气或氧气瓶、化学氧气发生器或深冷液化氧气。
野营用具	可能含有易燃气体（丁烷、丙烷等），易燃液体（煤油、汽油等），易燃固体（乌洛托品、火柴等），或其他危险品。
化学品	可能含符合危险品任何标准的物品，尤其是易燃液体、易燃固体、氧化剂、有机过氧化物、毒性或腐蚀性物质。
经营人物资	如航空器零件，可能含有不可或缺的危险品，例如：旅客服务设备（PSU）中的化学氧气发生器，各种压缩气体，如氧气、二氧化碳和氮气；气体打火机、气溶胶、灭火器；易燃液体，如燃油、油漆和黏合剂；腐蚀性材料，如电池；其他物品，如照明弹、急救包、救生设备、火柴、磁性材料等。
集运货物（零货集合）	可能含任何类别的危险品。
低温液体	表示有低温液化气体，如氩气、氦气、氖气、氮气等。
气瓶	可能含有压缩或液化气体。
牙科器械	可能包含易燃树脂或溶剂、压缩或液化气体、汞和放射性物品。
诊断标本	可能含有感染性物质。
潜水设备	可能含压缩气瓶（空气、氧气等），如自携式潜水呼吸氧气桶、背心气瓶等。也可能含强光潜水灯，当在空气中启动时可能产生极高的热量。为安全载运，灯泡或电池必须保持断路。
钻探及采掘设备	可能含爆炸品或其他危险品。
电气设备 / 电子设备	可能含磁性材料或在开关装置和电子管中的汞、湿电池、锂电池或燃料电池或含有装过燃料的燃料电池盒。
电动器械	（轮椅、割草机、高尔夫球车等）可能装有湿电池、锂电池或燃料电池或盛有或曾经盛装燃料的燃料电池盒。
探险设备	能含爆炸品（照明弹）、易燃液体（汽油）、易燃气体（丙烷、野营燃气），或其他危险品。
摄影或媒体设备	可能含爆炸性烟火设置、内燃机发电机、湿电池、锂电池、燃料、发热物品等。
冷冻水果、蔬菜等	可能包装在固体二氧化碳（干冰）中。
燃料	可能含有易燃液体、易燃固体或易燃气体。
家居用品	可能含符合危险品任何标准的物品，包括易燃液体如溶剂性油漆、黏合剂、上光剂、不允许携带的气溶胶、漂白剂、腐蚀剂罐或下水道清洗剂、弹药、火柴等。
仪器	可能藏有气压计、血压计、汞开关、整流管、温度计等含有汞的物品。
磁铁或其他类似物	其单独或累积可能符合磁性物质的定义。
医疗用品 / 设备	可能含符合危险品任何标准的物品，特别是易燃液体、易燃固体、氧化剂、有机过氧化物、毒性或腐蚀性物质、锂电池。

续表

物品名称	隐含的危险性
金属建筑材料、金属栅栏、金属管材	可能含由于可能影响航空器仪器而须符合特殊装载要求的铁磁性物质。
旅客行李	可能含符合危险品任何标准的物品。例如：爆竹、家庭用的易燃液体、腐蚀剂罐或下水道清洗剂、易燃气体或液体打火机燃料储罐或野营炉的气瓶、火柴、弹药、漂白粉、不允许携带的气溶胶等。
药品	可能含符合危险品任何标准的物品，尤其是放射性物品、易燃液体、易燃固体、氧化剂、有机过氧化物、毒性或腐蚀性物质。
摄影器材 / 设备	可能含符合危险品任何标准的物品，尤其是发热装置、易燃液体、易燃固体、氧化剂、有机过氧化物、毒性或腐蚀性物质、锂电池。
电冰箱	可能含液化气体或氨溶液。
修理箱	可能含有机过氧化物和易燃黏合剂、溶剂型油漆、树脂等。
试验样品	可能含危险品任何标准的物品，特别是感染性物质、易燃液体、易燃固体、氧化剂、有机过氧化物、毒性或腐蚀性物质。
演出、电影、舞台与特殊效果设备	可能含易燃物质、爆炸品或其他危险品。
体育运动用品 / 体育团队设备	可能含压缩或液化气（空气、二氧化碳等）气瓶、锂电池、丙烷喷灯、急救箱、易燃黏合剂、气溶胶等。
工具箱	可能含爆炸品（射钉枪）、压缩气体或气溶胶、易燃气体（丁烷气瓶或焊枪）、易燃黏合剂或油漆、腐蚀性液体、锂电池等。
火炬	小型火炬和通用点火器可能含易燃气体，并配有电子打火器；大型火炬可能包含安装在易燃气体容器或气瓶上的火炬头（通常有自动点火开关）。
无人伴随行李 / 私人物品	可能含任何符合危险品标准的物品，如爆竹、家庭用的易燃液体、腐蚀剂罐或下水道清洗剂、易燃气体或液体打火机燃料储罐或野营炉的气瓶、火柴、漂白剂、气溶胶等。
疫苗	可能包装在固体二氧化碳（干冰）中。

注：对于未包含在本规则危险品定义中的物品或物质，如果在出现泄漏时可能会导致严重的清理问题，或在长期情况下会对铝造成腐蚀，托运人必须对其进行检查，至少应确保包装是恰当的，能够防止在运输过程中出现泄漏。它们可能包括盐水、粉末或液态染料、腌制食品等。

任务三　危险品的处置

一、危险品处置原则

飞行中，当发生危险物品事故或事故征候时，不论所涉及的航空器运载的是旅客、货物还是客货，都需要按照下述原则采取措施。

（1）首先考虑尽快着陆。如果情况允许的话，应将飞机装载危险品的情况通知空中交通管制部门。

（2）按经批准的该机型的相应灭火或除烟应急程序实施应急响应处理。此时，飞行组成员氧气罩和调节器必须打开，并选择在100%的供氧位置以预防烟雾被吸入；使用相应的除烟应急程序以降低有毒烟雾浓度，避免受污染的空气进行循环；空调系统应处于最大功率状态，所有的舱内空气应排到舱外（没有空气的再循环），以便降低空气的污染浓度，并避免受污染空气的再循环。

（3）降低高度将会降低液体的汽化速率，也可降低渗漏速率，但可能加快燃烧速率。反之，提高高度可能会降低燃烧速率，但是可能加快汽化速率或渗漏速率。如果出现了结构损坏或爆炸危险，应该考虑保持飞机处于尽可能小的压差状态。

（4）不应为了灭火而降低通风率。旅客可能在火被扑灭之前因缺氧而窒息，通过确保客舱最大的通风量，可显著增加旅客的幸存机会。

（5）在出现火情或烟雾事故时，机组成员应始终戴上气密呼吸保护装置。不应考虑使用便携式氧气瓶的医疗面罩或旅客用降落式氧气系统。如果烟或烟雾蔓延，乘务组应迅速采取行动，将旅客从受影响区域转移，必要时可为处于充满烟或烟雾的环境中的旅客提供湿毛巾或湿布捂住口鼻。

（6）通常当危险品泄漏或发生烟雾时，不应使用水来扑救，因为水能扩散危险物品或增加其发烟率。如果使用水进行扑救，还应考虑到可能会有电气设备的存在。

（7）除了在飞机内强制安装的应急设备和由经营人提供的应急响应包以外，很多其他类型的物品也能起到很好的作用，包括酒吧或配餐使用的箱子，烤炉抗热手套 / 防火手套，聚乙烯袋子，毛毯和毛巾等。

（8）在接触可疑包装件或瓶子之前，应该将手保护好。此时可用聚乙烯袋套在防火手套或烤炉抗热手套上，对手给予相应保护。

（9）在擦除任何泄漏物或渗漏物时，应始终很小心，并保证所使用的擦除物品与危险品之间不会发生反应。如果出现了反应，就不应再尝试擦除，此时应用聚乙烯塑料袋将泄漏物包住。如果此时得不到合适的聚乙烯塑料袋，则应仔细采取措施，保证用来包住危险品的物品与危险品之间不会产生反应。

（10）如果已知或怀疑的危险品以粉末形式溢出，所影响的一切物品均应保持不动。不应该用灭火剂覆盖此类溢出物，或用水加以稀释。应将旅客从受影响区域转移。应考虑关闭再循环风扇。应使用聚乙烯袋子或其他塑料袋和毯子覆盖有溢出物的区域。应将该区域隔离起来。着陆之后，只应由合格的专业人员负责处理情况。

（11）如果火情已成功处理，而危险品的内部包装明显看出完好无损，此时可考虑用水冷却包装件，以避免重新起火的可能性。但在使用水冷却时，应考虑第（6）项的有关情况。

（12）当有烟雾或蒸气存在时，应该禁止吸烟。

（13）在任何事件中，当地面救援消防人员（RFF）到达飞机时，无论此事故是由危险品引起，还是飞机上携带有并非由其直接造成事故的危险品，此时应建立一个程序，以保证记录危险品的机长通知单能直接提交给救援消防人员使用。这样的程序可以要求机长在应急撤离过程中离开飞机，以便向救援消防人员中的高级成员提交这份机长通知单。

（14）如果一起事故征候涉及某种可以查明的化学物质（通过联合国运输专用名称或编号，或通过任何其他方法予以查明），在某些情况下或许可以从各国化学数据库中获取有用的信息。这些数据库通常保持电话 24 小时畅通，可以通过电话转接程序与之取得联系。

二、危险品事故应急处置程序

（一）通知机长、其他乘务组成员

任何涉及危险品的不安全事故、事故征候（也称事件）都应立刻通知机长，并向机长通报对危险品所采取的一切行动及其效果。乘务组和飞行组必须协调行动、密切沟通，使每一组成员充分了解另一组成员的行动和意图是十分重要的。

最大限度地防止烟和烟雾蔓延到驾驶舱内，对航空器的持续安全运行至关重要，因此，必须始终使驾驶舱门保持关闭状态。机组之间的通信和协调是极其重要的。应使用内话系统作为主要通信方式，除非内话系统出现故障。

（二）查明物品

请有关的旅客指明物品和指出潜在的危险。该旅客或许能就所涉及的危险及其处理方式提供某些指导。如果该旅客能够识别发生事故的危险品，则乘务员应按照处置程序进行处置。对于客舱内只有一个乘务员的飞机，乘务员应该与机长协商，是否需要向旅客寻求帮助以处理危险品事故。

（三）出现起火、冒烟情况

任何火灾都必须使用标准应急处理程序来处理。通常，对于溢出物或在出现烟雾时，不应使用水。因为水可能使溢出物的面积扩大，或增加客舱空气中的烟雾浓度。当使用水灭火瓶时，应该考虑到水对机上电子元件的影响。

（四）出现溢出或泄漏情况

1. 取出应急处置包或收集其他有用的物品

取出应急处置包（如果提供的话），或者取出用来处理溢出或渗漏的下列物品：一定量的纸巾或报纸或其他吸水性强的纸或织品（如椅垫套、头垫套）；烤炉抗热手套或防火手套（如有）；至少两个大的聚乙烯废物袋；至少三个小一些的聚乙烯袋，如免税店出售商品使用的袋子，如果没有，也可利用呕吐袋。

2. 戴上橡胶手套和防烟面罩

在接触可疑的包装件或物品之前，始终应该将手保护好。防火手套或烤炉抗热手套罩上聚乙烯袋，可以提供适当的保护。当处理涉及烟、烟雾或火的事故征候时，应时刻戴着气密呼吸设备。

3. 将旅客从该区域撤走，并分发湿毛巾或湿布

不应考虑使用便携式氧气瓶或从旅客座位上方服务面板储藏室掉落下的氧气面罩帮助处于充满烟或烟雾的客舱内的旅客，因为大量的烟或烟雾将通过面罩上的气门或气孔被吸入。

帮助处于充满烟或烟雾的环境中的旅客的一个更加有效的方法，是使用湿毛巾或湿布捂住嘴和鼻子。湿毛巾或湿布可帮助过滤，且比干毛巾或干布的过滤效果更佳。如果烟或烟雾越来越大，乘务组应迅速采取行动，将旅客从受影响区域转移，可能时提供湿毛巾或湿布，并指示旅客用其呼吸。

4. 将危险物品装入聚乙烯袋子中

（1）如果已知或怀疑的危险物品以粉末形式溢出：一切物品均应保持不动；不要使用灭火剂或水；用聚乙烯袋子或其他塑料袋和毯子覆盖该区域；将该区域隔离起来，直至着陆。

（2）如果有应急处置包，且可以完全确定该物品不会产生问题，可以决定不予移动，但在大多数情况下，最好将该物品移走，并应按下列方式将该物品装入聚乙烯袋：准备好两个袋子，把边卷起来，放在地板上；将物品放入第一个袋子中，使其封口端或其从容器中泄漏的部位朝上；取下橡胶手套，同时避免皮肤与手套上的任何污染物接触；将橡胶手套放入第二个袋子中；封上第一个袋子，同时挤出多余的空气；扭转第一个袋子的开口端，用一根捆扎绳将其系紧以保安全，但又不要太紧以致不能产生等压；将（装有该物品的）第一个袋子放入已装入橡胶手套的第二个袋子中，并采用与第一个袋子相同的方法将其开口端系牢。

（3）如果没有应急处置包，则拾起该物品并将其放入一个聚乙烯袋子中。确保装有该物品的容器保持直立正放，或使渗漏的部位朝上。在确定用来擦抹的物品与该物品之间不会产生反应之后，用纸巾、报纸等抹净溢出物。将脏纸巾等放入另一个聚乙烯袋子中。将用于保护手的手套和袋子单独放入一个小聚乙烯袋子中，或与脏纸巾放在一起。如果没有多余的袋子，将纸巾、手套等与该物品放在同一个袋子中。将多余的空气从袋子中排出，紧束开口以保安全，但又不要太紧以致不能产生等压。

（4）存放聚乙烯袋子。如果机上有配餐或盛装饮料用的箱子，腾空里面的东西，将箱子放在地板上，盖子朝上。将装有危险品和脏纸巾等物的袋子放入箱内并盖上盖。将箱子，或如果没有箱子，将袋子拿到一个离驾驶舱和旅客尽可能远的地方。考虑将箱子或袋子放在厨房或洗手间，除非它靠近驾驶舱。如果有可能，使用后置厨房或洗手间，但不要将箱子或袋子靠在密封隔板或机身壁上。如果使用厨房，箱子或袋子可存放在一个空的废物箱内；如果使用洗手间，箱子可放在地板上，袋子可放在空的废物箱内，应从外面锁上洗手间的门。

在增压的航空器内，如果使用了洗手间，排出烟雾不会影响到旅客。但如果航空器未被增压，洗手间内可能就没有防止烟雾进入客舱的正压。在移动箱子时，务必使开口朝上，或在移动袋子时，务必使装有危险品的容器保持直立正放，或者使渗漏的部位朝上。无论将箱子或袋子放在何处，都要将其牢牢固定住以防移动，并使物品保持直立正放。确保箱子或袋子放置的位置不会妨碍人员下机。

（5）采用处理危险品的方式来处理被污染的座椅垫、座椅套。应将被溢出物污染的椅垫、椅背或其他陈设从其固定装置上取下，并和最初用于覆盖它们的袋子一起装入一个大的垃圾袋子或其他聚乙烯袋子中。应按照存放引起事故征候的危险物品的相同方式来存放这些物品。

（6）覆盖地毯、地板上的溢出物。用废物袋或其他聚乙烯袋子（如有）来覆盖地毯或陈设上的溢出物。如果没有这些袋子，使用呕吐袋，将其打开，以使用塑料的一面覆盖溢出物，或者使用塑料覆膜的应急信息卡。

如果地毯被溢出物污染或者虽然被覆盖但仍产生烟雾，应尽可能将其卷起，放入一个大垃圾袋子或其他聚乙烯袋子中。应将其放入废物箱中，并在可能的情况下，存放在后置洗手间内或者后置厨房内。如果地毯不能移开，应始终用大垃圾袋子或聚乙烯袋子等将地毯盖住，并应在上面再盖一些袋子以减少烟雾。

（7）定时检查所存放的物品、被污染的陈设。应该定时检查出于安全考虑而被撤走和存放起来或被覆盖的任何危险物品、被污染的陈设或设备。

（8）将处理结果报告机长。对危险品进行处置后，将处理结果报告机长，同时包括机上乘员状况、设备的使用和耗损，设施的损坏情况。

（9）着陆之后，向地面工作人员指明危险品存放地点，以及提供有关物品的所有信息，在客舱记录本上做适当的记录，并对应急处置包或所用的任何航空器设备（如有）进行补充或更换。

三、飞机上爆炸物可疑装置应急处置

（一）处置程序

（1）处置原则：立即报告、快速反应、果断处置、认真对待。

（2）处置要求：高度负责、科学对待、避免蛮干、正确处置。

（3）情况搜集。机组在空中飞行期间，一旦发现飞机上有爆炸物、可疑物品或接到爆炸威胁的警告信息时，要尽快查明下列情况：1）爆炸物的放置位置、形状、大小尺寸、外包装性质，有无导线、绳索相连接；2）最初发现的情况或接到警告的内容，有无人动过，发现时间等。

（4）情况报告内容：1）已经查明的上述内容及相关情况；2）飞行航线、航班号、飞机号，飞机所在空域；3）机上货载数量、有无危险品货物；4）机长姓名；5）就近机场、飞机所剩油量；6）机组准备采取的处置措施。

（5）报告程序：1）由空中警察、航空安全员或其他指定人员负责查清情况，报告机长；2）机长接到情况后应立即向航空管制部门、运行控制中心报告；3）对已经查清和发现的新情况应及时续报。

（二）处置措施

（1）机组应尽最大可能降低飞行高度并且争取在就近机场着陆；着陆后，按照地面指令将飞机滑行到机场安全处置区（飞机隔离区），紧急撤离机上乘员，使旅客和机组成员尽快离开飞机和危险地带。

（2）如果发现爆炸物后，飞机不能在短时间内降落，应通过航空管制部门设备和所在公司的运行部门与爆炸技术专家（EOD）取得联系，获得处置措施和建议。

（3）在条件允许的情况下下降飞行高度，并尽可能地保持舱内现有的舱压，使其压差不超过（或低于）1 磅力 / 英寸 ^{2} 的限度；即使距离安全着陆地点较远，不能立即使飞机落地，也要保持舱内压差不升高，避免激活爆炸物电子装置引爆爆炸物，使飞机失控；在飞机上发现爆炸物时，在所飞航线的地面无障碍情况下，应将飞机下降到 8 000 英尺（2 438 米）安全高度。

（4）机组在考虑到飞机的性能和与就近机场的距离后，准备实施着陆时，应尽可能降低飞机的进近速度，保持水平状态飞行，控制操纵在最小范围内使飞机着陆，增强飞机的抗毁灭性。

（5）使用机上广播查询旅客中的爆破技术专家，为避免引起机上旅客恐慌，应使用缩略语进行广播，如："飞机上有 EOD 人员吗？""有位旅客需要 EOD 人员的帮助。"使用缩略语，可以仅使得爆破专业相关人员感觉到或明白有危险；在寻找到具有一定爆炸物知识专业人员后，在处置爆炸时要严格按规定程序进行处置，严禁违反规定盲目采取处置措施。

警告：飞机在飞行中不允许企图打开一个闭合的或隐蔽的爆炸物，或者尝试进入爆炸物的内部元件，任何尝试将可能会导致爆炸；严禁剪开或掐断任何电线。

（6）客舱乘务员应将爆炸物周围的旅客疏散到至少四排以外的座位上，并确认所有旅客在座位上坐好，系好安全带，将座椅靠背和小桌板调至垂直位置，有效保护旅客生命安全。

（7）按照当时所飞的机型规定的最低风险区爆炸物放置处（LRBL），做好将爆炸物和可疑物品转移到飞机上指定位置的准备。

（8）及时切断通向 LRBL 附近不必要的电源，准备好适用的灭火器材。

（9）如果 LRBL 在门上，要解除应急撤离滑梯预位，并且尽量拴紧充气瓶，这一做法可以保护客舱地板结构和地板底下的电子系统免遭破坏。

（10）在移动爆炸物之前必须对 LRBL 做一些必要的准备工作，在该处客舱地板到 LRBL 周围用行李堆放起一个平台，在平台的上方覆盖至少 25 厘米淋湿的物质（软物质，如坐垫或毛毯），再将一个薄薄的塑料制品（例如垃圾袋）放在上面，用来驱散爆炸时的能量和保护地板下的电子系统设备。注意千万不要忽略塑料制品的使用，它可以使爆炸物不会因为受潮而使电子定时器短路引起爆炸。

（11）使用一个硬质的薄型卡片（例如应急信息卡、安全须知卡）慢慢地放置在爆炸物的底下缓慢滑动，如果没有遇到阻碍，将卡片保留在爆炸物的底部，目的是检查爆炸物底部是否存在连接引爆开关的引线。

警告：倘若爆炸物底部有可能有连接引爆装置，不得将卡片遗留在爆炸物的底部。底部设有卡片标志的说明该爆炸物底部有引爆装置，不得移动。

注意：如发现爆炸物不能转移到 LRBL 位置，最好的处置方法是使爆炸物保持在原位置，实施一套临时修正位置的 LRBL 包装程序，重新制定适用的应急处置措施，将周围旅客疏散和对爆炸物进行覆盖。

（12）在爆炸物可以重新安置的情况下，将爆炸物移动到已经准备妥当的 LRBL 位置上。特别要注意在移动之前必须确认爆炸物底部有卡片标志（证明可以移动）。

（13）当爆炸物被安置在 LRBL 位置上时，在爆炸物上方再覆盖一层薄薄的塑料制品，然后小心地用至少 25 厘米的用水或其他任何不易燃烧液体淋湿的柔软防爆物质覆盖爆炸物，并将 LRBL 使用的其他空余地方（上至头顶，外至走廊）填满柔软防爆物质；如果 LRBL 的位置在飞机尾锥上，可以用柔软防爆物质填充尾锥至爆炸物的前部，防止爆炸冲击波、烟雾、炸弹碎片向外扩散，冲击客舱。

（14）当爆炸物放好后，可以使用安全带、领带或其他适合的材料固定 LRBL 的堆放物，使其在剩余的飞行时间内稳固可靠，确保安全（注意不能太用力和捆得太紧）。

（15）将 LRBL 周围的旅客疏散到至少四排以外的座位上坐好；如果这种机型的 LRBL 在某一旅客的座位下的客舱地板的下面，一定要确保此座位周围四排以内无人乘坐，并将客舱内所有座椅靠背和小桌板调整至垂直位置。远离爆炸物是保护旅客生命安全最好的方法，调直座椅靠背和小桌板将起到辅助保护的作用。

（16）机组应尽最大的可能将飞机及早着陆，着陆后应将飞机滑到机场的安全处置区，紧急撤离机上的人员，尽量避免使用飞机 LRBL 一侧和靠近 LRBL 的应急出口；地面人员应迅速组成临时处置小组，详细了解爆炸物的具体情况和机组的处置措施，准备飞机落地后的救援工作，努力减少旅客和机组成员的生命财产损失。

四、飞机在地面发现或被警告有爆炸物处置

（一）处置措施

（1）当机组被警告飞机上有爆炸物时，机组成员或得到信息者，应立即报告机长、空中警察和安全员或主任乘务长 / 乘务长；由机长将此情况报告航行签派部门，要求机场当局警方或应急部门给予支援，并派专职人员到现场处置。

（2）只要条件允许，应实施对机上旅客和机组成员进行撤离。在实施撤离时，任何人不得携带或提取任何物品，且应撤离到远离飞机 100 米外的指定位置。

（3）如需要，将飞机拖至或滑行到安全处置区域。

（4）在允许飞机上的人员撤离时，现场应保留少数安全检查人员、警察及专职人员，实施对飞机进行搜查或监控。

（5）经过专职人员检查没有发现爆炸物后，应将飞机上的全部物品卸下，并重新经过安全技术检查后方可重新装机。

（6）对撤离飞机的人员进行技术检查，若经过所有检查，均未发现任何爆炸物迹象，机组应与地面人员办理有关手续，机组及旅客可再次登机，飞机可继续飞行。

（7）机组返回基地后，机长、空中警察和安全员、主任乘务长 / 乘务长，应联合向公司领导或保卫部门写出发现和处置爆炸物过程的情况报告。

（二）注意事项

1. 发现

发现爆炸（可疑）装置应立即报告（爆炸装置描述、部位及处置意见），并根据地面指挥员指令和在有关专家的指点下慎重行动。

2. 移动

由“高危险”（驾驶舱或有基本设施的区域）区域移到 LRBL 前必须注意以下几点：

（1）采取行动前要尽量获得专家的指点和地面指挥员的批准；

（2）检查反增升启动装置，不要截断绷紧的弦或带子；

（3）不要打开可疑的容器；

（4）计划位置和路线安全保卫，并制定移动时的分工配合工作；

（5）移动时要慢，要小心，注意保持可疑装置的原状。

3. 转移

当可疑装置无法从发现的地方移开时，或在 LRBL 区域发现，或已转移到 LRBL 区域时，注意以下几点：

（1）将旅客有序地撤离该区域；

（2）切断该区域的基本电源；

（3）保证该装置尽可能稳固；

（4）为减少爆炸冲击波和碎片，应使用干燥、柔软的物品将可疑装置包起来，最后盖上潮湿的毯子；

（5）准备好灭火器和防护式呼吸装置。

4. 其他注意事项

（1）明确指定疏散区域位置，要求机场提供客梯及地面支援设备；

（2）通知旅客，有客梯时带上所有手提行李，用撤离滑梯时将手提行李留下，并明确集合地点（离航空器至少 100 米外）；

（3）通知乘务员即将使用的舱门和采取的行动；

（4）飞机滑行至指定疏散区域，并适时下达撤离命令；

（5）根据地面指令，完成关车程序和紧急撤离程序，迅速撤离航空器；

（6）报告地面指挥员（管制员）情况，并协助工作，配合有关部门做好旅客工作，禁止旅客再次登航空器。

任务四　锂电池的应急处置

一、锂电池的基础知识

（一）锂电池的分类

视频

锂电池基础知识

锂电池属于第 9 类危险品。

1. 按性质分类

锂电池按性质可以分为锂金属电池和锂离子电池。

锂金属电池（包括锂合金电池）：内含金属态的锂，以金属锂或锂合金为负极材料，金属氧化物或其他氧化剂为正极材料，固体盐类或溶解于有机溶剂的盐类作电解质，通常是不可充电的一次电池。

锂离子电池（包括锂聚合物电池）：不含金属态的锂，以锂化合物为正极材料，石墨为负极材料，锂盐溶于有机溶剂中形成的溶液作电解质，是可以充电的二次电池。

2. 按结构分类

锂电池按结构可以分为锂电池芯和锂电池（组）。

锂电池芯（cell）：由一个正极和一个负极组成且两个电极之间有电位差的单一的、封闭的电化学装置。

锂电池（组）(battery)：用电路连接在一起的两个或多个锂电池芯，并安装有使用所必需的装置，如外壳、电极端子、标记和保护装置等。

（二）锂电池热失控

在某些情况下，锂电池的内部会发生多种化学反应并产生大量的热，这会引起电池温度升高，当热量累积到某一临界值时会导致电池燃烧和爆炸，即热失控。空运常见的单个 CR17345（CR123A）型锂金属电池热失控时最高温度可达 950℃，单 18650 型锂离子电池热失控时的最高温度可达 870℃。

锂电池一旦发生热失控，燃烧过程持续几秒左右且存在两个关键节点：初爆和二次燃烧。初爆时，电池正极泄压装置破裂，喷射出少量电解液，并释放出大量可燃性的有机气体（多种碳氢化合物的混合物）。二次燃烧时，电池发生剧烈燃烧爆炸，火花四射，产生强光以及大量烟气，同时爆炸产生巨大的冲击力。锂金属电池还会通过电池排气口喷洒白热化熔融锂。

（三）锂电池的危险性

电池短路、过度充电、极限温度、错误操作或其他错误的情况下都有可能造成锂电池的破损、起火，甚至爆炸。

航空运输过程中应关注锂电池以下危险性：

（1）锂电池本身是一个氧化还原体系，可以自发剧烈反应。

（2）内部或外部短路、过度充电、高温、挤压、产品质量缺陷，在使用、搬运、包装、储存等环节操作不当等原因均可能导致锂电池自发反应，温度升高，继而出现热失控，引起燃烧、爆炸。

（3）无论内部原因还是外部原因，锂电池都能够产生足够的热量使相邻的锂电池也发生热失控，或者引燃临近物品。

（4）海伦灭火瓶可以扑灭锂电池明火，但无法阻止电池之间的热传导引起的热失控。

（5）锂电池燃烧时会发生复杂的化学反应，产生氢气、氧气、甲烷、氟化氢等气体。

（6）锂电池燃烧时还会产生大量有害粉尘，影响飞行组成员视线，危及机组成员和旅客身体健康。

视频

锂电池机上应急处置

二、机上应急处置

锂电池作为《危险货物分类和品名编号》（GB 6944—2012）规定的第 9 类危险品，其起火 / 冒烟时具有高温、燃爆等特殊危险性，在进行应急处置时与机上其他火情的处置程序不尽相同。机组成员只有掌握正确、科学的方法，才能更好地实施及时有效的应急处置，从而保障飞行安全。

（一）处置原则

锂电池机上起火 / 冒烟等事件突发性强，应急处置时应注意以下几点：

（1）确保人员安全——关键在于控制客舱秩序，疏散临近人员，做好自身防护；

（2）及时报告情况——关键在于及时准确向机长报告现场情况；

（3）注重协同联动——关键在于乘务组和飞行组之间及时沟通，注重机组之间、机组内部、机组与其他人员的协同联动；

（4）准确判断处置——关键在于准确判断情况，迅速做出响应，合理利用资源，采取适当有效的处置措施。

（二）处置程序

客舱内锂电池应急处置程序如表 13－11 所示。

表 13－11　客舱内锂电池应急处置程序

序号	步骤说明	乘务组行动	飞行组行动
1	查明原因，明确信息	（1）查明物品，确认事件由锂电池引发； （2）掌握事件发生位置、现象、涉及人员，确定处置措施； （3）维持客舱秩序，安抚旅客，必要时进行人员疏散转移	
2	报告情况，保持联络	（1）立即向机长报告； （2）保持联络，在必要时进行持续报告	（1）视情况向航空管制部门（ATC）报告； （2）保持与乘务组联络； （3）视情况做好防护，按手册启动相应程序； （4）保持驾驶舱门关闭，做好进一步应急处置准备
3	切断电源（此步骤也许已在“1.查明原因，明确信息”环节完成）	（1）关闭含锂电池设备电源； （2）断开含锂电池设备的外接电源或与该设备相连的机上电源； （3）断开机上相关电源	按非正常检查单完成相关程序
4	实施灭火处置	（1）按事发位置，实施相应灭火处置，注意人员安全防护； （2）准备冷却用容器； （3）做好进一步应急处置准备； （4）向机长报告处置情况	
5	冷却降温	（1）用水或其他不可燃液体对锂电池、含锂电池设备或相关行李进行淋洒降温； （2）评估灭火后锂电池或含锂电池设备状态是否趋于稳定。如可能，由做好个人防护的人员将其从行李中取出继续进行冷却或在行李相应位置处开口向内灌水冷却	

续表

序号	步骤说明	乘务组行动	飞行组行动
6	移动和监控	（1）确认灭火后的设备不再出现冒烟等现象，状态稳定后，使用注入水的垃圾箱、冰桶等辅助工具移动其至风险较小区域； （2）指派专人监控； （3）记录事件经过，留存相关物证； （4）向机长报告处置情况	（1）保持与乘务组联络； （2）做好进一步应急处置准备
7	落地后处置	（1）向相关人员报告并移交相关物证； （2）配合事件调查和报告的相关工作	（1）向相关人员报告并移交相关物证； （2）配合事件调查和报告的相关工作

注 1：虽然表格按序号列出了应急处置的步骤，但机组成员在实施应急处置时应根据实际情形酌情对步骤进行合并或调整，以达到更好的处置效果。

注 2：风险较小区域包括洗手间、操作间、最低爆炸风险区等区域。

注 3：如果锂电池、含锂电池设备仅出现发热迹象，并未起火 / 冒烟，应参照“6. 移动和监控”的相关措施进行处置。

（三）处置注意事项

1. 机上处置资源

（1）选择应急设备和辅助工具。

机上可用于锂电池应急处置的设备有灭火设备和防护设备。灭火设备包括海伦灭火瓶、水灭火瓶等，防护设备包括防护式呼吸保护装置、防火手套等。

除这些设备外，机组成员可以考虑使用机上易得物品作为锂电池应急处置的辅助工具。例如：碳酸饮料、茶水、咖啡、果汁等不可燃液体可以用来实施灭火和冷却处置；湿毛毯、湿枕头等可以用来防止火源周围的物品被引燃和火势蔓延；机供品箱、冰桶、垃圾箱、餐车可以作为冷却或移动相关物品的容器；湿毛巾可以作为隔热防护用品等。

（2）选择援助者。

在机组成员的数量或力量不足以顺利实施应急处置时，应考虑挑选机上其他适合的人员作为援助者，协助机组完成相关处置工作。援助者可以考虑选择航空公司雇员、军人、警察或其他身体状况适宜的旅客。机组成员应告知援助者需要其协助的工作，并确认其已理解告知的内容。

2. 查明原因

当客舱内出现起火 / 冒烟事件时，应考虑事件是否由锂电池引发，乘务组须立即向周围人员询问甄别，尽量确定起火 / 冒烟物品的性质及位置。如涉事物品所处位置较隐蔽，应根据其产生的火光、烟雾或热量确定其大致位置。

只有确认起火 / 冒烟事件由锂电池引发后，才可以按照前文所述的程序进行应急处置。

3. 客舱秩序维护

锂电池燃烧会发出火光，产生大量烟雾，甚至出现燃爆现象，容易造成机上旅客恐慌。为避免由此带来其他的客舱安全隐患，乘务组在应急处置之初应注意控制客舱秩序，并在整个处置过程中自始至终监控客舱安全。在必要时，乘务组应转移和疏散旅客，并随时提醒就座旅客系好安全带。

经营人应考虑制定在客舱座位满员的情况下疏散转移相关区域旅客的办法，并在公司指导文件和训练中向乘务组成员进行相应的指导和说明，以确保应急处置中机上旅客可以得到妥善安置。

4. 向机长报告的要素

发生锂电池起火 / 冒烟事件时，乘务组应立即将相关情况准确、客观、简洁地向机长报告。在随后应急处置的必要节点，乘务组应及时和持续地进行报告，以便机长和飞行组随时了解危险状况及处置效果，判断事态趋势并采取进一步行动。

经营人应根据本公司实际情况明确报告的要素，具体内容可参考表 13－12。

表 13－12　向机长报告的要素

节点	报告项	要素
初发阶段（第一时间）	位置	涉事物品或行李所处位置，如行李架内、座椅下方、走道、相关座位号等
	人员	有无人员受伤，是否已确认涉事物品或行李的所属人，客舱秩序和旅客情况等
	现象	见明火 / 冒烟、声音、势态（颜色 / 气味 / 热度）等
	初判原因	是否由锂电池引发
	处置措施	是否实施应急处置，是否启用应急设备，已经或正在采取的行动等
处置阶段（持续整个处置过程）	位置	涉事物品或行李是否转移
	人员	有无人员受伤，客舱秩序和旅客情况
	现状或趋势	应急处置是否有效，事件是否得到控制，机体是否受损，客舱内烟雾情况等
	确认原因	是否已确认引发事件的原因
	处置措施	应急设备使用情况，采取的应急处置措施等
监控阶段（有效处置后）	位置	涉事物品或行李是否转移到风险较小区域或其他位置等
	人员	有无人员受伤，客舱秩序和旅客情况等
	现状	涉事物品或行李和周围环境的监控情况，机体是否受损，客舱内烟雾情况等
	确认原因	是否已确认引发事件的原因
	处置措施	应急设备使用情况，采取的应急处置措施等
	记录和取证	事件记录以及相关人员的取证情况

注：乘务组应根据实际情况，以准确简要为原则，在报告时视情况合并或省略不重要的报告信息。

5. 灭火小组

形成灭火小组实施锂电池应急处置程序是锂电池机上应急处置的有效方式之一。小组可以由若干个乘务组成员，或一名飞行组成员和若干乘务组成员组成，通常依据航前准备的号位划分来确定职责，也可以根据当时情况由机长或乘务组主管协定调配。处置过程中，灭火小组应至少有一人佩戴防护设备。

灭火小组人员所承担的行动角色及主要职责分别如下。

（1）主要消防员。通常是发现火情的人，或距离灭火设备最近的人，主要职责是查明火源，根据火情发生位置，正确使用灭火设备并实施灭火。

（2）联络员。主要负责两机组间的信息传递。联络员应及时按公司手册要求向机长报告相关信息，并向乘务组反馈飞行组的进一步指令。

（3）辅助消防员。作为第二消防员，负责收集机上可使用的灭火设备及其他可利用资源；监控灭火设备使用时间和数量；做好自身防护，及时替换主要消防员或为其提供帮助；疏散转移安置火源区域人员，指导并协助相关人员采取防护措施；转移或妥善安放相关区域的氧气瓶或其他设备；提前准备好适于冷却锂电池、含锂电池设备或相关行李的容器。

除以上承担灭火小组职责的乘务员外，其他乘务员应按其号位承担各自的其他客舱安全职责。

单人客舱乘务员的主要职责是实施灭火，应考虑挑选援助者协助其行动。

6. 人员防护

在处置中应始终以保障机上乘员的人身安全为首要原则，使用所有可利用资源，做好人员防护。

为及时进行处置，承担主要消防员职责的乘务组成员可能无法及时穿戴好相应的防护设备。乘务组在飞行前准备阶段应考虑到此类状况，根据当天航班的情况准备相应的物品或工具以备应急之需，如在操作间明显位置放置湿的餐巾、湿毛巾用作衬垫或掩住口鼻等。

处置中应及时向旅客发布必要的安全提示，对防护方法进行指导，并提供适当的防护用品。如在烟雾较大时提醒旅客保持低姿态，分发湿毛巾，或提示旅客用衣服或座椅上的头巾掩住口鼻。

若需要离开驾驶舱协助乘务组灭火，飞行组成员在离开驾驶舱前应佩戴防护式呼吸装置。

若需要协助紧急撤离工作，在怀疑客舱有烟雾或烟尘时，飞行组成员也应佩戴防护式呼吸装置。

7. 灭火处置

机上配备的海伦灭火瓶、水灭火瓶、水或其他不可燃液体均可用于扑灭锂电池火情，防止火势蔓延。但因锂电池的特殊危险性，海伦灭火瓶无法彻底扑灭锂电池火情，仅可扑灭锂电池燃烧的外部火焰，阻止周围物品的燃烧。水灭火瓶既可消除明火又具有一定的冷却作用，可作为锂电池机上应急处置的首选，但使用时应考虑避开驾驶舱飞行仪表区域或客舱内操作面板等电子设备。

禁止使用灭火毯等类似用品覆盖或包裹锂电池或含锂电池设备灭火；禁止移动或从行李中取出正在起火 / 冒烟的锂电池或含锂电池设备；禁止从含锂电池设备中取出正在

起火 / 冒烟 / 发热的锂电池。

8. 冷却和监控

在有效实施灭火处置后，应立即用水或其他不可燃液体对锂电池、含锂电池设备或相关行李进行淋洒冷却降温，防止锂电池复燃。

禁止使用冰块或干冰覆盖锂电池或含锂电池设备进行冷却，有少量冰块的冰水可用于冷却。

水或其他不可燃液体淋洒到起火 / 冒烟的锂电池或含锂电池设备上时可能会产生水蒸气，为避免灼伤，处置中应做好人员防护。

对于放置在行李内的锂电池或含锂电池设备，如行李材质为防水材料，或行李体积较大不便冷却时，应评估涉事锂电池或含锂电池设备状态是否趋于稳定，如可能，由做好个人防护的人员将其从行李中取出继续进行冷却；或根据询问行李所属人和发热位置确定火源大致位置后，在行李相应位置处开口，向内灌水冷却。

确认冷却后的锂电池或含锂电池设备状态稳定后，由做好个人防护的人员使用注入水的垃圾箱、冰桶等辅助工具将其移动至洗手间、操作间、最低爆炸风险区等风险较小区域，指定乘务员负责监控，直至落地后移交。

锂电池或含锂电池设备仅出现发热迹象，但未起火 / 冒烟时，应确认设备电源关闭后，在采取适当防护的前提下，采取冷风机吹冷或置于装有冰块的不渗漏袋子上等降温方式对其进行冷却。冷却时应由专人在适当区域监控，监控可由设备所属人进行，但乘务组应确保随时可以采取进一步处置措施，并提前将可能采取的措施告知设备所属人。

9. 预见性应急准备

实施锂电池应急处置的同时，机组成员应做好着陆和启动其他应急程序的准备。

10. 行李架内锂电池应急处置注意事项

行李架内锂电池、含锂电池设备或相关行李起火 / 冒烟时，应首先实施灭火处置，同时还应遵循前述注意事项 1 ～ 9。

扑灭行李架内明火或烟雾后，需打开行李架进一步确认火源位置，继续实施灭火处置（适用时），在确认锂电池、含锂电池设备或相关行李不再有燃烧迹象后，方可视情况移出。如实施灭火后，相关物品仍存在温度较高等情况，尚不能从行李架内移出时，应使用水或其他不可燃液体对其进行淋洒冷却。考虑到水或其他不可燃液体会流入机体壁板内或流到座椅上，在可能的情况下，应使用塑料袋、毛毯等进行遮掩或毛巾吸拭的方法减少机体受损。

取出的锂电池、含锂电池设备或相关行李应立即用水或其他不可燃液体浇洒进行冷却，进而放入容器浸泡并进行监控。

11. 滑落至电动座椅下的锂电池应急处置注意事项

锂电池或含锂电池设备滑落至电动座椅下时，乘务组应向相关人员询问滑落位置。如未出现起火 / 冒烟现象，乘务组应视情况做好防护，在不移动座椅的前提下，尝试取出该锂电池或含锂电池设备。如无法取出，应转移该座位旅客，并告知该旅客和周围人员不得再移动该座椅，保持座椅现状，待时机合适或飞机落地后由机务协助取出。

如已出现起火 / 冒烟现象，乘务组应按锂电池机上应急处置程序进行应急处置，同时遵循前述注意事项 1 ～ 9。

素养园地

生物识别技术：无感出行 步履不停

不用机票，不需要身份证，不用出示二维码……从进入机场开始，值机、托运、安检、登机甚至通过海关，你都可以畅通无阻，无须进行“我是我”的证明。这样的出行体验是否听起来既洒脱又快意呢？

这并不是天马行空的畅想，而是正在变成现实的民航出行服务升级——依托快速发展的技术和更加智慧的设备，机场、航空公司以及海关等正在逐步实现信息共享，让“一脸通行”成为可能。在智慧民航建设的推动下，目前国内很多机场和航空公司都已具备推行 One ID 的技术基础。在相关规则进一步完善后，旅客很快就能在搭乘航班出行时，对机票、身份证说再见了。

按照国际航空运输协会（IATA）的介绍，通过身份管理和生物特征识别，One ID 可以让旅客无须出示任何证件就能完成乘机的全部程序。One ID 的目标是，在机场、航空公司与政府之间实现真正可互操作的系统协调。通过简单的生物识别，旅客在任何一座机场都能完成身份信息认证。

目前，当旅客选择国内航班出行时，所须验证的信息主要包括两个方面：以身份证件为载体的有效身份信息，以及以登机牌为载体的航班信息。随着科技的发展，这两种信息载体也都出现在数字化变革之中。现阶段，主流验证模式是“多凭证结合”，即“身份证件 + 二维码电子登机牌”。与此同时，“单一凭证模式”即仅使用身份证件验证全部身份及航班信息用于后续乘机的操作，也在推广之中。

除上述两种方式外，随着生物识别技术日趋成熟，机场、航空公司和相关业务单位正在积极探索生物识别技术应用的可行性。例如：在获得旅客同意的前提下，航空公司和机场等可在场外值机环节，采用人脸识别等技术预先对旅客的生物信息进行采集，同时将旅客的电子化身份信息、航班信息以及生物信息相关联，随后使用唯一生物识别方式对旅客在航空出行中的各环节进行验证。

这样一来，从购票、安检、托运到登机，旅客全程无须出示任何身份证明和其他凭证，真正做到解放双手。可以说，全流程生物识别技术的应用，是通过信息化和智慧化手段对旅客服务进行全面升级。目前，国内很多机场已经实现了部分流程的生物识别认证。

2022 年 3 月，在阔别一段时间后，广州白云机场的 One ID 服务终于重新归来。对旅客来说，一旦感受过“刷脸走机场”的快乐，就不愿再经历之前“左手身份证，右手登机牌 / 行李牌”的烦琐了。

在广州白云机场，One ID 不仅能够帮助旅客完成快速自助值机，还能让大家在自助行李托运、安检以及登机环节“快人一步”。想要体验“刷脸”托运，广州白云机场

T1 航站楼的全部自助行李托运设备以及 T2 航站楼 G 区的自助行李托运设备可以满足旅客尝鲜的心愿。在安检环节，旅客可以“刷脸”通过安检。但由于政策要求，大家仍须出示身份证等证件。通过安检后，T1 航站楼的西二、西三指廊以及 T2 航站楼的国内自助登机设备均已支持“刷脸”登机。最后，想要体验“刷脸”畅行的快乐，旅客需要凭二代身份证购票后，于出发前在“机场通”注册并授权 One ID 服务。

（资料来源：王艺超. 生物识别技术：无感出行 步履不停. 中国民航报，2022-06-22.）

模块十三
案例阅读

参考文献

[1] 陈卓，兰琳. 客舱安全管理与应急处置 [M]. 北京：清华大学出版社，2017.
[2] 崔克清. 危险化学品安全总论 [M]. 北京：化学工业出版社，2005.
[3] 杜珺，吴煜. 民航乘务危险品运输教程 [M]. 北京：中国民航出版社，2015.
[4] 甘琳琳，叶赪. 客舱设施与服务 [M]. 北京：中国人民大学出版社，2021.
[5] 民用航空危险品运输：修订版 [M]. 北京：科学出版社，2011.
[6] 王连英. 民航飞机客舱设备 [M]. 北京：中国民航出版社，2015.
[7] 王连英. 民航客舱安全管理 [M]. 北京：中国民航出版社，2015.
[8] 巫红梅. 航空应急医疗教程 [M]. 北京：中国民航出版社，2018.
[9] 肖瑞萍. 民用航空危险物品运输 [M]. 北京：科学出版社，2013.
[10] 薛佳秋. 民航客舱应急 [M]. 北京：中国民航出版社，2016.

目录

CONTENTS

模块一 客舱安全运行规则

扫码在线测试

实训任务一 基础知识训练

基础知识训练报告与评价表

<table>
<tr><td>实训属性</td><td colspan="6">基础知识训练</td></tr>
<tr><td>实训目的</td><td colspan="6">通过练习，巩固对“客舱安全运行规则”知识点的掌握</td></tr>
<tr><td rowspan="6">项目小组成员</td><td>姓名</td><td>班级</td><td>学号</td><td colspan="3">责任分工</td></tr>
<tr><td></td><td></td><td></td><td colspan="3"></td></tr>
<tr><td></td><td></td><td></td><td colspan="3"></td></tr>
<tr><td></td><td></td><td></td><td colspan="3"></td></tr>
<tr><td></td><td></td><td></td><td colspan="3"></td></tr>
<tr><td></td><td></td><td></td><td colspan="3"></td></tr>
<tr><td rowspan="2">实训方式和步骤</td><td colspan="6">随堂测：在规定的课堂时间完成闭卷测试</td></tr>
<tr><td colspan="6">小组 PK 赛：采用抢答形式，答对加 2 分，答错扣 1 分，小组成绩即为成员个人成绩</td></tr>
<tr><td rowspan="2">实训成果</td><td colspan="6">随堂测正确率 ________ /10 题</td></tr>
<tr><td colspan="6">小组 PK 赛成绩 ________ 分，名次 ________ / 共 ________ 组</td></tr>
<tr><td rowspan="6">实训过程评价</td><td colspan="4">评价指标</td><td>自评</td><td>组内互评</td></tr>
<tr><td colspan="4">达成本次实训项目目标（50 分，按正确率打分）</td><td></td><td></td></tr>
<tr><td colspan="4">着装符合课堂规范（5 分）</td><td></td><td></td></tr>
<tr><td colspan="4">遵守课堂纪律，做好安全防护，具备安全意识（5 分）</td><td></td><td></td></tr>
<tr><td colspan="4">掌握知识点，能对所学内容进行分析、总结（5 分）</td><td></td><td></td></tr>
<tr><td colspan="4">能有效利用资源查找信息，具备自主学习的能力（5 分）</td><td></td><td></td></tr>
</table>

续表

实训过程评价	能独立思考，融会贯通，提出自己的见解（5分）		
	能创新性地解决问题（5分）		
	注重团队协作，同学间团结友爱，共同解决问题（5分）		
	认同所学专业的价值，对学习抱有热情，在学习中获得满足感、成就感（5分）		
	具备理论应用于实践的能力（10分）		
小组活动经验总结			
个人总结和反思			

实训任务二　综合应用训练

一、航前准备会的时间有限，乘务员要服从乘务长的指挥，了解各自承担的岗位职责和服务要求，与其他机组成员建立良好的协同关系，为航班正常运行奠定基础。假设你即将执飞一趟从广州飞往北京的航班，机型是波音737-800型客机。请以乘务组为单位，设计一次航前准备会，并填写下表。

综合应用训练报告与评价表

实训属性	综合应用训练			
实训目的	能通过团队协作进行航前准备会			
项目小组成员	姓名	班级	学号	责任分工
实训方式和步骤	1. 结合上面的问题，以项目小组为单位开展讨论； 2. 各项目小组进行交流和互评； 3. 思考并总结，完成实训报告			
实训成果	讨论并总结：航前准备会的流程			

续表

	评价指标	自评	组内互评
实训过程评价	达成本次实训项目目标（50分，按正确率打分）		
	着装符合课堂规范（5分）		
	遵守课堂纪律，做好安全防护，具备安全意识（5分）		
	掌握知识点，能对所学内容进行分析、总结（5分）		
	能有效利用资源查找信息，具备自主学习的能力（5分）		
	能独立思考，融会贯通，提出自己的见解（5分）		
	能创新性地解决问题（5分）		
	注重团队协作，同学间团结友爱，共同解决问题（5分）		
	认同所学专业的价值，对学习抱有热情，在学习中获得满足感、成就感（5分）		
	具备理论应用于实践的能力（10分）		
小组活动经验总结			
个人总结和反思			

二、飞机上设置翼上应急出口，是为了保障全体旅客的生命安全。坐在这个位置的旅客，在享受宽敞座位的同时，也要承担起“守护者”的责任。在紧急情况下，出口座位的旅客要充当乘务员的援助者，协助空乘人员做好应急撤离工作。假设你是航班中的乘务员，请用中文和英文向坐在翼上应急出口排的旅客进行安全介绍，并填写下表。

综合应用训练报告与评价表

实训属性	综合应用训练			
实训目的	能够正确地向坐在翼上应急出口排的旅客进行安全介绍			
项目小组成员	姓名	班级	学号	责任分工
实训方式和步骤	1. 结合上面的问题，以项目小组为单位开展讨论； 2. 各项目小组进行交流和互评； 3. 思考并总结，完成实训报告			

续表

实训成果	讨论并总结：如何向坐在翼上应急出口排的旅客进行安全介绍		
实训过程评价	评价指标	自评	组内互评
	达成本次实训项目目标（50分，按正确率打分）		
	着装符合课堂规范（5分）		
	遵守课堂纪律，做好安全防护，具备安全意识（5分）		
	掌握知识点，能对所学内容进行分析、总结（5分）		
	能有效利用资源查找信息，具备自主学习的能力（5分）		
	能独立思考，融会贯通，提出自己的见解（5分）		
	能创新性地解决问题（5分）		
	注重团队协作，同学间团结友爱，共同解决问题（5分）		
	认同所学专业的价值，对学习抱有热情，在学习中获得满足感、成就感（5分）		
	具备理论应用于实践的能力（10分）		
小组活动经验总结			
个人总结和反思			

实训任务三　素养提升训练

素养提升训练报告与评价表

实训属性	素养提升训练			
实训目的	通过小组课堂演讲的形式，进行素养提升教育，为民航强国事业培养接班人			
项目小组成员	姓名	班级	学号	责任分工

续表

实训方式和步骤	1. 以项目小组为单位进行案例搜集，挖掘与课程相关的素养提升资源； 2. 各项目小组进行案例演讲和互评； 3. 思考并总结，完成实训报告		
实训成果	讨论并总结：通过该模块的学习，谈谈项目小组对所挖掘的素养提升资源的理解		
实训过程评价	评价指标	自评	组内互评
	达成本次实训项目目标（30分）		
	演讲主题契合素养提升（10分）		
	演讲主题与行业相关，增强职业认同感（10分）		
	能完善自我，对自身成长起到正面激励作用（10分）		
	能健全道德素养，增强社会责任感，培养积极正面的人生观、世界观（10分）		
	能有效利用网络资源查找信息，具备自主学习的能力（5分）		
	能独立思考，融会贯通，提出自己的见解（5分）		
	能创新性地解决问题（5分）		
	注重团队协作，同学间团结友爱，共同解决问题（10分）		
	具备理论应用于实践的能力（5分）		
小组活动经验总结			
个人总结和反思			

模块二 客舱应急设备认知

扫码在线测试

实训任务一 基础知识训练

基础知识训练报告与评价表

<table>
<tr><td>实训属性</td><td colspan="5">基础知识训练</td></tr>
<tr><td>实训目的</td><td colspan="5">通过练习，巩固对“客舱应急设备认知”知识点的掌握</td></tr>
<tr><td rowspan="6">项目小组成员</td><td>姓名</td><td>班级</td><td>学号</td><td colspan="2">责任分工</td></tr>
<tr><td></td><td></td><td></td><td colspan="2"></td></tr>
<tr><td></td><td></td><td></td><td colspan="2"></td></tr>
<tr><td></td><td></td><td></td><td colspan="2"></td></tr>
<tr><td></td><td></td><td></td><td colspan="2"></td></tr>
<tr><td></td><td></td><td></td><td colspan="2"></td></tr>
<tr><td rowspan="2">实训方式和步骤</td><td colspan="5">随堂测：在规定的课堂时间完成闭卷测试</td></tr>
<tr><td colspan="5">小组 PK 赛：采用抢答形式，答对加 2 分，答错扣 1 分，小组成绩即为成员个人成绩</td></tr>
<tr><td rowspan="2">实训成果</td><td colspan="5">随堂测正确率 ________ /10 题</td></tr>
<tr><td colspan="5">小组 PK 赛成绩 ________ 分，名次 ________ / 共 ________ 组</td></tr>
<tr><td rowspan="6">实训过程评价</td><td colspan="3">评价指标</td><td>自评</td><td>组内互评</td></tr>
<tr><td colspan="3">达成本次实训项目目标（50 分，按正确率打分）</td><td></td><td></td></tr>
<tr><td colspan="3">着装符合课堂规范（5 分）</td><td></td><td></td></tr>
<tr><td colspan="3">遵守课堂纪律，做好安全防护，具备安全意识（5 分）</td><td></td><td></td></tr>
<tr><td colspan="3">掌握知识点，能对所学内容进行分析、总结（5 分）</td><td></td><td></td></tr>
<tr><td colspan="3">能有效利用资源查找信息，具备自主学习的能力（5 分）</td><td></td><td></td></tr>
</table>

续表

实训过程评价	能独立思考，融会贯通，提出自己的见解（5分）		
	能创新性地解决问题（5分）		
	注重团队协作，同学间团结友爱，共同解决问题（5分）		
	认同所学专业的价值，对学习抱有热情，在学习中获得满足感、成就感（5分）		
	具备理论应用于实践的能力（10分）		
小组活动经验总结			
个人总结和反思			

实训任务二　课堂实训

学生2人一组，分组练习应急设备的检查和使用情况。从以下5项中随机抽取1项考查，教师根据学生表现进行考核评价。

1. 海伦灭火瓶的使用操作及注意事项；
2. 水灭火瓶的使用操作及注意事项；
3. 手提式氧气瓶的使用操作及注意事项；
4. Aerospace型防护式呼吸装置的使用操作及注意事项；
5. Rescue406型应急定位发射机的使用操作及注意事项。

课堂实训报告与评价表（海伦灭火瓶）

项目	操作程序及标准	分值	得分
设备基础知识	中文名称、英文名称、适用范围	10	
飞行前检查	检查语言：海伦灭火瓶在指定位置并固定好，数量齐全；安全销穿过手柄和触发器的适当位置，瓶身完好，铅封完好，压力指针在绿色区域	10	
	动作正确：目视检查，手指向关键部位，并用语言确认	10	
使用方法	1. 解开固定锁扣，从支架上取出； 2. 一手握住手柄，保持瓶体竖直； 3. 一手转动并拔出安全销或扳下保险架； 4. 距离火源2～3米，喷嘴对准火源底部； 5. 拇指向下按动触发器； 6. 移动灭火瓶喷向火源底部，直到火熄灭	30	

续表

项目	操作程序及标准	分值	得分
使用时间	7 ～ 12 秒	5	
注意事项	1. 瓶体不要横握或倒握，注意保持竖直握瓶； 2. 不能对人体面部喷射，以免窒息； 3. 海伦灭火瓶喷出气化的惰性气体只能快速扑灭表层的火，灭火后，应将火区用水浸透以焖灭余火（电器失火除外）； 4. 如需在驾驶舱区域使用海伦灭火瓶，所有飞行组应佩戴氧气面罩并将氧气调节器置于 100% 和 EMERGENCY 档位； 5. 使用后填写客舱记录本	30	
仪容仪表	妆容、头发等符合职业形象	5	
合计		100	

课堂实训报告与评价表（水灭火瓶）

项目	操作程序及标准	分值	得分
设备基础知识	中文名称、英文名称、适用范围	10	
飞行前检查	检查语言：水灭火器在指定位置并固定好，数量齐全；瓶身完好，铅封处于完好状态	10	
	动作正确：目视检查，手指向关键部位，并用语言确认	10	
使用方法	1. 解开固定锁扣，从支架上取出； 2. 一手握住瓶体，保持瓶体竖直； 3. 一手握住手柄，顺时针转动手柄到底（触发二氧化碳气瓶）； 4. 距离火源 2 ～ 3 米，喷嘴对准火源底部； 5. 拇指向下按动触发器，释放混合液； 6. 移动灭火瓶喷向火源底部，直到火熄灭	30	
使用时间	40 秒	5	
注意事项	1. 不能用于电器和油类火灾； 2. 瓶体不要横握或倒握，注意保持竖直握瓶； 3. 瓶内装有防冻液，不能饮用； 4. 使用后填写客舱记录本	30	
仪容仪表	妆容、头发等符合职业形象	5	
合计		100	

课堂实训报告与评价表（手提式氧气瓶）

项目	操作程序及标准	分值	得分
设备基础知识	中文名称、英文名称、适用范围	10	
飞行前检查	检查语言：氧气瓶在指定位置并固定好，数量齐全。压力指针指示在红色区域，如果压力指示针低于红区，应立即通知机务人员；氧气输出口防尘帽完好；开关阀门在“关”位；与之配套使用的密封包装的氧气面罩与氧气瓶放在一起	10	

续表

项目	操作程序及标准	分值	得分
飞行前检查	动作正确：目视检查，手指向关键部位，并用语言确认	10	
使用方法	1. 取出氧气面罩； 2. 将氧气瓶的背带背好，或将氧气瓶放在腿上； 3. 选择流量出口，打开防尘帽，接好氧气面罩； 4. 逆时针打开开关阀门到底； 5. 确认氧气流出； 6. 将面罩罩在病人口鼻处，带子套在头上； 7. 拉紧面罩上的调节带； 8. 观察病人状况； 9. 停止使用时顺时针转动开关阀门并拧紧； 10. 取下氧气面罩	30	
流量及使用时间	高流量：每分钟流出 4 升，使用时间 77 分钟	5	
	低流量：每分钟流出 2 升，使用时间 155 分钟		
注意事项	1. 不要摔或撞氧气瓶； 2. 用氧周围 4 米之内不能有火源； 3. 避免氧气与油或脂肪接触，使用时要擦掉口红或润肤油； 4. 切勿将氧气瓶中氧气放空，每瓶氧气瓶应至少保留 500 磅力 / 英寸 ^{2} 的氧气。压力指针指示为 500 磅力 / 英寸 ^{2} 时，应停止使用，以便再次充气； 5. 肺气肿患者使用低流量； 6. 使用后填写客舱记录本	30	
仪容仪表	妆容、头发等符合职业形象	5	
合计		100	

课堂实训报告与评价表（Aerospace 型防护式呼吸装置）

项目	操作程序及标准	分值	得分
设备基础知识	中文名称、英文名称、适用范围	10	
飞行前检查	检查语言：防护式呼吸装置在指定的位置固定好，包装盒未被打开，捆扎带完整	10	
	动作正确：目视检查，手指向关键部位，并用语言确认	10	
使用方法	1. 打开储存盒，拆开包装并展开面罩； 2. 观察窗面向地面方向，掌心相对用力向两边撑开橡胶圈； 3. 低下头，将面罩从头后部向前套戴，移动送话器使面罩与口鼻完全吻合； 4. 将头发放进头套内，整理颈部保证面罩密封良好； 5. 将黑色调节带向前拉动以触发供氧； 6. 向后拉动调节带，使面罩收紧固定； 7. 确认化学氧气发生器工作，且能听到“嘶嘶”的气流声； 8. 拉动调节带后若无氧气流出，再用力重复一次，否则取下口罩	30	

续表

项目	操作程序及标准	分值	得分
使用时间	15 分钟	5	
注意事项	1. 穿戴前要取下身上的锋利物品，如发夹、耳环、手表等；擦掉面部浓重的油脂，如口红等； 2. 必须在非烟区穿戴和取下； 3. 戴框架眼镜者，必须在装置外部调整眼镜位置； 4. 在呼吸过程中，当该装置向内凹陷、观察窗上有雾气或感到呼吸受阻时，调整一下面罩，然后做五次深呼吸；如果上述现象依然存在，可能氧气已用完，或该装置本身存在问题，应取下面罩； 5. 化学氧气发生器一旦启动不能停止，正常工作时会发出“嘶嘶”的气流声；当气流声变小或终止时，氧气停止充入面罩中，应离开失火区域脱下面罩； 6. 取下面罩后要充分抖动头发，以免氧气残留； 7. 化学氧气发生器工作时会产生高温，使用过后应妥善存放，不要随意乱扔，以免引起火灾。使用完毕后，先确认化学氧气发生器停止工作，再用湿毛毯包裹降温，放置于空餐车内； 8. 使用后填写客舱记录本	30	
仪容仪表	妆容、头发等符合职业形象	5	
合计		100	

课堂实训报告与评价表（Rescue406 型应急定位发射机）

项目	操作程序及标准	分值	得分
设备基础知识	中文名称、英文名称、适用范围	10	
飞行前检查	检查语言：在指定位置并固定好，塑料袋材料良好	10	
	动作正确：目视检查，手指向关键部位，并用语言确认	10	
使用方法	水中使用（自动激活）：将应急定位发射机一头的绳子系在救生筏上，将应急定位发射机缓慢放入水中；水溶带断开后，天线自动竖直。应急定位发报机自动激活发射信号，在海水中 5 秒内启动，在淡水中 5 分钟内启动	30	
	陆地使用（人工激活）：选择一个空旷位置，最好是制高点，确认周围没有障碍物后启动应急定位发射机；割断水溶带使天线竖直；将应急定位发射机自带的塑料袋取出，将塑料袋装满非黏稠的液体。将应急定位发射机的底部浸没在塑料袋的液体中，确保液面要始终高于发射机侧面的注水孔；竖直固定发射机，拔出天线使其呈竖直状态；几秒内应急定位发射机自动发射信号，摇晃应急定位发射机可以加速启动时间		
	停止发射信号：将天线折回且平放，可停止发射信号		
发射频率及使用时间	民用发射频率 121.5 兆赫，使用时间 48 小时	5	
	军用发射频率 243 兆赫，使用时间 48 小时		
	卫星发射频率 406 兆赫，使用时间 24 小时		

续表

项目	操作程序及标准	分值	得分
注意事项	1. 应急定位发射机不能放在油里； 2. 应急定位发射机工作时，天线必须保持在竖直状态，周围无障碍物； 3. 应急定位发射机在飞机上存储时必须远离液体，不得随意拆卸； 4. 一旦应急定位发射机被意外激活，应立即关闭发射器并向最近的航空管制报告； 5. 每次只使用一个应急定位发射机	30	
仪容仪表	妆容、头发等符合职业形象	5	
合计		100	

实训任务三　综合应用训练

一、请思考海伦灭火瓶和水灭火瓶的异同，总结客舱乘务员在检查及使用手提式灭火瓶时的要点，并填写下表。

综合应用训练报告与评价表（手提式灭火瓶）

<table>
<tr><th>实训属性</th><td colspan="4">手提式灭火瓶综合应用训练</td></tr>
<tr><th>实训目的</th><td colspan="4">归纳总结海伦灭火瓶与水灭火瓶的异同，帮助区分辨别并记忆</td></tr>
<tr><th rowspan="6">项目小组成员</th><td>姓名</td><td>班级</td><td>学号</td><td>责任分工</td></tr>
<tr><td></td><td></td><td></td><td></td></tr>
<tr><td></td><td></td><td></td><td></td></tr>
<tr><td></td><td></td><td></td><td></td></tr>
<tr><td></td><td></td><td></td><td></td></tr>
<tr><td></td><td></td><td></td><td></td></tr>
<tr><th>实训方式和步骤</th><td colspan="4">1. 结合上面的问题，以项目小组为单位开展讨论；
2. 各项目小组进行交流和互评；
3. 思考并总结，完成实训报告</td></tr>
<tr><th rowspan="3">实训成果</th><td></td><td colspan="2">海伦灭火器</td><td colspan="2">水灭火器</td></tr>
<tr><td>英文名称</td><td colspan="2"></td><td colspan="2"></td></tr>
<tr><td>适用范围</td><td colspan="2"></td><td colspan="2"></td></tr>
</table>

续表

实训成果	飞行前检查			
	检查语言			
	检查 动作标准			
	使用方法			
	使用时间			
	注意事项			
实训过程评价	评价指标		自评	组内互评
	达成本次实训项目目标（50分，按正确率打分）			
	着装符合课堂规范（5分）			
	遵守课堂纪律，做好安全防护，具备安全意识（5分）			
	掌握知识点，能对所学内容进行分析、总结（5分）			
	能有效利用资源查找信息，具备自主学习的能力（5分）			
	能独立思考，融会贯通，提出自己的见解（5分）			
	能创新性地解决问题（5分）			
	注重团队协作，同学间团结友爱，共同解决问题（5分）			
	认同所学专业的价值，对学习抱有热情，在学习中获得满足感、成就感（5分）			
	具备理论应用于实践的能力（10分）			
小组活动经验总结				
个人总结和反思				

二、请总结客舱乘务员在检查及使用手提式氧气瓶时的要点，并填写下表。

综合应用训练报告与评价表（手提式氧气瓶）

实训属性	手提式氧气瓶综合应用训练			
实训目的	归纳总结手提式氧气瓶的航前检查和使用方法			
项目小组成员	姓名	班级	学号	责任分工

续表

<table>
<tr><td rowspan="3">项目小组成员</td><td></td><td></td><td></td><td></td></tr>
<tr><td></td><td></td><td></td><td></td></tr>
<tr><td></td><td></td><td></td><td></td></tr>
<tr><td>实训方式和步骤</td><td colspan="4">1. 结合上面的问题，以项目小组为单位开展讨论；
2. 各项目小组进行交流和互评；
3. 思考并总结，完成实训报告</td></tr>
<tr><td rowspan="8">实训成果</td><td>英文名称</td><td colspan="3"></td></tr>
<tr><td rowspan="2">供氧量及使用时间</td><td colspan="3">高流量：</td></tr>
<tr><td colspan="3">低流量：</td></tr>
<tr><td>飞行前检查</td><td colspan="3"></td></tr>
<tr><td>检查语言</td><td colspan="3"></td></tr>
<tr><td>检查动作标准</td><td colspan="3"></td></tr>
<tr><td>使用方法</td><td colspan="3"></td></tr>
<tr><td>注意事项</td><td colspan="3"></td></tr>
<tr><td rowspan="11">实训过程评价</td><td colspan="2">评价指标</td><td>自评</td><td>组内互评</td></tr>
<tr><td colspan="2">达成本次实训项目目标（50 分，按正确率打分）</td><td></td><td></td></tr>
<tr><td colspan="2">着装符合课堂规范（5 分）</td><td></td><td></td></tr>
<tr><td colspan="2">遵守课堂纪律，做好安全防护，具备安全意识（5 分）</td><td></td><td></td></tr>
<tr><td colspan="2">掌握知识点，能对所学内容进行分析、总结（5 分）</td><td></td><td></td></tr>
<tr><td colspan="2">能有效利用资源查找信息，具备自主学习的能力（5 分）</td><td></td><td></td></tr>
<tr><td colspan="2">能独立思考，融会贯通，提出自己的见解（5 分）</td><td></td><td></td></tr>
<tr><td colspan="2">能创新性地解决问题（5 分）</td><td></td><td></td></tr>
<tr><td colspan="2">注重团队协作，同学间团结友爱，共同解决问题（5 分）</td><td></td><td></td></tr>
<tr><td colspan="2">认同所学专业的价值，对学习抱有热情，在学习中获得满足感、成就感（5 分）</td><td></td><td></td></tr>
<tr><td colspan="2">具备理论应用于实践的能力（10 分）</td><td></td><td></td></tr>
<tr><td>小组活动经验总结</td><td colspan="4"></td></tr>
<tr><td>个人总结和反思</td><td colspan="4"></td></tr>
</table>

实训任务四　素养提升训练

素养提升训练报告与评价表

<table>
<tr><td>实训属性</td><td colspan="4">素养提升训练</td></tr>
<tr><td>实训目的</td><td colspan="4">通过小组课堂演讲的形式，进行素养提升教育，为民航强国事业培养接班人</td></tr>
<tr><td rowspan="6">项目小组成员</td><td>姓名</td><td>班级</td><td>学号</td><td>责任分工</td></tr>
<tr><td></td><td></td><td></td><td></td></tr>
<tr><td></td><td></td><td></td><td></td></tr>
<tr><td></td><td></td><td></td><td></td></tr>
<tr><td></td><td></td><td></td><td></td></tr>
<tr><td></td><td></td><td></td><td></td></tr>
<tr><td>实训方式和步骤</td><td colspan="4">1. 以项目小组为单位进行案例搜集，挖掘与课程相关的素养提升资源；
2. 各项目小组进行案例演讲和互评；
3. 思考并总结，完成实训报告</td></tr>
<tr><td>实训成果</td><td colspan="4">讨论并总结：通过该模块的学习，谈谈项目小组对所挖掘的素养提升资源的理解</td></tr>
<tr><td rowspan="11">实训过程评价</td><td colspan="2">评价指标</td><td>自评</td><td>组内互评</td></tr>
<tr><td colspan="2">达成本次实训项目目标（30 分）</td><td></td><td></td></tr>
<tr><td colspan="2">演讲主题契合素养提升（10 分）</td><td></td><td></td></tr>
<tr><td colspan="2">演讲主题与行业相关，增强职业认同感（10 分）</td><td></td><td></td></tr>
<tr><td colspan="2">能完善自我，对自身成长起到正面激励作用（10 分）</td><td></td><td></td></tr>
<tr><td colspan="2">能健全道德素养，增强社会责任感，培养积极正面的人生观、世界观（10 分）</td><td></td><td></td></tr>
<tr><td colspan="2">能有效利用网络资源查找信息，具备自主学习的能力（5 分）</td><td></td><td></td></tr>
<tr><td colspan="2">能独立思考，融会贯通，提出自己的见解（5 分）</td><td></td><td></td></tr>
<tr><td colspan="2">能创新性地解决问题（5 分）</td><td></td><td></td></tr>
<tr><td colspan="2">注重团队协作，同学间团结友爱，共同解决问题（10 分）</td><td></td><td></td></tr>
<tr><td colspan="2">具备理论应用于实践的能力（5 分）</td><td></td><td></td></tr>
<tr><td>小组活动经验总结</td><td colspan="4"></td></tr>
<tr><td>个人总结和反思</td><td colspan="4"></td></tr>
</table>

模块三 舱门及翼上出口操作

扫码在线测试

实训任务一 基础知识训练

基础知识训练报告与评价表

<table>
<tr><td>实训属性</td><td colspan="5">基础知识训练</td></tr>
<tr><td>实训目的</td><td colspan="5">通过练习，巩固对“舱门及翼上出口操作”知识点的掌握</td></tr>
<tr><td rowspan="6">项目小组成员</td><td>姓名</td><td>班级</td><td>学号</td><td colspan="2">责任分工</td></tr>
<tr><td></td><td></td><td></td><td colspan="2"></td></tr>
<tr><td></td><td></td><td></td><td colspan="2"></td></tr>
<tr><td></td><td></td><td></td><td colspan="2"></td></tr>
<tr><td></td><td></td><td></td><td colspan="2"></td></tr>
<tr><td></td><td></td><td></td><td colspan="2"></td></tr>
<tr><td rowspan="2">实训方式和步骤</td><td colspan="5">随堂测：在规定的课堂时间完成闭卷测试</td></tr>
<tr><td colspan="5">小组 PK 赛：采用抢答形式，答对加 2 分，答错扣 1 分，小组成绩即为成员个人成绩</td></tr>
<tr><td rowspan="2">实训成果</td><td colspan="5">随堂测正确率 ________ /10 题</td></tr>
<tr><td colspan="5">小组 PK 赛成绩 ________ 分，名次 ________ / 共 ________ 组</td></tr>
<tr><td rowspan="6">实训过程评价</td><td colspan="3">评价指标</td><td>自评</td><td>组内互评</td></tr>
<tr><td colspan="3">达成本次实训项目目标（50 分，按正确率打分）</td><td></td><td></td></tr>
<tr><td colspan="3">着装符合课堂规范（5 分）</td><td></td><td></td></tr>
<tr><td colspan="3">遵守课堂纪律，做好安全防护，具备安全意识（5 分）</td><td></td><td></td></tr>
<tr><td colspan="3">掌握知识点，能对所学内容进行分析、总结（5 分）</td><td></td><td></td></tr>
<tr><td colspan="3">能有效利用资源查找信息，具备自主学习的能力（5 分）</td><td></td><td></td></tr>
</table>

续表

实训过程评价	能独立思考，融会贯通，提出自己的见解（5分）		
	能创新性地解决问题（5分）		
	注重团队协作，同学间团结友爱，共同解决问题（5分）		
	认同所学专业的价值，对学习抱有热情，在学习中获得满足感、成就感（5分）		
	具备理论应用于实践的能力（10分）		
小组活动经验总结			
个人总结和反思			

实训任务二　课堂实训

将学生分为2人一组，在舱门模拟器进行实训操作训练考核，教师根据小组表现进行考核评价。

课堂实训报告与评价表（舱门）

项目	操作程序及标准	分值	得分
安全意识	确认开、关舱门的满足条件	10	
口令卡	口令卡制作规范，简洁明了	5	
程序规范	严格按照双人制在位，一人读卡、一人操作的标准流程执行预位 / 接触预位的指令	15	
风险防范	具备双人到场在位的意识，读卡操作过程中具备抗干扰意识	20	
操作规范	读卡人口令清晰响亮，眼神到位；操作人手势规范，眼神到位、操作到位	20	
相互监督	执行预位 / 解除预位后能够落实交叉检查确认，相互监督	15	
团队协作	处置过程中乘务员分工明确，配合熟练	10	
仪容仪表	妆容、头发等符合职业形象	5	
合计		100	

实训任务三　综合应用训练

一、一架 B737-800 客机从成都飞往广州，正常落地后，乘务员如何在正常情况下，从客舱内部正确打开舱门？请制作舱门口令卡，并填写下表。

综合应用训练报告与评价表

<table>
<tr><td>实训属性</td><td colspan="4">综合应用训练</td></tr>
<tr><td>实训目的</td><td colspan="4">掌握 B737 舱门操作要点，确保舱门操作规范、安全</td></tr>
<tr><td rowspan="6">项目小组成员</td><td>姓名</td><td>班级</td><td>学号</td><td>责任分工</td></tr>
<tr><td></td><td></td><td></td><td></td></tr>
<tr><td></td><td></td><td></td><td></td></tr>
<tr><td></td><td></td><td></td><td></td></tr>
<tr><td></td><td></td><td></td><td></td></tr>
<tr><td></td><td></td><td></td><td></td></tr>
<tr><td>实训方式和步骤</td><td colspan="4">1. 结合上面的问题，以项目小组为单位开展讨论；
2. 各项目小组进行交流和互评；
3. 思考并总结，完成实训报告</td></tr>
<tr><td>实训成果</td><td colspan="4">讨论并总结：</td></tr>
<tr><td rowspan="11">实训过程评价</td><td colspan="2">评价指标</td><td>自评</td><td>组内互评</td></tr>
<tr><td colspan="2">达成本次实训项目目标（50 分，按正确率打分）</td><td></td><td></td></tr>
<tr><td colspan="2">着装符合课堂规范（5 分）</td><td></td><td></td></tr>
<tr><td colspan="2">遵守课堂纪律，做好安全防护，具备安全意识（5 分）</td><td></td><td></td></tr>
<tr><td colspan="2">掌握知识点，能对所学内容进行分析、总结（5 分）</td><td></td><td></td></tr>
<tr><td colspan="2">能有效利用资源查找信息，具备自主学习的能力（5 分）</td><td></td><td></td></tr>
<tr><td colspan="2">能独立思考，融会贯通，提出自己的见解（5 分）</td><td></td><td></td></tr>
<tr><td colspan="2">能创新性地解决问题（5 分）</td><td></td><td></td></tr>
<tr><td colspan="2">注重团队协作，同学间团结友爱，共同解决问题（5 分）</td><td></td><td></td></tr>
<tr><td colspan="2">认同所学专业的价值，对学习抱有热情，在学习中获得满足感、成就感（5 分）</td><td></td><td></td></tr>
<tr><td colspan="2">具备理论应用于实践的能力（10 分）</td><td></td><td></td></tr>
<tr><td>小组活动经验总结</td><td colspan="4"></td></tr>
</table>

续表

个人总结和反思	

二、一架 A320 客机从广州飞往北京，正常落地后，乘务员如何在正常情况下，从客舱内部正确打开舱门？请制作舱门口令卡，并填写下表。

综合应用训练报告与评价表

<table>
<tr><td>实训属性</td><td colspan="4">综合应用训练</td></tr>
<tr><td>实训目的</td><td colspan="4">掌握 A320 舱门操作要点，确保舱门操作规范、安全</td></tr>
<tr><td rowspan="6">项目小组成员</td><td>姓名</td><td>班级</td><td>学号</td><td>责任分工</td></tr>
<tr><td></td><td></td><td></td><td></td></tr>
<tr><td></td><td></td><td></td><td></td></tr>
<tr><td></td><td></td><td></td><td></td></tr>
<tr><td></td><td></td><td></td><td></td></tr>
<tr><td></td><td></td><td></td><td></td></tr>
<tr><td>实训方式和步骤</td><td colspan="4">1. 结合上面的问题，以项目小组为单位开展讨论；
2. 各项目小组进行交流和互评；
3. 思考并总结，完成实训报告</td></tr>
<tr><td>实训成果</td><td colspan="4">讨论并总结：</td></tr>
<tr><td rowspan="11">实训过程评价</td><td colspan="2">评价指标</td><td>自评</td><td>组内互评</td></tr>
<tr><td colspan="2">达成本次实训项目目标（50 分，按正确率打分）</td><td></td><td></td></tr>
<tr><td colspan="2">着装符合课堂规范（5 分）</td><td></td><td></td></tr>
<tr><td colspan="2">遵守课堂纪律，做好安全防护，具备安全意识（5 分）</td><td></td><td></td></tr>
<tr><td colspan="2">掌握知识点，能对所学内容进行分析、总结（5 分）</td><td></td><td></td></tr>
<tr><td colspan="2">能有效利用资源查找信息，具备自主学习的能力（5 分）</td><td></td><td></td></tr>
<tr><td colspan="2">能独立思考，融会贯通，提出自己的见解（5 分）</td><td></td><td></td></tr>
<tr><td colspan="2">能创新性地解决问题（5 分）</td><td></td><td></td></tr>
<tr><td colspan="2">注重团队协作，同学间团结友爱，共同解决问题（5 分）</td><td></td><td></td></tr>
<tr><td colspan="2">认同所学专业的价值，对学习抱有热情，在学习中获得满足感、成就感（5 分）</td><td></td><td></td></tr>
<tr><td colspan="2">具备理论应用于实践的能力（10 分）</td><td></td><td></td></tr>
</table>

续表

小组活动经验总结	
个人总结和反思	

三、一架A330客机从济南飞往石家庄，正常落地后，乘务员如何在正常情况下，从客舱内部正确打开舱门？请制作舱门口令卡，并填写下表。

综合应用训练报告与评价表

<table>
<tr><td>实训属性</td><td colspan="5">综合应用训练</td></tr>
<tr><td>实训目的</td><td colspan="5">掌握A330舱门操作要点，确保舱门操作规范、安全</td></tr>
<tr><td rowspan="6">项目小组成员</td><td>姓名</td><td>班级</td><td>学号</td><td colspan="2">责任分工</td></tr>
<tr><td></td><td></td><td></td><td colspan="2"></td></tr>
<tr><td></td><td></td><td></td><td colspan="2"></td></tr>
<tr><td></td><td></td><td></td><td colspan="2"></td></tr>
<tr><td></td><td></td><td></td><td colspan="2"></td></tr>
<tr><td></td><td></td><td></td><td colspan="2"></td></tr>
<tr><td>实训方式和步骤</td><td colspan="5">1. 结合任务要求，以项目小组为单位开展讨论；
2. 各项目小组进行交流和互评；
3. 思考并总结，完成实训报告</td></tr>
<tr><td>实训成果</td><td colspan="5">讨论并总结：</td></tr>
<tr><td rowspan="9">实训过程评价</td><td colspan="3">评价指标</td><td>自评</td><td>组内互评</td></tr>
<tr><td colspan="3">达成本次实训项目目标（50分，按正确率打分）</td><td></td><td></td></tr>
<tr><td colspan="3">着装符合课堂规范（5分）</td><td></td><td></td></tr>
<tr><td colspan="3">遵守课堂纪律，做好安全防护，具备安全意识（5分）</td><td></td><td></td></tr>
<tr><td colspan="3">掌握知识点，能对所学内容进行分析、总结（5分）</td><td></td><td></td></tr>
<tr><td colspan="3">能有效利用资源查找信息，具备自主学习的能力（5分）</td><td></td><td></td></tr>
<tr><td colspan="3">能独立思考，融会贯通，提出自己的见解（5分）</td><td></td><td></td></tr>
<tr><td colspan="3">能创新性地解决问题（5分）</td><td></td><td></td></tr>
<tr><td colspan="3">注重团队协作，同学间团结友爱，共同解决问题（5分）</td><td></td><td></td></tr>
</table>

续表

实训过程评价	认同所学专业的价值，对学习抱有热情，在学习中获得满足感、成就感（5分）		
	具备理论应用于实践的能力（10分）		
小组活动经验总结			
个人总结和反思			

四、一架B777客机从广州飞往沈阳，正常落地后，乘务员如何在正常情况下，从客舱内部正确打开舱门？请制作舱门口令卡，并填写下表。

综合应用训练报告与评价表

实训属性	综合应用训练			
实训目的	掌握B777舱门操作要点，确保舱门操作规范、安全			
项目小组成员	姓名	班级	学号	责任分工
实训方式和步骤	1. 结合任务要求，以项目小组为单位开展讨论； 2. 各项目小组进行交流和互评； 3. 思考并总结，完成实训报告			
实训成果	讨论并总结：			
实训过程评价	评价指标	自评	组内互评	
	达成本次实训项目目标（50分，按正确率打分）			
	着装符合课堂规范（5分）			
	遵守课堂纪律，做好安全防护，具备安全意识（5分）			
	掌握知识点，能对所学内容进行分析、总结（5分）			
	能有效利用资源查找信息，具备自主学习的能力（5分）			
	能独立思考，融会贯通，提出自己的见解（5分）			

续表

实训过程评价	能创新性地解决问题（5分）		
	注重团队协作，同学间团结友爱，共同解决问题（5分）		
	认同所学专业的价值，对学习抱有热情，在学习中获得满足感、成就感（5分）		
	具备理论应用于实践的能力（10分）		
小组活动经验总结			
个人总结和反思			

实训任务四　素养提升训练

素养提升训练报告与评价表

实训属性	素养提升训练			
实训目的	通过小组课堂演讲的形式，进行素养提升教育，为民航强国事业培养接班人			
项目小组成员	姓名	班级	学号	责任分工
实训方式和步骤	1. 以项目小组为单位进行案例搜集，挖掘与课程相关的素养提升资源； 2. 各项目小组进行案例演讲和互评； 3. 思考并总结，完成实训报告			
实训成果	讨论并总结：通过该模块的学习，谈谈项目小组对所挖掘的素养提升资源的理解			

续表

	评价指标	自评	组内互评
实训过程评价	达成本次实训项目目标（30分）		
	演讲主题契合素养提升（10分）		
	演讲主题与行业相关，增强职业认同感（10分）		
	能完善自我，对自身成长起到正面激励作用（10分）		
	能健全道德素养，增强社会责任感，培养积极正面的人生观、世界观（10分）		
	能有效利用网络资源查找信息，具备自主学习的能力（5分）		
	能独立思考，融会贯通，提出自己的见解（5分）		
	能创新性地解决问题（5分）		
	注重团队协作，同学间团结友爱，共同解决问题（10分）		
	具备理论应用于实践的能力（5分）		
小组活动经验总结			
个人总结和反思			

模块四 客舱失火处置

扫码在线测试

实训任务一 基础知识训练

基础知识训练报告与评价表

<table>
<tr><td>实训属性</td><td colspan="5">基础知识训练</td></tr>
<tr><td>实训目的</td><td colspan="5">通过练习，巩固对“客舱失火处置”知识点的掌握</td></tr>
<tr><td rowspan="6">项目小组成员</td><td>姓名</td><td>班级</td><td>学号</td><td colspan="2">责任分工</td></tr>
<tr><td></td><td></td><td></td><td colspan="2"></td></tr>
<tr><td></td><td></td><td></td><td colspan="2"></td></tr>
<tr><td></td><td></td><td></td><td colspan="2"></td></tr>
<tr><td></td><td></td><td></td><td colspan="2"></td></tr>
<tr><td></td><td></td><td></td><td colspan="2"></td></tr>
<tr><td rowspan="2">实训方式和步骤</td><td colspan="5">随堂测：在规定的课堂时间完成闭卷测试</td></tr>
<tr><td colspan="5">小组 PK 赛：采用抢答形式，答对加 2 分，答错扣 1 分，小组成绩即为成员个人成绩</td></tr>
<tr><td rowspan="2">实训成果</td><td colspan="5">随堂测正确率 ________ /10 题</td></tr>
<tr><td colspan="5">小组 PK 赛成绩 ________ 分，名次 ________ / 共 ________ 组</td></tr>
<tr><td rowspan="6">实训过程评价</td><td colspan="3">评价指标</td><td>自评</td><td>组内互评</td></tr>
<tr><td colspan="3">达成本次实训项目目标（50 分，按正确率打分）</td><td></td><td></td></tr>
<tr><td colspan="3">着装符合课堂规范（5 分）</td><td></td><td></td></tr>
<tr><td colspan="3">遵守课堂纪律，做好安全防护，具备安全意识（5 分）</td><td></td><td></td></tr>
<tr><td colspan="3">掌握知识点，能对所学内容进行分析、总结（5 分）</td><td></td><td></td></tr>
<tr><td colspan="3">能有效利用资源查找信息，具备自主学习的能力（5 分）</td><td></td><td></td></tr>
</table>

续表

实训过程评价	能独立思考，融会贯通，提出自己的见解（5分）		
	能创新性地解决问题（5分）		
	注重团队协作，同学间团结友爱，共同解决问题（5分）		
	认同所学专业的价值，对学习抱有热情，在学习中获得满足感、成就感（5分）		
	具备理论应用于实践的能力（10分）		
小组活动经验总结			
个人总结和反思			

实训任务二　课堂实训

学生分组，3人一组，进行客舱4个失火点（洗手间、烤箱、行李架、旅客座椅下方）实操训练考核，教师根据小组表现进行考核评价。

课堂实训报告与评价表

项目	操作程序及标准	分值	得分
灭火设备航前检查	灭火设备（海伦灭火瓶、水灭火瓶、防烟面罩）检查时眼到口到手到，目视检查，手指向关键部位，并用语言确认	10	
客舱灭火程序	客舱灭火程序灭火流程完整、规范，未缺失重要步骤	10	
口令内容	能根据具体火情发出口令，口令完整、清晰、响亮	10	
灭火者职责	1. 呼叫或发出信号给其他乘务员 2. 观察火情，取用相应的灭火瓶和防烟面罩 3. 立即灭火	20	
联络员职责	1. 建立并保持不间断的与驾驶舱的联系； 2. 通过前舱乘务员座椅位置的内话机向机长通报火情：颜色、烟的浓度、气味、火源、火势、对旅客的影响、乘务员采取的行动	20	
援助者职责	1. 收集其余的灭火瓶和防烟面罩 2. 做好接替灭火者工作的准备 3. 负责稳定旅客情绪和转移旅客（需要指导和安抚旅客） 4. 负责监视余火，保证其无复燃的可能	20	
团队协作	处置过程中乘务员分工明确，配合熟练	5	

续表

项目	操作程序及标准	分值	得分
仪容仪表	妆容、头发等符合职业形象	5	
合计		100	

实训任务三　综合应用训练

一、机上火灾是民航安全的一大威胁来源，作为民航乘务员，针对客舱火灾，我们既要重视预防，同时也要熟练客舱失火处置要求，双管齐下，确保客舱安全。请就客舱火灾，从预防到处置设计一套可行的简要方案。

综合应用训练报告与评价表

<table>
<tr><td>实训属性</td><td colspan="4">综合应用训练</td></tr>
<tr><td>实训目的</td><td colspan="4">针对机上火灾，明确预防和处置两方面的重要性</td></tr>
<tr><td rowspan="6">项目小组成员</td><td>姓名</td><td>班级</td><td>学号</td><td>责任分工</td></tr>
<tr><td></td><td></td><td></td><td></td></tr>
<tr><td></td><td></td><td></td><td></td></tr>
<tr><td></td><td></td><td></td><td></td></tr>
<tr><td></td><td></td><td></td><td></td></tr>
<tr><td></td><td></td><td></td><td></td></tr>
<tr><td>实训方式和步骤</td><td colspan="4">1. 结合上面的问题，以项目小组为单位开展讨论；
2. 各项目小组进行交流和互评；
3. 思考并总结，完成实训报告</td></tr>
<tr><td>实训成果</td><td colspan="4">讨论并总结：
1. 预防方案

2. 处置方案</td></tr>
<tr><td rowspan="5">实训过程评价</td><td colspan="2">评价指标</td><td>自评</td><td>组内互评</td></tr>
<tr><td colspan="2">达成本次实训项目目标（50 分，按正确率打分）</td><td></td><td></td></tr>
<tr><td colspan="2">着装符合课堂规范（5 分）</td><td></td><td></td></tr>
<tr><td colspan="2">遵守课堂纪律，做好安全防护，具备安全意识（5 分）</td><td></td><td></td></tr>
<tr><td colspan="2">掌握知识点，能对所学内容进行分析、总结（5 分）</td><td></td><td></td></tr>
</table>

续表

实训过程评价	能有效利用资源查找信息，具备自主学习的能力（5 分）		
	能独立思考，融会贯通，提出自己的见解（5 分）		
	能创新性地解决问题（5 分）		
	注重团队协作，同学间团结友爱，共同解决问题（5 分）		
	认同所学专业的价值，对学习抱有热情，在学习中获得满足感、成就感（5 分）		
	具备理论应用于实践的能力（10 分）		
小组活动经验总结			
个人总结和反思			

二、在飞机平飞阶段，如发现客舱某处出现火情，请思考机上灭火的一般程序。

综合应用训练报告与评价表

实训属性	综合应用训练			
实训目的	掌握机上灭火的一般程序			
项目小组成员	姓名	班级	学号	责任分工
实训方式和步骤	1. 结合上面的问题，以项目小组为单位开展讨论； 2. 各项目小组进行交流和互评； 3. 思考并总结，完成实训报告			
实训成果	讨论并总结：机上灭火的一般程序			
实训过程评价	评价指标		自评	组内互评
	达成本次实训项目目标（50 分，按正确率打分）			
	着装符合课堂规范（5 分）			
	遵守课堂纪律，做好安全防护，具备安全意识（5 分）			
	掌握知识点，能对所学内容进行分析、总结（5 分）			

续表

<table>
<tr><td rowspan="6">实训过程评价</td><td>能有效利用资源查找信息，具备自主学习的能力（5 分）</td><td></td><td></td></tr>
<tr><td>能独立思考，融会贯通，提出自己的见解（5 分）</td><td></td><td></td></tr>
<tr><td>能创新性地解决问题（5 分）</td><td></td><td></td></tr>
<tr><td>注重团队协作，同学间团结友爱，共同解决问题（5 分）</td><td></td><td></td></tr>
<tr><td>认同所学专业的价值，对学习抱有热情，在学习中获得满足感、成就感（5 分）</td><td></td><td></td></tr>
<tr><td>具备理论应用于实践的能力（10 分）</td><td></td><td></td></tr>
<tr><td>小组活动经验总结</td><td colspan="3"></td></tr>
<tr><td>个人总结和反思</td><td colspan="3"></td></tr>
</table>

三、某航班在平飞过程中，后舱厨房一烤箱突然冒出浓烟。请就此事编写一份烤箱失火应急处置方案，并填写下表。

综合应用训练报告与评价表

<table>
<tr><td>实训属性</td><td colspan="5">综合应用训练</td></tr>
<tr><td>实训目的</td><td colspan="5">掌握烤箱失火的处置方法</td></tr>
<tr><td rowspan="6">项目小组成员</td><td>姓名</td><td>班级</td><td>学号</td><td colspan="2">责任分工</td></tr>
<tr><td></td><td></td><td></td><td colspan="2"></td></tr>
<tr><td></td><td></td><td></td><td colspan="2"></td></tr>
<tr><td></td><td></td><td></td><td colspan="2"></td></tr>
<tr><td></td><td></td><td></td><td colspan="2"></td></tr>
<tr><td></td><td></td><td></td><td colspan="2"></td></tr>
<tr><td>实训方式和步骤</td><td colspan="5">1. 结合上面的问题，以项目小组为单位开展讨论；
2. 各项目小组进行交流和互评；
3. 思考并总结，完成实训报告</td></tr>
<tr><td>实训成果</td><td colspan="5">讨论并总结：烤箱失火应急处置方案</td></tr>
<tr><td rowspan="4">实训过程评价</td><td colspan="3">评价指标</td><td>自评</td><td>组内互评</td></tr>
<tr><td colspan="3">达成本次实训项目目标（50 分，按正确率打分）</td><td></td><td></td></tr>
<tr><td colspan="3">着装符合课堂规范（5 分）</td><td></td><td></td></tr>
<tr><td colspan="3">遵守课堂纪律，做好安全防护，具备安全意识（5 分）</td><td></td><td></td></tr>
</table>

续表

<table>
<tr><td rowspan="7">实训过程评价</td><td>掌握知识点，能对所学内容进行分析、总结（5 分）</td><td></td><td></td></tr>
<tr><td>能有效利用资源查找信息，具备自主学习的能力（5 分）</td><td></td><td></td></tr>
<tr><td>能独立思考，融会贯通，提出自己的见解（5 分）</td><td></td><td></td></tr>
<tr><td>能创新性地解决问题（5 分）</td><td></td><td></td></tr>
<tr><td>注重团队协作，同学间团结友爱，共同解决问题（5 分）</td><td></td><td></td></tr>
<tr><td>认同所学专业的价值，对学习抱有热情，在学习中获得满足感、成就感（5 分）</td><td></td><td></td></tr>
<tr><td>具备理论应用于实践的能力（10 分）</td><td></td><td></td></tr>
<tr><td>小组活动经验总结</td><td colspan="3"></td></tr>
<tr><td>个人总结和反思</td><td colspan="3"></td></tr>
</table>

四、某航班在平飞过程中，左二门洗手间突然冒出浓烟。请就此事编写一份洗手间失火应急处置方案（假设乘务员用手背探测洗手间门的温度时，门是凉的），并填写下表。

综合应用训练报告与评价表

<table>
<tr><td>实训属性</td><td colspan="6">综合应用训练</td></tr>
<tr><td>实训目的</td><td colspan="6">掌握洗手间失火的处置方法</td></tr>
<tr><td rowspan="6">项目小组成员</td><td>姓名</td><td>班级</td><td>学号</td><td colspan="3">责任分工</td></tr>
<tr><td></td><td></td><td></td><td colspan="3"></td></tr>
<tr><td></td><td></td><td></td><td colspan="3"></td></tr>
<tr><td></td><td></td><td></td><td colspan="3"></td></tr>
<tr><td></td><td></td><td></td><td colspan="3"></td></tr>
<tr><td></td><td></td><td></td><td colspan="3"></td></tr>
<tr><td>实训方式和步骤</td><td colspan="6">1. 结合上面的问题，以项目小组为单位开展讨论；
2. 各项目小组进行交流和互评；
3. 思考并总结，完成实训报告</td></tr>
<tr><td>实训成果</td><td colspan="6">讨论并总结：洗手间失火应急处置方案</td></tr>
<tr><td rowspan="3">实训过程评价</td><td colspan="4">评价指标</td><td>自评</td><td>组内互评</td></tr>
<tr><td colspan="4">达成本次实训项目目标（50 分，按正确率打分）</td><td></td><td></td></tr>
<tr><td colspan="4">着装符合课堂规范（5 分）</td><td></td><td></td></tr>
</table>

续表

<table>
<tr><td rowspan="8">实训过程评价</td><td>遵守课堂纪律，做好安全防护，具备安全意识（5 分）</td><td></td><td></td></tr>
<tr><td>掌握知识点，能对所学内容进行分析、总结（5 分）</td><td></td><td></td></tr>
<tr><td>能有效利用资源查找信息，具备自主学习的能力（5 分）</td><td></td><td></td></tr>
<tr><td>能独立思考，融会贯通，提出自己的见解（5 分）</td><td></td><td></td></tr>
<tr><td>能创新性地解决问题（5 分）</td><td></td><td></td></tr>
<tr><td>注重团队协作，同学间团结友爱，共同解决问题（5 分）</td><td></td><td></td></tr>
<tr><td>认同所学专业的价值，对学习抱有热情，在学习中获得满足感、成就感（5 分）</td><td></td><td></td></tr>
<tr><td>具备理论应用于实践的能力（10 分）</td><td></td><td></td></tr>
<tr><td>小组活动经验总结</td><td colspan="3"></td></tr>
<tr><td>个人总结和反思</td><td colspan="3"></td></tr>
</table>

五、某航班在平飞过程中，客舱 5 排 F 旅客座椅下方突然冒出浓烟。请就此事编写一份旅客座椅下方失火应急处置方案，并填写下表。

综合应用训练报告与评价表

<table>
<tr><td>实训属性</td><td colspan="4">综合应用训练</td></tr>
<tr><td>实训目的</td><td colspan="4">掌握旅客座椅下方失火的处置方法</td></tr>
<tr><td rowspan="6">项目小组成员</td><td>姓名</td><td>班级</td><td>学号</td><td>责任分工</td></tr>
<tr><td></td><td></td><td></td><td></td></tr>
<tr><td></td><td></td><td></td><td></td></tr>
<tr><td></td><td></td><td></td><td></td></tr>
<tr><td></td><td></td><td></td><td></td></tr>
<tr><td></td><td></td><td></td><td></td></tr>
<tr><td>实训方式和步骤</td><td colspan="4">1. 结合上面的问题，以项目小组为单位开展讨论；
2. 各项目小组进行交流和互评；
3. 思考并总结，完成实训报告</td></tr>
<tr><td>实训成果</td><td colspan="4">讨论并总结：旅客座椅下方失火应急处置方案</td></tr>
</table>

续表

实训过程评价	评价指标	自评	组内互评
	达成本次实训项目目标（50 分，按正确率打分）		
	着装符合课堂规范（5 分）		
	遵守课堂纪律，做好安全防护，具备安全意识（5 分）		
	掌握知识点，能对所学内容进行分析、总结（5 分）		
	能有效利用资源查找信息，具备自主学习的能力（5 分）		
	能独立思考，融会贯通，提出自己的见解（5 分）		
	能创新性地解决问题（5 分）		
	注重团队协作，同学间团结友爱，共同解决问题（5 分）		
	认同所学专业的价值，对学习抱有热情，在学习中获得满足感、成就感（5 分）		
	具备理论应用于实践的能力（10 分）		
小组活动经验总结			
个人总结和反思			

六、某航班在平飞过程中，客舱 8 排左边行李架突然冒出浓烟。请每组（3 人灭火小组）就此事编写一份行李架失火应急处置方案，并填写下表。

综合应用训练报告与评价表

实训属性	综合应用训练			
实训目的	掌握行李架失火的处置方法			
项目小组成员	姓名	班级	学号	责任分工
实训方式和步骤	1. 结合上面的问题，以项目小组为单位开展讨论； 2. 各项目小组进行交流和互评； 3. 思考并总结，完成实训报告			
实训成果	讨论并总结：行李架失火应急处置方案			

续表

实训过程评价	评价指标	自评	组内互评
	达成本次实训项目目标（50 分，按正确率打分）		
	着装符合课堂规范（5 分）		
	遵守课堂纪律，做好安全防护，具备安全意识（5 分）		
	掌握知识点，能对所学内容进行分析、总结（5 分）		
	能有效利用资源查找信息，具备自主学习的能力（5 分）		
	能独立思考，融会贯通，提出自己的见解（5 分）		
	能创新性地解决问题（5 分）		
	注重团队协作，同学间团结友爱，共同解决问题（5 分）		
	认同所学专业、所属职业领域的价值，对学习抱有热情，在学习中获得满足感、成就感（5 分）		
	具备理论应用于实践的能力（10 分）		
小组活动经验总结			
个人总结和反思			

实训任务四　素养提升训练

素养提升训练报告与评价表

实训属性	素养提升训练			
实训目的	通过小组课堂演讲的形式，进行素养提升教育，为民航强国事业培养接班人			
项目小组成员	姓名	班级	学号	责任分工
实训方式和步骤	1. 以项目小组为单位进行案例搜集，挖掘与课程相关的素养提升资源； 2. 各项目小组进行案例演讲和互评； 3. 思考并总结，完成实训报告			

续表

<table>
<tr><td>实训成果</td><td colspan="3">讨论并总结：通过该模块的学习，谈谈项目小组对所挖掘的素养提升资源的理解</td></tr>
<tr><td rowspan="11">实训过程评价</td><td>评价指标</td><td>自评</td><td>组内互评</td></tr>
<tr><td>达成本次实训项目目标（30 分）</td><td></td><td></td></tr>
<tr><td>演讲主题契合素养提升（10 分）</td><td></td><td></td></tr>
<tr><td>演讲主题与行业相关，增强职业认同感（10 分）</td><td></td><td></td></tr>
<tr><td>能完善自我，对自身成长起到正面激励作用（10 分）</td><td></td><td></td></tr>
<tr><td>能健全道德素养，增强社会责任感，培养积极正面的人生观、世界观（10 分）</td><td></td><td></td></tr>
<tr><td>能有效利用网络资源查找信息，具备自主学习的能力（5 分）</td><td></td><td></td></tr>
<tr><td>能独立思考，融会贯通，提出自己的见解（5 分）</td><td></td><td></td></tr>
<tr><td>能创新性地解决问题（5 分）</td><td></td><td></td></tr>
<tr><td>注重团队协作，同学间团结友爱，共同解决问题（10 分）</td><td></td><td></td></tr>
<tr><td>具备理论应用于实践的能力（5 分）</td><td></td><td></td></tr>
<tr><td>小组活动经验总结</td><td colspan="3"></td></tr>
<tr><td>个人总结和反思</td><td colspan="3"></td></tr>
</table>

模块五 客舱释压处置

扫码在线测试

实训任务一 基础知识训练

基础知识训练报告与评价表

<table>
<tr><td>实训属性</td><td colspan="5">基础知识训练</td></tr>
<tr><td>实训目的</td><td colspan="5">通过练习，巩固对“客舱释压处置”知识点的掌握</td></tr>
<tr><td rowspan="6">项目小组成员</td><td>姓名</td><td>班级</td><td>学号</td><td colspan="2">责任分工</td></tr>
<tr><td></td><td></td><td></td><td colspan="2"></td></tr>
<tr><td></td><td></td><td></td><td colspan="2"></td></tr>
<tr><td></td><td></td><td></td><td colspan="2"></td></tr>
<tr><td></td><td></td><td></td><td colspan="2"></td></tr>
<tr><td></td><td></td><td></td><td colspan="2"></td></tr>
<tr><td rowspan="2">实训方式和步骤</td><td colspan="5">随堂测：在规定的课堂时间完成闭卷测试</td></tr>
<tr><td colspan="5">小组 PK 赛：采用抢答形式，答对加 2 分，答错扣 1 分，小组成绩即为成员个人成绩</td></tr>
<tr><td rowspan="2">实训成果</td><td colspan="5">随堂测正确率 ________ /10 题</td></tr>
<tr><td colspan="5">小组 PK 赛成绩 ________ 分，名次 ________ / 共 ________ 组</td></tr>
<tr><td rowspan="6">实训过程评价</td><td colspan="3">评价指标</td><td>自评</td><td>组内互评</td></tr>
<tr><td colspan="3">达成本次实训项目目标（50 分，按正确率打分）</td><td></td><td></td></tr>
<tr><td colspan="3">着装符合课堂规范（5 分）</td><td></td><td></td></tr>
<tr><td colspan="3">遵守课堂纪律，做好安全防护，具备安全意识（5 分）</td><td></td><td></td></tr>
<tr><td colspan="3">掌握知识点，能对所学内容进行分析、总结（5 分）</td><td></td><td></td></tr>
<tr><td colspan="3">能有效利用资源查找信息，具备自主学习的能力（5 分）</td><td></td><td></td></tr>
</table>

续表

实训过程评价	能独立思考，融会贯通，提出自己的见解（5分）		
	能创新性地解决问题（5分）		
	注重团队协作，同学间团结友爱，共同解决问题（5分）		
	认同所学专业的价值，对学习抱有热情，在学习中获得满足感、成就感（5分）		
	具备理论应用于实践的能力（10分）		
小组活动经验总结			
个人总结和反思			

实训任务二　课堂实训

模拟某航班巡航过程中，乘务员提供客舱服务时发生客舱释压，氧气面罩脱落，飞机紧急下降。学生以乘务组为单位，进行客舱释压处置程序模拟。

学生分组，5人一组，进行客舱释压实操训练及考核，教师根据小组表现进行考核评价。

课堂实训训练报告与评价表

项目	操作程序及标准	分值	得分
释压处置设备航前检查	释压设备（氧气瓶）检查时眼到口到手到，目视检查，手指向关键部位，并用语言确认	10	
客舱释压处置程序	客舱释压处置流程完整、规范，未缺失重要步骤	10	
口令内容	能正确发出口令，口令完整、清晰、响亮	10	
客舱释压直接处置	1. 迅速戴上氧气面罩，并固定自己； 2. 发出释压直接处置的口令，呼喊指示帮助旅客戴上氧气面罩及固定自己； 3. 对于难以戴上面罩的旅客，指示其摘下眼镜； 4. 指示带儿童旅行的父母先戴上自己的面罩然后协助儿童； 5. 在飞机到达安全高度前或释压警告解除前，所有人员停止客舱内的一切活动	25	

续表

项目	操作程序及标准	分值	得分
释压后的客舱检查及救助	1. 检查：机舱受损情况、客舱内有无火源、旅客受伤情况、洗手间内有无旅客； 2. 保证安全：让旅客保持系好安全带，如机身上有裂口应重新安排旅客座位； 3. 护理：失去知觉的乘客和儿童、缺氧乘客、受伤旅客或机组、因释压发作的病人，并安抚旅客，消除旅客疑虑； 4. 指挥旅客把用过的氧气面罩放入他们的口袋内，并监控客舱防止起火； 5. 报告机长，听取机长进一步指示	25	
团队协作	处置过程中乘务员分工明确，配合熟练	10	
仪容仪表	妆容、头发等符合职业形象	10	
合计		100	

实训任务三　综合应用训练

一、学生以乘务组为单位，每组搜集关于缓慢释压和快速释压的案例各两个，并记录下每个案例里客舱释压的现象、旅客反应和乘务组的处置方式，并填写下表。小组根据表格内容对比缓慢释压和快速释压的区别，讨论案例中乘务员的处置方式。

综合应用训练报告与评价表

实训属性	综合应用训练			
实训目的	对比缓慢释压和快速释压的区别，并讨论乘务员的处置方式			
项目小组成员	姓名	班级	学号	责任分工
实训方式和步骤	1. 结合上面的问题，以项目小组为单位开展讨论； 2. 各项目小组进行交流和互评； 3. 思考并总结，完成实训报告			

续表

<table>
<tr><td rowspan="2">实训成果</td><td colspan="3">1. 缓慢释压（时间、地点、经过、结果）
案例 1：

案例 2：

缓慢释压的现象：

乘务员对缓慢释压的处置方式：</td></tr>
<tr><td colspan="3">2. 快速释压（时间、地点、经过、结果）
案例 1：

案例 2：

快速释压的现象：

乘务员对快速释压的处置方式：</td></tr>
<tr><td rowspan="11">实训过程评价</td><td>评价指标</td><td>自评</td><td>组内互评</td></tr>
<tr><td>达成本次实训项目目标（50 分，按正确率打分）</td><td></td><td></td></tr>
<tr><td>着装符合课堂规范（5 分）</td><td></td><td></td></tr>
<tr><td>遵守课堂纪律，做好安全防护，具备安全意识（5 分）</td><td></td><td></td></tr>
<tr><td>掌握知识点，能对所学内容进行分析、总结（5 分）</td><td></td><td></td></tr>
<tr><td>能有效利用资源查找信息，具备自主学习的能力（5 分）</td><td></td><td></td></tr>
<tr><td>能独立思考，融会贯通，提出自己的见解（5 分）</td><td></td><td></td></tr>
<tr><td>能创新性地解决问题（5 分）</td><td></td><td></td></tr>
<tr><td>注重团队协作，同学间团结友爱，共同解决问题（5 分）</td><td></td><td></td></tr>
<tr><td>认同所学专业的价值，对学习抱有热情，在学习中获得满足感、成就感（5 分）</td><td></td><td></td></tr>
<tr><td>具备理论应用于实践的能力（10 分）</td><td></td><td></td></tr>
</table>

续表

小组活动经验总结	
个人总结和反思	

二、学生以乘务组为单位，根据综合应用训练中的释压案例，结合所学知识，记录下案例中客舱释压对人体的影响，并填写下表。

综合应用训练报告与评价表

<table>
<tr><td>实训属性</td><td colspan="4">综合应用训练</td></tr>
<tr><td>实训目的</td><td colspan="4">对比缓慢释压和快速释压对人体影响的区别，并讨论对乘务员的影响</td></tr>
<tr><td rowspan="6">项目小组成员</td><td>姓名</td><td>班级</td><td>学号</td><td>责任分工</td></tr>
<tr><td></td><td></td><td></td><td></td></tr>
<tr><td></td><td></td><td></td><td></td></tr>
<tr><td></td><td></td><td></td><td></td></tr>
<tr><td></td><td></td><td></td><td></td></tr>
<tr><td></td><td></td><td></td><td></td></tr>
<tr><td>实训方式和步骤</td><td colspan="4">1. 结合上面的问题，以项目小组为单位开展讨论；
2. 各项目小组进行交流和互评；
3. 思考并总结，完成实训报告</td></tr>
<tr><td rowspan="2">实训成果</td><td colspan="4">收集、总结并讨论客舱释压对人体的影响：
1. 不同飞行高度缺氧时可能出现的症状

2. 遭遇客舱释压时，不同飞行高度对人体的影响</td></tr>
<tr><td colspan="4">讨论：
1. 乘务员在释压发生时保持清醒并能够做出正确判断的时间有多长？

2. 如果乘务员不及时戴上氧气面罩，会发生怎样的后果？</td></tr>
<tr><td rowspan="3">实训过程评价</td><td colspan="2">评价指标</td><td>自评</td><td>组内互评</td></tr>
<tr><td colspan="2">达成本次实训项目目标（50 分，按正确率打分）</td><td></td><td></td></tr>
<tr><td colspan="2">着装符合课堂规范（5 分）</td><td></td><td></td></tr>
</table>

续表

实训过程评价	遵守课堂纪律，做好安全防护，具备安全意识（5分）		
	掌握知识点，能对所学内容进行分析、总结（5分）		
	能有效利用资源查找信息，具备自主学习的能力（5分）		
	能独立思考，融会贯通，提出自己的见解（5分）		
	能创新性地解决问题（5分）		
	注重团队协作，同学间团结友爱，共同解决问题（5分）		
	认同所学专业的价值，对学习抱有热情，在学习中获得满足感、成就感（5分）		
	具备理论应用于实践的能力（10分）		
小组活动经验总结			
个人总结和反思			

三、在飞机到达安全高度，并且飞行组已宣布可以安全走动后，请思考客舱乘务员应如何检查旅客和客舱。

综合应用训练报告与评价表

实训属性	综合应用训练			
实训目的	客舱释压后的检查程序			
项目小组成员	姓名	班级	学号	责任分工
实训方式和步骤	1. 结合上面的问题，以项目小组为单位开展讨论； 2. 各项目小组进行交流和互评； 3. 思考并总结，完成实训报告			
实训成果	讨论并总结：飞机到达安全高度后的客舱检查程序			

续表

	评价指标	自评	组内互评
实训过程评价	达成本次实训项目目标（50分，按正确率打分）		
	着装符合课堂规范（5分）		
	遵守课堂纪律，做好安全防护，具备安全意识（5分）		
	掌握知识点，能对所学内容进行分析、总结（5分）		
	能有效利用资源查找信息，具备自主学习的能力（5分）		
	能独立思考，融会贯通，提出自己的见解（5分）		
	能创新性地解决问题（5分）		
	注重团队协作，同学间团结友爱，共同解决问题（5分）		
	认同所学专业的价值，对学习抱有热情，在学习中获得满足感、成就感（5分）		
	具备理论应用于实践的能力（10分）		
小组活动经验总结			
个人总结和反思			

实训任务四　素养提升训练

素养提升训练报告与评价表

实训属性	素养提升训练			
实训目的	通过小组课堂演讲的形式，进行素养提升教育，为民航强国事业培养接班人			
项目小组成员	姓名	班级	学号	责任分工
实训方式和步骤	1. 以项目小组为单位进行案例搜集，挖掘与课程相关的素养提升资源； 2. 各项目小组进行案例演讲和互评； 3. 思考并总结，完成实训报告			

续表

<table>
<tr><td>实训成果</td><td colspan="3">讨论并总结：通过该模块的学习，谈谈项目小组对所挖掘的素养提升资源的理解</td></tr>
<tr><td rowspan="11">实训过程评价</td><td>评价指标</td><td>自评</td><td>组内互评</td></tr>
<tr><td>达成本次实训项目目标（30 分）</td><td></td><td></td></tr>
<tr><td>演讲主题契合素养提升（10 分）</td><td></td><td></td></tr>
<tr><td>演讲主题与行业相关，增强职业认同感（10 分）</td><td></td><td></td></tr>
<tr><td>能完善自我，对自身成长起到正面激励作用（10 分）</td><td></td><td></td></tr>
<tr><td>能健全道德素养，增强社会责任感，培养积极正面的人生观、世界观（10 分）</td><td></td><td></td></tr>
<tr><td>能有效利用网络资源查找信息，具备自主学习的能力（5 分）</td><td></td><td></td></tr>
<tr><td>能独立思考，融会贯通，提出自己的见解（5 分）</td><td></td><td></td></tr>
<tr><td>能创新性地解决问题（5 分）</td><td></td><td></td></tr>
<tr><td>注重团队协作，同学间团结友爱，共同解决问题（10 分）</td><td></td><td></td></tr>
<tr><td>具备理论应用于实践的能力（5 分）</td><td></td><td></td></tr>
<tr><td>小组活动经验总结</td><td colspan="3"></td></tr>
<tr><td>个人总结和反思</td><td colspan="3"></td></tr>
</table>

模块六

客舱应急撤离程序

扫码在线测试

实训任务一　基础知识训练

基础知识训练报告与评价表

<table>
<tr><td>实训属性</td><td colspan="5">基础知识训练</td></tr>
<tr><td>实训目的</td><td colspan="5">通过练习，巩固对“客舱应急撤离程序”知识点的掌握</td></tr>
<tr><td rowspan="6">项目小组成员</td><td>姓名</td><td>班级</td><td>学号</td><td colspan="2">责任分工</td></tr>
<tr><td></td><td></td><td></td><td colspan="2"></td></tr>
<tr><td></td><td></td><td></td><td colspan="2"></td></tr>
<tr><td></td><td></td><td></td><td colspan="2"></td></tr>
<tr><td></td><td></td><td></td><td colspan="2"></td></tr>
<tr><td></td><td></td><td></td><td colspan="2"></td></tr>
<tr><td rowspan="2">实训方式和步骤</td><td colspan="5">随堂测：在规定的课堂时间完成闭卷测试</td></tr>
<tr><td colspan="5">小组 PK 赛：采用抢答形式，答对加 2 分，答错扣 1 分，小组成绩即为成员个人成绩</td></tr>
<tr><td rowspan="2">实训成果</td><td colspan="5">随堂测正确率 ________ /10 题</td></tr>
<tr><td colspan="5">小组 PK 赛成绩 ________ 分，名次 ________ / 共 ________ 组</td></tr>
<tr><td rowspan="6">实训过程评价</td><td colspan="3">评价指标</td><td>自评</td><td>组内互评</td></tr>
<tr><td colspan="3">达成本次实训项目目标（50 分，按正确率打分）</td><td></td><td></td></tr>
<tr><td colspan="3">着装符合课堂规范（5 分）</td><td></td><td></td></tr>
<tr><td colspan="3">遵守课堂纪律，做好安全防护，具备安全意识（5 分）</td><td></td><td></td></tr>
<tr><td colspan="3">掌握知识点，能对所学内容进行分析、总结（5 分）</td><td></td><td></td></tr>
<tr><td colspan="3">能有效利用资源查找信息，具备自主学习的能力（5 分）</td><td></td><td></td></tr>
</table>

续表

实训过程评价	能独立思考，融会贯通，提出自己的见解（5分）		
	能创新性地解决问题（5分）		
	注重团队协作，同学间团结友爱，共同解决问题（5分）		
	认同所学专业的价值，对学习抱有热情，在学习中获得满足感、成就感（5分）		
	具备理论应用于实践的能力（10分）		
小组活动经验总结			
个人总结和反思			

实训任务二　课堂实训

学生分组，4人或5人一组，进行客舱应急撤离实操训练考核，教师根据小组表现进行考核评价。

课堂实训报告与评价表

项目	操作程序及标准	分值	得分
客舱应急撤离程序	客舱应急撤离程序流程完整、规范，未缺失重要步骤	10	
机长向乘务长下达指令	1. 明确迫降的形式、原因、时间、地点、环境，以及与有关单位联系的情况等； 2. 共同确定撤离的方案； 3. 明确防冲击信号和撤离信号； 4. 校对时间； 5. 了解和记录其他特别的要求	5	
乘务长召集乘务组传达机长指令	1. 传达机长的指示和决定； 2. 进行分工，确认每人的位置和任务； 3. 落实检查单的各项工作； 4. 调亮客舱灯光； 5. 打开隔板观察窗（如适用）	5	

续表

项目	操作程序及标准	分值	得分
安全检查	1. 回收餐盘和服务用具； 2. 存放好旅客手提行李； 3. 扣好帘子； 4. 打开遮光板； 5. 检查安全带、座椅靠背、小桌板、电视屏幕、脚踏板； 6. 确认客航电视屏幕关闭收起； 7. 固定厨房设备； 8. 禁止旅客吸烟； 9. 广播通知旅客取下尖锐物品和松开紧身衣物； 10. 如迫降地点天气寒冷，提醒旅客穿好衣服防寒	10	
防冲撞姿势	1. 乘务员示范； 2. 对于特殊旅客应进行个别指导； 3. 检查旅客的防冲撞姿势； 4. 使旅客明确采取防冲撞姿势的口令； 5. 说明飞机着陆时可能出现多次撞击，因此要保持防冲撞姿势，直到飞机完全停稳	10	
指示撤离出口和脱出区域划分	1. 告诉旅客两个最近的出口位置； 2. 按照机型的要求，划分脱出区域，指导旅客从相应的出口撤离	10	
选择援助者	1. 选择援助者符合标准； 2. 明确援助者的任务并能清晰传达任务	10	
准备撤离时携带的物品	根据迫降环境准备好应携带的物品	5	
再次进行安全确认	乘务组按照分工再次安全检查	5	
乘务员准备完毕，入座	1. 乘务员自身确认； 2. 乘务员在规定的座位入座； 3. 向乘务长报告； 4. 乘务长报告机长准备完毕	5	
准备着陆与陆地撤离	1. 机长发出“500 英尺”指令，乘务员发出“抱紧防撞”指令； 2. 飞机完全停稳，乘务员判断出口状况、开门或封门，指挥旅客撤离； 3. 乘务组清舱、撤离飞机； 4. 清查旅客人数并报告	10	
客舱广播	广播完整、清晰、响亮	5	
团队协作	处置过程中乘务员分工明确，配合熟练	5	
仪容仪表	妆容、头发等符合职业形象	5	
合计		100	

实训任务三　综合应用训练

一、在应急撤离过程中，诸多因素都对应急撤离的成功起着关键作用，其中一项便是机组间的及时有效沟通。请从应急撤离紧急通讯角度，设计一套机组间紧急通讯简要方案。

综合应用训练报告与评价表

<table>
<tr><td>实训属性</td><td colspan="6">综合应用训练</td></tr>
<tr><td>实训目的</td><td colspan="6">针对应急撤离，明确紧急通讯的重要性</td></tr>
<tr><td rowspan="6">项目小组成员</td><td>姓名</td><td>班级</td><td>学号</td><td colspan="3">责任分工</td></tr>
<tr><td></td><td></td><td></td><td colspan="3"></td></tr>
<tr><td></td><td></td><td></td><td colspan="3"></td></tr>
<tr><td></td><td></td><td></td><td colspan="3"></td></tr>
<tr><td></td><td></td><td></td><td colspan="3"></td></tr>
<tr><td></td><td></td><td></td><td colspan="3"></td></tr>
<tr><td>实训方式和步骤</td><td colspan="6">1. 结合上面的问题，以项目小组为单位开展讨论；
2. 各项目小组进行交流和互评；
3. 思考并总结，完成实训报告</td></tr>
<tr><td>实训成果</td><td colspan="6">讨论并总结：</td></tr>
<tr><td rowspan="11">实训过程评价</td><td colspan="4">评价指标</td><td>自评</td><td>组内互评</td></tr>
<tr><td colspan="4">达成本次实训项目目标（50 分，按正确率打分）</td><td></td><td></td></tr>
<tr><td colspan="4">着装符合课堂规范（5 分）</td><td></td><td></td></tr>
<tr><td colspan="4">遵守课堂纪律，做好安全防护，具备安全意识（5 分）</td><td></td><td></td></tr>
<tr><td colspan="4">掌握知识点，能对所学内容进行分析、总结（5 分）</td><td></td><td></td></tr>
<tr><td colspan="4">能有效利用资源查找信息，具备自主学习的能力（5 分）</td><td></td><td></td></tr>
<tr><td colspan="4">能独立思考，融会贯通，提出自己的见解（5 分）</td><td></td><td></td></tr>
<tr><td colspan="4">能创新性地解决问题（5 分）</td><td></td><td></td></tr>
<tr><td colspan="4">注重团队协作，同学间团结友爱，共同解决问题（5 分）</td><td></td><td></td></tr>
<tr><td colspan="4">认同所学专业的价值，对学习抱有热情，在学习中获得满足感、成就感（5 分）</td><td></td><td></td></tr>
<tr><td colspan="4">具备理论应用于实践的能力（10 分）</td><td></td><td></td></tr>
</table>

续表

小组活动经验总结	
个人总结和反思	

二、某航班从广州飞往上海，在飞行过程中，机长通知乘务长，由于机械故障，飞机将于 15 分钟后迫降在上海郊区。请就此陆地迫降事件，编写一份陆地迫降主要流程。

综合应用训练报告与评价表

<table>
<tr><td>实训属性</td><td colspan="4">综合应用训练</td></tr>
<tr><td>实训目的</td><td colspan="4">掌握陆地迫降主要流程</td></tr>
<tr><td rowspan="6">项目小组成员</td><td>姓名</td><td>班级</td><td>学号</td><td>责任分工</td></tr>
<tr><td></td><td></td><td></td><td></td></tr>
<tr><td></td><td></td><td></td><td></td></tr>
<tr><td></td><td></td><td></td><td></td></tr>
<tr><td></td><td></td><td></td><td></td></tr>
<tr><td></td><td></td><td></td><td></td></tr>
<tr><td>实训方式和步骤</td><td colspan="4">1. 结合上面的问题，以项目小组为单位开展讨论；
2. 各项目小组进行交流和互评；
3. 思考并总结，完成实训报告</td></tr>
<tr><td>实训成果</td><td colspan="4">讨论并总结：</td></tr>
</table>

<table>
<tr><td rowspan="9">实训过程评价</td><td>评价指标</td><td>自评</td><td>组内互评</td></tr>
<tr><td>达成本次实训项目目标（50 分，按正确率打分）</td><td></td><td></td></tr>
<tr><td>着装符合课堂规范（5 分）</td><td></td><td></td></tr>
<tr><td>遵守课堂纪律，做好安全防护，具备安全意识（5 分）</td><td></td><td></td></tr>
<tr><td>掌握知识点，能对所学内容进行分析、总结（5 分）</td><td></td><td></td></tr>
<tr><td>能有效利用资源查找信息，具备自主学习的能力（5 分）</td><td></td><td></td></tr>
<tr><td>能独立思考，融会贯通，提出自己的见解（5 分）</td><td></td><td></td></tr>
<tr><td>能创新性地解决问题（5 分）</td><td></td><td></td></tr>
<tr><td>注重团队协作，同学间团结友爱，共同解决问题（5 分）</td><td></td><td></td></tr>
</table>

续表

实训过程评价	认同所学专业的价值，对学习抱有热情，在学习中获得满足感、成就感（5分）		
	具备理论应用于实践的能力（10分）		
小组活动经验总结			
个人总结和反思			

三、假设某航班因机械故障迫降在陆上郊区，并且飞机停稳起火。请编写一份飞机停稳后的撤离程序。

综合应用训练报告与评价表

实训属性	综合应用训练				
实训目的	掌握飞机停稳后的撤离程序				
项目小组成员	姓名	班级	学号	责任分工	
实训方式和步骤	1. 结合上面的问题，以项目小组为单位开展讨论； 2. 各项目小组进行交流和互评； 3. 思考并总结，完成实训报告				
实训成果	讨论并总结：				
实训过程评价	评价指标	自评	组内互评		
	达成本次实训项目目标（50分，按正确率打分）				
	着装符合课堂规范（5分）				
	遵守课堂纪律，做好安全防护，具备安全意识（5分）				
	掌握知识点，能对所学内容进行分析、总结（5分）				
	能有效利用资源查找信息，具备自主学习的能力（5分）				
	能独立思考，融会贯通，提出自己的见解（5分）				

续表

实训过程评价	能创新性地解决问题（5分）		
	注重团队协作，同学间团结友爱，共同解决问题（5分）		
	认同所学专业的价值，对学习抱有热情，在学习中获得满足感、成就感（5分）		
	具备理论应用于实践的能力（10分）		
小组活动经验总结			
个人总结和反思			

四、假设某航班陆地迫降，机上全体人员撤离飞机后，乘务员的工作重点是什么？请编写一份乘务员工作重点方案。

综合应用训练报告与评价表

实训属性	综合应用训练			
实训目的	掌握乘务员工作重点			
项目小组成员	姓名	班级	学号	责任分工
实训方式和步骤	1. 结合上面的问题，以项目小组为单位开展讨论； 2. 各项目小组进行交流和互评； 3. 思考并总结，完成实训报告			
实训成果	讨论并总结：			

实训过程评价	评价指标	自评	组内互评
	达成本次实训项目目标（50分，按正确率打分）		
	着装符合课堂规范（5分）		
	遵守课堂纪律，做好安全防护，具备安全意识（5分）		
	掌握知识点，能对所学内容进行分析、总结（5分）		

续表

实训过程评价	能有效利用资源查找信息，具备自主学习的能力（5 分）		
	能独立思考，融会贯通，提出自己的见解（5 分）		
	能创新性地解决问题（5 分）		
	注重团队协作，同学间团结友爱，共同解决问题（5 分）		
	认同所学专业的价值，对学习抱有热情，在学习中获得满足感、成就感（5 分）		
	具备理论应用于实践的能力（10 分）		
小组活动经验总结			
个人总结和反思			

实训任务四　素养提升训练

素养提升训练报告与评价表

实训属性	素养提升训练			
实训目的	通过小组课堂演讲的形式，进行素养提升教育，为民航强国事业培养接班人			
项目小组成员	姓名	班级	学号	责任分工
实训方式和步骤	1. 以项目小组为单位进行案例搜集，挖掘与课程相关的素养提升资源； 2. 各项目小组进行案例演讲和互评； 3. 思考并总结，完成实训报告			
实训成果	讨论并总结：通过该模块的学习，谈谈项目小组对所挖掘的素养提升资源的理解			

续表

	评价指标	自评	组内互评
实训过程评价	达成本次实训项目目标（30 分）		
	演讲主题契合素养提升（10 分）		
	演讲主题与行业相关，增强职业认同感（10 分）		
	能完善自我，对自身成长起到正面激励作用（10 分）		
	能健全道德素养，增强社会责任感，培养积极正面的人生观、世界观（10 分）		
	能有效利用网络资源查找信息，具备自主学习的能力（5 分）		
	能独立思考，融会贯通，提出自己的见解（5 分）		
	能创新性地解决问题（5 分）		
	注重团队协作，同学间团结友爱，共同解决问题（10 分）		
	具备理论应用于实践的能力（5 分）		
小组活动经验总结			
个人总结和反思			

模块七 颠簸处置

扫码在线测试

实训任务一 基础知识训练

基础知识训练报告与评价表

<table>
<tr><td>实训属性</td><td colspan="4">基础知识训练</td></tr>
<tr><td>实训目的</td><td colspan="4">通过练习，巩固对“颠簸处置”知识点的掌握</td></tr>
<tr><td rowspan="6">项目小组成员</td><td>姓名</td><td>班级</td><td>学号</td><td>责任分工</td></tr>
<tr><td></td><td></td><td></td><td></td></tr>
<tr><td></td><td></td><td></td><td></td></tr>
<tr><td></td><td></td><td></td><td></td></tr>
<tr><td></td><td></td><td></td><td></td></tr>
<tr><td></td><td></td><td></td><td></td></tr>
<tr><td rowspan="2">实训方式和步骤</td><td colspan="4">随堂测：在规定的课堂时间完成闭卷测试</td></tr>
<tr><td colspan="4">小组 PK 赛：采用抢答形式，答对加 2 分，答错扣 1 分，小组成绩即为成员个人成绩</td></tr>
<tr><td rowspan="2">实训成果</td><td colspan="4">随堂测正确率 ________ /10 题</td></tr>
<tr><td colspan="4">小组 PK 赛成绩 ________ 分，名次 ________ / 共 ________ 组</td></tr>
<tr><td rowspan="6">实训过程评价</td><td colspan="2">评价指标</td><td>自评</td><td>组内互评</td></tr>
<tr><td colspan="2">达成本次实训项目目标（50 分，按正确率打分）</td><td></td><td></td></tr>
<tr><td colspan="2">着装符合课堂规范（5 分）</td><td></td><td></td></tr>
<tr><td colspan="2">遵守课堂纪律，做好安全防护，具备安全意识（5 分）</td><td></td><td></td></tr>
<tr><td colspan="2">掌握知识点，能对所学内容进行分析、总结（5 分）</td><td></td><td></td></tr>
<tr><td colspan="2">能有效利用资源查找信息，具备自主学习的能力（5 分）</td><td></td><td></td></tr>
</table>

续表

实训过程评价	能独立思考，融会贯通，提出自己的见解（5 分）		
	能创新性地解决问题（5 分）		
	注重团队协作，同学间团结友爱，共同解决问题（5 分）		
	认同所学专业的价值，对学习抱有热情，在学习中获得满足感、成就感（5 分）		
	具备理论应用于实践的能力（10 分）		
小组活动经验总结			
个人总结和反思			

实训任务二　课堂实训

学生分组，4 人或 5 人一组，进行颠簸处置实操训练考核，教师根据小组表现进行考核评价。

课堂实训报告与评价表

项目	操作程序及标准	分值	得分
颠簸处置航前检查	相关设备用品确保齐全	10	
颠簸处置程序	颠簸处置流程完整、规范，未缺失重要步骤	10	
广播内容	能根据具体颠簸情况做出广播，广播完整、清晰、响亮	10	
颠簸处置	轻度颠簸： 1. 继续小心服务，送热食和热饮时要小心； 2. 巡视客舱，检查安全带是否系好； 3. 乘务员直面提醒或向客舱广播	20	
	中度颠簸： 1. 服务：把餐车上的物品固定好（短时间颠簸），把餐车推回厨房扣好（长时间颠簸）； 2. 完成后，坐到乘务员座椅；坐回乘务员座椅，在回乘务员座椅的路上，巡视客舱，检查安全带是否系好； 3. 做客舱广播；驾驶舱或乘务长再次强调	20	

续表

项目	操作程序及标准	分值	得分
颠簸处置	严重颠簸： 1. 停止服务，在目前位置把餐车刹好；把热咖啡壶和水壶放在地板上； 2. 坐到最近的可坐的座位上（抓住任何无人看管的餐车），不要试图去查看旅客是否已系好安全带； 3. 做客舱广播，驾驶舱或乘务长再次强调	20	
团队协作	处置过程中乘务员分工明确，配合熟练	5	
仪容仪表	妆容、头发等符合职业形象	5	
合计		100	

实训任务三　综合应用训练

一、客舱颠簸是一种常见的飞行现象，严重的颠簸有可能导致人员受伤、机体破损等后果。乘务员需在飞行的全过程对颠簸有可行的应对措施。请设计一套乘务员客舱颠簸管理的简要方案。

综合应用训练报告与评价表

实训属性	综合应用训练			
实训目的	针对客舱颠簸，明确客舱颠簸管理			
项目小组成员	姓名	班级	学号	责任分工
实训方式和步骤	1. 结合上面的问题，以项目小组为单位开展讨论； 2. 各项目小组进行交流和互评； 3. 思考并总结，完成实训报告			
实训成果	讨论并总结：			

续表

	评价指标	自评	组内互评
实训过程评价	达成本次实训项目目标（50 分，按正确率打分）		
	着装符合课堂规范（5 分）		
	遵守课堂纪律，做好安全防护，具备安全意识（5 分）		
	掌握知识点，能对所学内容进行分析、总结（5 分）		
	能有效利用资源查找信息，具备自主学习的能力（5 分）		
	能独立思考，融会贯通，提出自己的见解（5 分）		
	能创新性地解决问题（5 分）		
	注重团队协作，同学间团结友爱，共同解决问题（5 分）		
	认同所学专业的价值，对学习抱有热情，在学习中获得满足感、成就感（5 分）		
	具备理论应用于实践的能力（10 分）		
小组活动经验总结			
个人总结和反思			

二、飞行中发生颠簸，乘务员应如何处置？请编写一份空中颠簸处置方案。

综合应用训练报告与评价表

实训属性	综合应用训练			
实训目的	掌握空中颠簸的处置方法			
项目小组成员	姓名	班级	学号	责任分工
实训方式和步骤	1. 结合上面的问题，以项目小组为单位开展讨论； 2. 各项目小组进行交流和互评； 3. 思考并总结，完成实训报告			
实训成果	讨论并总结：			

续表

实训过程评价	评价指标	自评	组内互评
	达成本次实训项目目标（50分，按正确率打分）		
	着装符合课堂规范（5分）		
	遵守课堂纪律，做好安全防护，具备安全意识（5分）		
	掌握知识点，能对所学内容进行分析、总结（5分）		
	能有效利用资源查找信息，具备自主学习的能力（5分）		
	能独立思考，融会贯通，提出自己的见解（5分）		
	能创新性地解决问题（5分）		
	注重团队协作，同学间团结友爱，共同解决问题（5分）		
	认同所学专业的价值，对学习抱有热情，在学习中获得满足感、成就感（5分）		
	具备理论应用于实践的能力（10分）		
小组活动经验总结			
个人总结和反思			

实训任务四　素养提升训练

素养提升训练报告与评价表

实训属性	素养提升训练			
实训目的	通过小组课堂演讲的形式，进行素养提升教育，为民航强国事业培养接班人			
项目小组成员	姓名	班级	学号	责任分工
实训方式和步骤	1. 以项目小组为单位进行案例搜集，挖掘与课程相关的素养提升资源； 2. 各项目小组进行案例演讲和互评； 3. 思考并总结，完成实训报告			

续表

<table>
<tr><td>实训成果</td><td colspan="3">讨论并总结：通过该模块的学习，谈谈项目小组对所挖掘的素养提升资源的理解</td></tr>
<tr><td rowspan="11">实训过程评价</td><td>评价指标</td><td>自评</td><td>组内互评</td></tr>
<tr><td>达成本次实训项目目标（30分）</td><td></td><td></td></tr>
<tr><td>演讲主题契合素养提升（10分）</td><td></td><td></td></tr>
<tr><td>演讲主题与行业相关，增强职业认同感（10分）</td><td></td><td></td></tr>
<tr><td>能完善自我，对自身成长起到正面激励作用（10分）</td><td></td><td></td></tr>
<tr><td>能健全道德素养，增强社会责任感，培养积极正面的人生观、世界观（10分）</td><td></td><td></td></tr>
<tr><td>能有效利用网络资源查找信息，具备自主学习的能力（5分）</td><td></td><td></td></tr>
<tr><td>能独立思考，融会贯通，提出自己的见解（5分）</td><td></td><td></td></tr>
<tr><td>能创新性地解决问题（5分）</td><td></td><td></td></tr>
<tr><td>注重团队协作，同学间团结友爱，共同解决问题（10分）</td><td></td><td></td></tr>
<tr><td>具备理论应用于实践的能力（5分）</td><td></td><td></td></tr>
<tr><td>小组活动经验总结</td><td colspan="3"></td></tr>
<tr><td>个人总结和反思</td><td colspan="3"></td></tr>
</table>

模块八 旅客安全管理

扫码在线测试

实训任务一 基础知识训练

基础知识训练报告与评价表

<table>
<tr><td>实训属性</td><td colspan="5">基础知识训练</td></tr>
<tr><td>实训目的</td><td colspan="5">通过练习，巩固对“旅客安全管理”知识点的掌握</td></tr>
<tr><td rowspan="6">项目小组成员</td><td>姓名</td><td>班级</td><td>学号</td><td colspan="2">责任分工</td></tr>
<tr><td></td><td></td><td></td><td colspan="2"></td></tr>
<tr><td></td><td></td><td></td><td colspan="2"></td></tr>
<tr><td></td><td></td><td></td><td colspan="2"></td></tr>
<tr><td></td><td></td><td></td><td colspan="2"></td></tr>
<tr><td></td><td></td><td></td><td colspan="2"></td></tr>
<tr><td rowspan="2">实训方式和步骤</td><td colspan="5">随堂测：在规定的课堂时间完成闭卷测试</td></tr>
<tr><td colspan="5">小组 PK 赛：采用抢答形式，答对加 2 分，答错扣 1 分，小组成绩即为成员个人成绩</td></tr>
<tr><td rowspan="2">实训成果</td><td colspan="5">随堂测正确率 ________ /10 题</td></tr>
<tr><td colspan="5">小组 PK 赛成绩 ________ 分，名次 ________ / 共 ________ 组</td></tr>
<tr><td rowspan="6">实训过程评价</td><td colspan="3">评价指标</td><td>自评</td><td>组内互评</td></tr>
<tr><td colspan="3">达成本次实训项目目标（50 分，按正确率打分）</td><td></td><td></td></tr>
<tr><td colspan="3">着装符合课堂规范（5 分）</td><td></td><td></td></tr>
<tr><td colspan="3">遵守课堂纪律，做好安全防护，具备安全意识（5 分）</td><td></td><td></td></tr>
<tr><td colspan="3">掌握知识点，能对所学内容进行分析、总结（5 分）</td><td></td><td></td></tr>
<tr><td colspan="3">能有效利用资源查找信息，具备自主学习的能力（5 分）</td><td></td><td></td></tr>
</table>

续表

实训过程评价	能独立思考，融会贯通，提出自己的见解（5 分）		
	能创新性地解决问题（5 分）		
	注重团队协作，同学间团结友爱，共同解决问题（5 分）		
	认同所学专业的价值，对学习抱有热情，在学习中获得满足感、成就感（5 分）		
	具备理论应用于实践的能力（10 分）		
小组活动经验总结			
个人总结和反思			

实训任务二　综合应用训练

一、飞行中的航空器上出现扰乱行为时，民航乘务员要积极主动地采取必要的措施，冷静、高效地处理旅客扰乱性行为。假设航班中出现旅客违反规定在客舱或洗手间吸烟的情形，讨论乘务员应执行什么处置程序，并填写下表。

综合应用训练报告与评价表

实训属性	综合应用训练			
实训目的	能掌握违反规定在客舱、洗手间吸烟不听劝阻的处置程序			
项目小组成员	姓名	班级	学号	责任分工
实训方式和步骤	1. 结合上面的问题，以项目小组为单位开展讨论； 2. 各项目小组进行交流和互评； 3. 思考并总结，完成实训报告			
实训成果	讨论并总结：			

续表

实训过程评价	评价指标	自评	组内互评
	达成本次实训项目目标（50 分，按正确率打分）		
	着装符合课堂规范（5 分）		
	遵守课堂纪律，做好安全防护，具备安全意识（5 分）		
	掌握知识点，能对所学内容进行分析、总结（5 分）		
	能有效利用资源查找信息，具备自主学习的能力（5 分）		
	能独立思考，融会贯通，提出自己的见解（5 分）		
	能创新性地解决问题（5 分）		
	注重团队协作，同学间团结友爱，共同解决问题（5 分）		
	认同所学专业的价值，对学习抱有热情，在学习中获得满足感、成就感（5 分）		
	具备理论应用于实践的能力（10 分）		
小组活动经验总结			
个人总结和反思			

二、飞行中的航空器上出现扰乱行为时，民航乘务员要积极主动地采取必要的措施，冷静、高效地处理旅客扰乱性行为。假设航班中出现旅客偷盗、违反规定开启或损坏机上应急救生设备的情形，讨论乘务员应执行什么处置方案，并填写下表。

综合应用训练报告与评价表

实训属性	综合应用训练			
实训目的	能掌握旅客偷盗、违反规定开启或损坏机上应急救生设备的处置方案			
项目小组成员	姓名	班级	学号	责任分工
实训方式和步骤	1. 结合上面的问题，以项目小组为单位开展讨论； 2. 各项目小组进行交流和互评； 3. 思考并总结，完成实训报告			

续表

<table>
<tr><td rowspan="1">实训成果</td><td colspan="3">讨论并总结：</td></tr>
<tr><td rowspan="11">实训过程评价</td><td>评价指标</td><td>自评</td><td>组内互评</td></tr>
<tr><td>达成本次实训项目目标（50 分，按正确率打分）</td><td></td><td></td></tr>
<tr><td>着装符合课堂规范（5 分）</td><td></td><td></td></tr>
<tr><td>遵守课堂纪律，做好安全防护，具备安全意识（5 分）</td><td></td><td></td></tr>
<tr><td>掌握知识点，能对所学内容进行分析、总结（5 分）</td><td></td><td></td></tr>
<tr><td>能有效利用资源查找信息，具备自主学习的能力（5 分）</td><td></td><td></td></tr>
<tr><td>能独立思考，融会贯通，提出自己的见解（5 分）</td><td></td><td></td></tr>
<tr><td>能创新性地解决问题（5 分）</td><td></td><td></td></tr>
<tr><td>注重团队协作，同学间团结友爱，共同解决问题（5 分）</td><td></td><td></td></tr>
<tr><td>认同所学专业的价值，对学习抱有热情，在学习中获得满足感、成就感（5 分）</td><td></td><td></td></tr>
<tr><td>具备理论应用于实践的能力（10 分）</td><td></td><td></td></tr>
<tr><td>小组活动经验总结</td><td colspan="3"></td></tr>
<tr><td>个人总结和反思</td><td colspan="3"></td></tr>
</table>

三、飞行中的航空器上出现扰乱行为时，民航乘务员要积极主动地采取必要的措施，冷静、高效地处理旅客扰乱性行为。假设航班中出现寻衅滋事乘客的情形，讨论乘务员应执行什么处置程序，并填写下表。

综合应用训练报告与评价表

<table>
<tr><td>实训属性</td><td colspan="4">综合应用训练</td></tr>
<tr><td>实训目的</td><td colspan="4">能掌握寻衅滋事乘客行为的处置程序</td></tr>
<tr><td rowspan="6">项目小组成员</td><td>姓名</td><td>班级</td><td>学号</td><td>责任分工</td></tr>
<tr><td></td><td></td><td></td><td></td></tr>
<tr><td></td><td></td><td></td><td></td></tr>
<tr><td></td><td></td><td></td><td></td></tr>
<tr><td></td><td></td><td></td><td></td></tr>
<tr><td></td><td></td><td></td><td></td></tr>
</table>

续表

实训方式和步骤	1. 结合上面的问题，以项目小组为单位开展讨论； 2. 各项目小组进行交流和互评； 3. 思考并总结，完成实训报告		
实训成果	讨论并总结：		
实训过程评价	评价指标	自评	组内互评
	达成本次实训项目目标（50 分，按正确率打分）		
	着装符合课堂规范（5 分）		
	遵守课堂纪律，做好安全防护，具备安全意识（5 分）		
	掌握知识点，能对所学内容进行分析、总结（5 分）		
	能有效利用资源查找信息，具备自主学习的能力（5 分）		
	能独立思考，融会贯通，提出自己的见解（5 分）		
	能创新性地解决问题（5 分）		
	注重团队协作，同学间团结友爱，共同解决问题（5 分）		
	认同所学专业的价值，对学习抱有热情，在学习中获得满足感、成就感（5 分）		
	具备理论应用于实践的能力（10 分）		
小组活动经验总结			
个人总结和反思			

四、根据机上案（事）件处置程序，发生非法干扰行为时，机组成员应当采取一切必要处置措施。假设客舱内出现旅客携带管制刀具、武器等凶器的情形，讨论乘务员应执行什么处置方案，并填写下表。

综合应用训练报告与评价表

实训属性	综合应用训练			
实训目的	能掌握客舱内出现旅客携带管制刀具、武器等凶器的处置方案			
项目小组成员	姓名	班级	学号	责任分工

续表

<table>
<tr><td rowspan="3">项目小组成员</td><td></td><td></td><td></td><td></td></tr>
<tr><td></td><td></td><td></td><td></td></tr>
<tr><td></td><td></td><td></td><td></td></tr>
<tr><td>实训方式和步骤</td><td colspan="4">1. 结合上面的问题，以项目小组为单位开展讨论；
2. 各项目小组进行交流和互评；
3. 思考并总结，完成实训报告</td></tr>
<tr><td>实训成果</td><td colspan="4">讨论并总结：</td></tr>
</table>

<table>
<tr><td rowspan="11">实训过程评价</td><td>评价指标</td><td>自评</td><td>组内互评</td></tr>
<tr><td>达成本次实训项目目标（50 分，按正确率打分）</td><td></td><td></td></tr>
<tr><td>着装符合课堂规范（5 分）</td><td></td><td></td></tr>
<tr><td>遵守课堂纪律，做好安全防护，具备安全意识（5 分）</td><td></td><td></td></tr>
<tr><td>掌握知识点，能对所学内容进行分析、总结（5 分）</td><td></td><td></td></tr>
<tr><td>能有效利用资源查找信息，具备自主学习的能力（5 分）</td><td></td><td></td></tr>
<tr><td>能独立思考，融会贯通，提出自己的见解（5 分）</td><td></td><td></td></tr>
<tr><td>能创新性地解决问题（5 分）</td><td></td><td></td></tr>
<tr><td>注重团队协作，同学间团结友爱，共同解决问题（5 分）</td><td></td><td></td></tr>
<tr><td>认同所学专业的价值，对学习抱有热情，在学习中获得满足感、成就感（5 分）</td><td></td><td></td></tr>
<tr><td>具备理论应用于实践的能力（10 分）</td><td></td><td></td></tr>
<tr><td>小组活动经验总结</td><td colspan="3"></td></tr>
<tr><td>个人总结和反思</td><td colspan="3"></td></tr>
</table>

五、根据机上案（事）件处置程序，发生非法干扰行为时，机组成员应当采取一切必要处置措施。假设客舱内出现劫机的情形，讨论乘务员应执行什么处置程序，并填写下表。

综合应用训练报告与评价表

实训属性	综合应用训练
实训目的	能掌握客舱内出现劫机的处置程序

续表

<table>
<tr><td rowspan="6">项目小组成员</td><td>姓名</td><td>班级</td><td>学号</td><td>责任分工</td></tr>
<tr><td></td><td></td><td></td><td></td></tr>
<tr><td></td><td></td><td></td><td></td></tr>
<tr><td></td><td></td><td></td><td></td></tr>
<tr><td></td><td></td><td></td><td></td></tr>
<tr><td></td><td></td><td></td><td></td></tr>
<tr><td>实训方式和步骤</td><td colspan="4">1. 结合上面的问题，以项目小组为单位开展讨论；
2. 各项目小组进行交流和互评；
3. 思考并总结，完成实训报告</td></tr>
<tr><td>实训成果</td><td colspan="4">讨论并总结：</td></tr>
<tr><td rowspan="11">实训过程评价</td><td colspan="2">评价指标</td><td>自评</td><td>组内互评</td></tr>
<tr><td colspan="2">达成本次实训项目目标（50 分，按正确率打分）</td><td></td><td></td></tr>
<tr><td colspan="2">着装符合课堂规范（5 分）</td><td></td><td></td></tr>
<tr><td colspan="2">遵守课堂纪律，做好安全防护，具备安全意识（5 分）</td><td></td><td></td></tr>
<tr><td colspan="2">掌握知识点，能对所学内容进行分析、总结（5 分）</td><td></td><td></td></tr>
<tr><td colspan="2">能有效利用资源查找信息，具备自主学习的能力（5 分）</td><td></td><td></td></tr>
<tr><td colspan="2">能独立思考，融会贯通，提出自己的见解（5 分）</td><td></td><td></td></tr>
<tr><td colspan="2">能创新性地解决问题（5 分）</td><td></td><td></td></tr>
<tr><td colspan="2">注重团队协作，同学间团结友爱，共同解决问题（5 分）</td><td></td><td></td></tr>
<tr><td colspan="2">认同所学专业的价值，对学习抱有热情，在学习中获得满足感、成就感（5 分）</td><td></td><td></td></tr>
<tr><td colspan="2">具备理论应用于实践的能力（10 分）</td><td></td><td></td></tr>
<tr><td>小组活动经验总结</td><td colspan="4"></td></tr>
<tr><td>个人总结和反思</td><td colspan="4"></td></tr>
</table>

六、客舱乘务员应当掌握机上特殊情况的应急处置。假设在航空器内发现爆炸物，讨论乘务员应执行什么处置程序，并填写下表。

综合应用训练报告与评价表

<table>
<tr><td>实训属性</td><td colspan="4">综合应用训练</td></tr>
<tr><td>实训目的</td><td colspan="4">能掌握航空器内发现爆炸物的处置程序</td></tr>
<tr><td rowspan="6">项目小组成员</td><td>姓名</td><td>班级</td><td>学号</td><td>责任分工</td></tr>
<tr><td></td><td></td><td></td><td></td></tr>
<tr><td></td><td></td><td></td><td></td></tr>
<tr><td></td><td></td><td></td><td></td></tr>
<tr><td></td><td></td><td></td><td></td></tr>
<tr><td></td><td></td><td></td><td></td></tr>
<tr><td>实训方式和步骤</td><td colspan="4">1. 结合上面的问题，以项目小组为单位开展讨论；
2. 各项目小组进行交流和互评；
3. 思考并总结，完成实训报告</td></tr>
<tr><td>实训成果</td><td colspan="4">讨论并总结：</td></tr>
<tr><td rowspan="11">实训过程评价</td><td colspan="2">评价指标</td><td>自评</td><td>组内互评</td></tr>
<tr><td colspan="2">达成本次实训项目目标（50 分，按正确率打分）</td><td></td><td></td></tr>
<tr><td colspan="2">着装符合课堂规范（5 分）</td><td></td><td></td></tr>
<tr><td colspan="2">遵守课堂纪律，做好安全防护，具备安全意识（5 分）</td><td></td><td></td></tr>
<tr><td colspan="2">掌握知识点，能对所学内容进行分析、总结（5 分）</td><td></td><td></td></tr>
<tr><td colspan="2">能有效利用资源查找信息，具备自主学习的能力（5 分）</td><td></td><td></td></tr>
<tr><td colspan="2">能独立思考，融会贯通，提出自己的见解（5 分）</td><td></td><td></td></tr>
<tr><td colspan="2">能创新性地解决问题（5 分）</td><td></td><td></td></tr>
<tr><td colspan="2">注重团队协作，同学间团结友爱，共同解决问题（5 分）</td><td></td><td></td></tr>
<tr><td colspan="2">认同所学专业的价值，对学习抱有热情，在学习中获得满足感、成就感（5 分）</td><td></td><td></td></tr>
<tr><td colspan="2">具备理论应用于实践的能力（10 分）</td><td></td><td></td></tr>
<tr><td>小组活动经验总结</td><td colspan="4"></td></tr>
<tr><td>个人总结和反思</td><td colspan="4"></td></tr>
</table>

实训任务三　素养提升训练

素养提升训练报告与评价表

<table>
<tr><td>实训属性</td><td colspan="5">素养提升训练</td></tr>
<tr><td>实训目的</td><td colspan="5">通过小组课堂演讲的形式，进行素养提升教育，为民航强国事业培养接班人</td></tr>
<tr><td rowspan="6">项目小组成员</td><td>姓名</td><td>班级</td><td>学号</td><td colspan="2">责任分工</td></tr>
<tr><td></td><td></td><td></td><td colspan="2"></td></tr>
<tr><td></td><td></td><td></td><td colspan="2"></td></tr>
<tr><td></td><td></td><td></td><td colspan="2"></td></tr>
<tr><td></td><td></td><td></td><td colspan="2"></td></tr>
<tr><td></td><td></td><td></td><td colspan="2"></td></tr>
<tr><td>实训方式和步骤</td><td colspan="5">1. 以项目小组为单位进行案例搜集，挖掘与课程相关的素养提升资源；
2. 各项目小组进行案例演讲和互评；
3. 思考并总结，完成实训报告</td></tr>
<tr><td>实训成果</td><td colspan="5">讨论并总结：通过该模块的学习，谈谈项目小组对所挖掘的素养提升资源的理解</td></tr>
<tr><td rowspan="11">实训过程评价</td><td colspan="3">评价指标</td><td>自评</td><td>组内互评</td></tr>
<tr><td colspan="3">达成本次实训项目目标（30 分）</td><td></td><td></td></tr>
<tr><td colspan="3">演讲主题契合素养提升（10 分）</td><td></td><td></td></tr>
<tr><td colspan="3">演讲主题与行业相关，增强职业认同感（10 分）</td><td></td><td></td></tr>
<tr><td colspan="3">能完善自我，对自身成长起到正面激励作用（10 分）</td><td></td><td></td></tr>
<tr><td colspan="3">能健全道德素养，增强社会责任感，培养积极正面的人生观、世界观（10 分）</td><td></td><td></td></tr>
<tr><td colspan="3">能有效利用网络资源查找信息，具备自主学习的能力（5 分）</td><td></td><td></td></tr>
<tr><td colspan="3">能独立思考，融会贯通，提出自己的见解（5 分）</td><td></td><td></td></tr>
<tr><td colspan="3">能创新性地解决问题（5 分）</td><td></td><td></td></tr>
<tr><td colspan="3">注重团队协作，同学间团结友爱，共同解决问题（10 分）</td><td></td><td></td></tr>
<tr><td colspan="3">具备理论应用于实践的能力（5 分）</td><td></td><td></td></tr>
<tr><td>小组活动经验总结</td><td colspan="5"></td></tr>
<tr><td>个人总结和反思</td><td colspan="5"></td></tr>
</table>

模块九 机组资源管理

扫码在线测试

实训任务一 基础知识训练

基础知识训练报告与评价表

<table>
<tr><td>实训属性</td><td colspan="5">基础知识训练</td></tr>
<tr><td>实训目的</td><td colspan="5">通过练习，巩固对“机组资源管理”知识点的掌握</td></tr>
<tr><td rowspan="6">项目小组成员</td><td>姓名</td><td>班级</td><td>学号</td><td colspan="2">责任分工</td></tr>
<tr><td></td><td></td><td></td><td colspan="2"></td></tr>
<tr><td></td><td></td><td></td><td colspan="2"></td></tr>
<tr><td></td><td></td><td></td><td colspan="2"></td></tr>
<tr><td></td><td></td><td></td><td colspan="2"></td></tr>
<tr><td></td><td></td><td></td><td colspan="2"></td></tr>
<tr><td rowspan="2">实训方式和步骤</td><td colspan="5">随堂测：在规定的课堂时间完成闭卷测试</td></tr>
<tr><td colspan="5">小组 PK 赛：采用抢答形式，答对加 2 分，答错扣 1 分，小组成绩即为成员个人成绩</td></tr>
<tr><td rowspan="2">实训成果</td><td colspan="5">随堂测正确率 ________ /10 题</td></tr>
<tr><td colspan="5">小组 PK 赛成绩 ________ 分，名次 ________ / 共 ________ 组</td></tr>
<tr><td rowspan="6">实训过程评价</td><td colspan="3">评价指标</td><td>自评</td><td>组内互评</td></tr>
<tr><td colspan="3">达成本次实训项目目标（50 分，按正确率打分）</td><td></td><td></td></tr>
<tr><td colspan="3">着装符合课堂规范（5 分）</td><td></td><td></td></tr>
<tr><td colspan="3">遵守课堂纪律，做好安全防护，具备安全意识（5 分）</td><td></td><td></td></tr>
<tr><td colspan="3">掌握知识点，能对所学内容进行分析、总结（5 分）</td><td></td><td></td></tr>
<tr><td colspan="3">能有效利用资源查找信息，具备自主学习的能力（5 分）</td><td></td><td></td></tr>
</table>

续表

实训过程评价	能独立思考，融会贯通，提出自己的见解（5分）		
	能创新性地解决问题（5分）		
	注重团队协作，同学间团结友爱，共同解决问题（5分）		
	认同所学专业的价值，对学习抱有热情，在学习中获得满足感、成就感（5分）		
	具备理论应用于实践的能力（10分）		
小组活动经验总结			
个人总结和反思			

实训任务二　综合应用训练

一、收集各航空公司的案例，列举在工作过程中乘务员面临的来自旅客的威胁和挑战有哪些，完成后填写下表。

综合应用训练报告与评价表

实训属性	综合应用训练			
实训目的	认识乘务员在工作中面临的来自旅客的威胁和挑战			
项目小组成员	姓名	班级	学号	责任分工
实训方式和步骤	1. 结合上面的问题，以项目小组为单位开展讨论； 2. 各项目小组进行交流和互评； 3. 思考并总结，完成实训报告			
实训成果	讨论并总结：在工作过程中，乘务员面临的来自旅客的威胁和挑战			

续表

	评价指标	自评	组内互评
实训过程评价	达成本次实训项目目标（50分，按正确率打分）		
	着装符合课堂规范（5分）		
	遵守课堂纪律，做好安全防护，具备安全意识（5分）		
	掌握知识点，能对所学内容进行分析、总结（5分）		
	能有效利用资源查找信息，具备自主学习的能力（5分）		
	能独立思考，融会贯通，提出自己的见解（5分）		
	能创新性地解决问题（5分）		
	注重团队协作，同学间团结友爱，共同解决问题（5分）		
	认同所学专业的价值，对学习抱有热情，在学习中获得满足感、成就感（5分）		
	具备理论应用于实践的能力（10分）		
小组活动经验总结			
个人总结和反思			

二、根据所学专业知识和对岗位工作的了解，从乘务员的角度举例具体解释机组成员交流存在的障碍，并填写下表。

综合应用训练报告与评价表

实训属性	综合应用训练			
实训目的	充分认识机组成员交流存在的障碍			
项目小组成员	姓名	班级	学号	责任分工
实训方式和步骤	1. 结合上面的问题，以项目小组为单位开展讨论； 2. 各项目小组进行交流和互评； 3. 思考并总结，完成实训报告			
实训成果	举例解释并总结：机组成员交流存在的障碍			

续表

实训过程评价	评价指标	自评	组内互评
	达成本次实训项目目标（50分，按正确率打分）		
	着装符合课堂规范（5分）		
	遵守课堂纪律，做好安全防护，具备安全意识（5分）		
	掌握知识点，能对所学内容进行分析、总结（5分）		
	能有效利用资源查找信息，具备自主学习的能力（5分）		
	能独立思考，融会贯通，提出自己的见解（5分）		
	能创新性地解决问题（5分）		
	注重团队协作，同学间团结友爱，共同解决问题（5分）		
	认同所学专业的价值，对学习抱有热情，在学习中获得满足感、成就感（5分）		
	具备理论应用于实践的能力（10分）		
小组活动经验总结			
个人总结和反思			

实训任务三　素养提升训练

素养提升训练报告与评价表

实训属性	素养提升训练			
实训目的	通过小组课堂演讲的形式，进行素养提升教育，为民航强国事业培养接班人			
项目小组成员	姓名	班级	学号	责任分工
实训方式和步骤	1. 以项目小组为单位进行案例搜集，挖掘与课程相关的素养提升资源； 2. 各项目小组进行案例演讲和互评； 3. 思考并总结，完成实训报告			

续表

<table>
<tr><td>实训成果</td><td colspan="3">讨论并总结：通过该模块的学习，谈谈项目小组对所挖掘的素养提升资源的理解</td></tr>
<tr><td rowspan="11">实训过程评价</td><td>评价指标</td><td>自评</td><td>组内互评</td></tr>
<tr><td>达成本次实训项目目标（30 分）</td><td></td><td></td></tr>
<tr><td>演讲主题契合素养提升（10 分）</td><td></td><td></td></tr>
<tr><td>演讲主题与行业相关，增强职业认同感（10 分）</td><td></td><td></td></tr>
<tr><td>能完善自我，对自身成长起到正面激励作用（10 分）</td><td></td><td></td></tr>
<tr><td>能健全道德素养，增强社会责任感，培养积极正面的人生观、世界观（10 分）</td><td></td><td></td></tr>
<tr><td>能有效利用网络资源查找信息，具备自主学习的能力（5 分）</td><td></td><td></td></tr>
<tr><td>能独立思考，融会贯通，提出自己的见解（5 分）</td><td></td><td></td></tr>
<tr><td>能创新性地解决问题（5 分）</td><td></td><td></td></tr>
<tr><td>注重团队协作，同学间团结友爱，共同解决问题（10 分）</td><td></td><td></td></tr>
<tr><td>具备理论应用于实践的能力（5 分）</td><td></td><td></td></tr>
<tr><td>小组活动经验总结</td><td colspan="3"></td></tr>
<tr><td>个人总结和反思</td><td colspan="3"></td></tr>
</table>

模块十 机上医疗处置

扫码在线测试

实训任务一 基础知识训练

基础知识训练报告与评价表

<table>
<tr><td>实训属性</td><td colspan="4">基础知识训练</td></tr>
<tr><td>实训目的</td><td colspan="4">通过练习，巩固对“机上医疗处置”知识点的掌握</td></tr>
<tr><td rowspan="6">项目小组成员</td><td>姓名</td><td>班级</td><td>学号</td><td>责任分工</td></tr>
<tr><td></td><td></td><td></td><td></td></tr>
<tr><td></td><td></td><td></td><td></td></tr>
<tr><td></td><td></td><td></td><td></td></tr>
<tr><td></td><td></td><td></td><td></td></tr>
<tr><td></td><td></td><td></td><td></td></tr>
<tr><td rowspan="2">实训方式和步骤</td><td colspan="4">随堂测：在规定的课堂时间完成闭卷测试</td></tr>
<tr><td colspan="4">小组 PK 赛：采用抢答形式，答对加 2 分，答错扣 1 分，小组成绩即为成员个人成绩</td></tr>
<tr><td rowspan="2">实训成果</td><td colspan="4">随堂测正确率 ________ /10 题</td></tr>
<tr><td colspan="4">小组 PK 赛成绩 ________ 分，名次 ________ / 共 ________ 组</td></tr>
<tr><td rowspan="6">实训过程评价</td><td colspan="2">评价指标</td><td>自评</td><td>组内互评</td></tr>
<tr><td colspan="2">达成本次实训项目目标（50 分，按正确率打分）</td><td></td><td></td></tr>
<tr><td colspan="2">着装符合课堂规范（5 分）</td><td></td><td></td></tr>
<tr><td colspan="2">遵守课堂纪律，做好安全防护，具备安全意识（5 分）</td><td></td><td></td></tr>
<tr><td colspan="2">掌握知识点，能对所学内容进行分析、总结（5 分）</td><td></td><td></td></tr>
<tr><td colspan="2">能有效利用资源查找信息，具备自主学习的能力（5 分）</td><td></td><td></td></tr>
</table>

续表

实训过程评价	能独立思考，融会贯通，提出自己的见解（5 分）		
	能创新性地解决问题（5 分）		
	注重团队协作，同学间团结友爱，共同解决问题（5 分）		
	认同所学专业的价值，对学习抱有热情，在学习中获得满足感、成就感（5 分）		
	具备理论应用于实践的能力（10 分）		
小组活动经验总结			
个人总结和反思			

实训任务二　课堂实训

一、学生单独完成成人的心肺复苏，教师根据学生表现进行考核评价。

课堂实训报告与评价表（心肺复苏）

序号	项目	内容与要求	分值	得分
1	考核时间	5 分钟内完成	5	
2	观察环境，并做好自我防	观察并报告险情已排除，环境安全； 戴手套或口述已做好自我防护	5	
3	判断意识、呼吸	通过轻摇或轻拍打病人左右肩部，同时双耳呼叫："你怎么了？"轻拍重唤，如无反应即可判断为意识丧失； 从头部向脚下方向观察病人呼吸产生的胸部起伏，若意识丧失同时伴有起伏消失，则自主呼吸消失，即可判定为心搏骤停	10	
4	报告机长，表明身份，分配任务，寻求帮助	报告机长、乘务长； 表明救护员身份； 广播求助机上有无医护人员帮助； 取氧气瓶、AED 急救箱、应急医疗箱； 控制客舱，防止拍照、摄像	20	
5	徒手心肺复循环五次	将患者仰面置于客舱内平坦的地上； 按压部位：胸部正中两乳头连线中点（胸骨的中下段）实施胸外按压； 按压深度：最少 5 厘米； 按压频率：最少 100 次 / 分钟	40	

续表

序号	项目	内容与要求	分值	得分
5	徒手心肺复循环五次	按压 30 次后，清除口腔异物，打开气道，口对口吹气，观察其有无胸部起伏运动； 按压吹气比：30∶2		
6	除颤	将两个电极片置于患者胸壁的正确部位，确定无人员靠近，完成除颤	10	
7	打开气道评估呼吸	自主呼吸恢复，自主心律恢复，瞳孔由大变小，意识恢复，复苏有效，进行下一步生命支持	5	
8	复苏后护理	整理伤病员衣服，恢复体位，持续使用氧气瓶供氧，报告操作完毕	5	
合计			100	
备注	下列评价内容同时有效： 1. 判断意识：通过轻摇或轻拍打病人左右肩部，同时双耳呼叫其姓名，轻拍重唤，如无反应即可判断为意识丧失； 2. 判断呼吸和脉搏：将耳朵靠近病人口鼻上方 3 ～ 5 厘米处，眼睛看向胸廓，从头部向脚下方向观察病人呼吸产生的胸部起伏，若意识丧失同时伴有胸廓起伏消失，则可判定心搏骤停，需要进行心肺复苏抢救； 3. 再次评估呼吸脉搏：耳朵靠近病人口鼻上方 3 ～ 5 厘米处，眼睛看向胸廓，从头部向脚下方向观察病人呼吸产生的胸部起伏，同时食指、中指并拢查探颈动脉搏动处（气管正中部旁开两指至胸锁乳突肌前缘凹陷处），查探时间 5 ～ 8 秒，若脉搏恢复、自主呼吸恢复，复苏有效，进行下一步生命支持			

二、学生 2 人为一组，分别完成肱骨骨折包扎和头部三角巾包扎各一项，教师根据学生表现进行考核评价。

课堂实训报告与评价表（肱骨骨折包扎）

项目	内容与要求	分值	
考核时间	4 分钟内完成	10	
操作程序	1. 打开卷式夹板塑形，位于上臂内外两侧	10	
	2. 两块夹板，一块放于上臂内侧，从肘部到腋下，另一块放在上臂外侧，从肘部到肩部（或者：内侧位于腋窝处，外侧与肩平行），如果只有一块夹板，则置于上臂的外侧； 3. 将腋窝、肘关节处加垫，用绷带分别按照“先捆绑患肢的近心端，后捆绑远心端”的原则，绕肢体两周，并在肢体外侧打结固定； 4. 将患肢弯曲至 90 度位于胸前； 5. 用三角巾小悬臂法将手臂悬吊于胸前； 6. 用另一条三角巾将患肢固定于躯干处	60	
	7. 观察患肢手指端末梢血液循环情况	20	
合计		100	

课堂实训报告与评价表（头部三角巾包扎）

项目	内容与要求	分值	
考核时间	2 分钟内完成	10	
操作程序	1. 取一条三角巾，先将一干净的敷料置于头部伤口处； 2. 双手持三角巾两底角，将底边折叠约两指宽	10	
	3. 底边中点置于伤员额前齐眉处； 4. 两底角顺势向后，延外耳廓上沿拉至枕骨隆突以下交叉； 5. 将底边反折向上，延伤员外耳廓上缘绕至前额； 6. 在前额避开伤口，将三角巾底角打结，多余部分置于底边折叠处压紧； 7. 双手将三角巾顶角向两边拉平拉紧，使头部三角巾平整服帖	60	
	8. 将三角巾顶角卷起，整理后，压于底边交叉处	20	
合计		100	

实训任务三　综合应用训练

一、以乘务组为单位，搜集 3 个因机舱环境导致的常见病案例，记录下事件发生的经过、乘务员的处置护理流程。根据所学知识，讨论乘务员可以如何帮助旅客预防这些高空常见病，并填写下表。

提示：飞行中空气压力的变化对旅客的健康状况有重要的影响，但并非所有旅客都会意识到这一点。在高空环境中，机上乘员可能出现的病症有：高空缺氧、高空胃肠胀气、干眼症、航空性中耳炎、航空性鼻窦炎、航空性牙痛等。

综合应用训练报告与评价表（高空常见病）

实训属性	综合应用训练（高空常见病）			
实训目的	归纳总结高空常见病的种类和处置护理流程，帮助区分辨别并记忆			
项目小组成员	姓名	班级	学号	责任分工
实训方式和步骤	1. 结合上面的问题，以项目小组为单位开展讨论； 2. 各项目小组进行交流和互评； 3. 思考并总结，完成实训报告			

续表

<table>
<tr><td rowspan="3">实训成果</td><td colspan="3">案例 1：（时间、地点、经过、结果）

处置护理流程：

如何预防：</td></tr>
<tr><td colspan="3">案例 2：（时间、地点、经过、结果）

处置护理流程：

如何预防：</td></tr>
<tr><td colspan="3">案例 3：（时间、地点、经过、结果）

处置护理流程：

如何预防：</td></tr>
<tr><td rowspan="11">实训过程评价</td><td>评价指标</td><td>自评</td><td>组内互评</td></tr>
<tr><td>达成本次实训项目目标（50 分，按正确率打分）</td><td></td><td></td></tr>
<tr><td>着装符合课堂规范（5 分）</td><td></td><td></td></tr>
<tr><td>遵守课堂纪律，做好安全防护，具备安全意识（5 分）</td><td></td><td></td></tr>
<tr><td>掌握知识点，能对所学内容进行分析、总结（5 分）</td><td></td><td></td></tr>
<tr><td>能有效利用资源查找信息，具备自主学习的能力（5 分）</td><td></td><td></td></tr>
<tr><td>能独立思考，融会贯通，提出自己的见解（5 分）</td><td></td><td></td></tr>
<tr><td>能创新性地解决问题（5 分）</td><td></td><td></td></tr>
<tr><td>注重团队协作，同学间团结友爱，共同解决问题（5 分）</td><td></td><td></td></tr>
<tr><td>认同所学专业的价值，对学习抱有热情，在学习中获得满足感、成就感（5 分）</td><td></td><td></td></tr>
<tr><td>具备理论应用于实践的能力（10 分）</td><td></td><td></td></tr>
</table>

续表

小组活动经验总结	
个人总结和反思	

二、以乘务组为单位，搜集3个颠簸导致的客舱急救案例，记录下事件发生的经过、乘务员的处置护理流程。

综合应用训练报告与评价表（颠簸外伤急救）

<table>
<tr><td>实训属性</td><td colspan="5">综合应用训练（颠簸外伤急救）</td></tr>
<tr><td>实训目的</td><td colspan="5">归纳总结颠簸外伤急救的处置护理流程，帮助记忆</td></tr>
<tr><td rowspan="6">项目小组成员</td><td>姓名</td><td>班级</td><td>学号</td><td colspan="2">责任分工</td></tr>
<tr><td></td><td></td><td></td><td colspan="2"></td></tr>
<tr><td></td><td></td><td></td><td colspan="2"></td></tr>
<tr><td></td><td></td><td></td><td colspan="2"></td></tr>
<tr><td></td><td></td><td></td><td colspan="2"></td></tr>
<tr><td></td><td></td><td></td><td colspan="2"></td></tr>
<tr><td>实训方式和步骤</td><td colspan="5">1. 结合上面的问题，以项目小组为单位开展讨论；
2. 各项目小组进行交流和互评；
3. 思考并总结，完成实训报告</td></tr>
<tr><td>实训成果</td><td colspan="5">案例1：（时间、地点、经过、结果）

案例2：（时间、地点、经过、结果）

案例3：（时间、地点、经过、结果）

颠簸外伤急救的处置护理流程：</td></tr>
<tr><td rowspan="5">实训过程评价</td><td colspan="3">评价指标</td><td>自评</td><td>组内互评</td></tr>
<tr><td colspan="3">达成本次实训项目目标（50分，按正确率打分）</td><td></td><td></td></tr>
<tr><td colspan="3">着装符合课堂规范（5分）</td><td></td><td></td></tr>
<tr><td colspan="3">遵守课堂纪律，做好安全防护，具备安全意识（5分）</td><td></td><td></td></tr>
<tr><td colspan="3">掌握知识点，能对所学内容进行分析、总结（5分）</td><td></td><td></td></tr>
</table>

续表

实训过程评价	能有效利用资源查找信息，具备自主学习的能力（5 分）		
	能独立思考，融会贯通，提出自己的见解（5 分）		
	能创新性地解决问题（5 分）		
	注重团队协作，同学间团结友爱，共同解决问题（5 分）		
	认同所学专业的价值，对学习抱有热情，在学习中获得满足感、成就感（5 分）		
	具备理论应用于实践的能力（10 分）		
小组活动经验总结			
个人总结和反思			

实训任务四　素养提升训练

素养提升训练报告与评价表

实训属性	素养提升训练			
实训目的	通过小组课堂演讲的形式，进行素养提升教育，为民航强国事业培养接班人			
项目小组成员	姓名	班级	学号	责任分工
实训方式和步骤	1. 以项目小组为单位进行案例搜集，挖掘与课程相关的素养提升资源； 2. 各项目小组进行案例演讲和互评； 3. 思考并总结，完成实训报告			
实训成果	讨论并总结：通过该模块的学习，谈谈项目小组对所挖掘的素养提升资源的理解			

续表

	评价指标	自评	组内互评
实训过程评价	达成本次实训项目目标（30分）		
	演讲主题契合素养提升（10分）		
	演讲主题与行业相关，增强职业认同感（10分）		
	能完善自我，对自身成长起到正面激励作用（10分）		
	能健全道德素养，增强社会责任感，培养积极正面的人生观、世界观（10分）		
	能有效利用网络资源查找信息，具备自主学习的能力（5分）		
	能独立思考，融会贯通，提出自己的见解（5分）		
	能创新性地解决问题（5分）		
	注重团队协作，同学间团结友爱，共同解决问题（10分）		
	具备理论应用于实践的能力（5分）		
小组活动经验总结			
个人总结和反思			

模块十一 野外求生技能

扫码在线测试

实训任务一　基础知识训练

基础知识训练报告与评价表

实训属性	基础知识训练				
实训目的	通过练习，巩固对“野外求生技能”知识点的掌握				
项目小组成员	姓名	班级	学号	责任分工	
实训方式和步骤	随堂测：在规定的课堂时间完成闭卷测试				
	小组 PK 赛：采用抢答形式，答对加 2 分，答错扣 1 分，小组成绩即为成员个人成绩				
实训成果	随堂测正确率 ________ /10 题				
	小组 PK 赛成绩 ________ 分，名次 ________ / 共 ________ 组				
实训过程评价	评价指标			自评	组内互评
	达成本次实训项目目标（50 分，按正确率打分）				
	着装符合课堂规范（5 分）				
	遵守课堂纪律，做好安全防护，具备安全意识（5 分）				
	掌握知识点，能对所学内容进行分析、总结（5 分）				
	能有效利用资源查找信息，具备自主学习的能力（5 分）				

续表

实训过程评价	能独立思考，融会贯通，提出自己的见解（5分）		
	能创新性地解决问题（5分）		
	注重团队协作，同学间团结友爱，共同解决问题（5分）		
	认同所学专业的价值，对学习抱有热情，在学习中获得满足感、成就感（5分）		
	具备理论应用于实践的能力（10分）		
小组活动经验总结			
个人总结和反思			

实训任务二　综合应用训练

一、分析教材模块十一的案例导入的案例场景后，回顾所学知识，讨论完成以下任务，完成后填写下表。

1. 朱丽亚发现自己处于雨林后，可用哪些方式辨别方向？
2. 她可用哪些方法获得水？
3. 她应该怎样获得食物？
4. 她需要寻找或建立避难所吗？为什么？
5. 逃生期间，她应该如何保护自己？

综合应用训练报告与评价表

实训属性	综合应用训练			
实训目的	熟悉陆地求生技巧			
项目小组成员	姓名	班级	学号	责任分工

续表

<table>
<tr><td>实训方式和步骤</td><td colspan="3">1. 结合上面的问题，以项目小组为单位开展讨论；
2. 各项目小组进行交流和互评；
3. 思考并总结，完成实训报告</td></tr>
<tr><td>实训成果</td><td colspan="3">讨论并总结：
1. 朱丽亚发现自己处于雨林后，可用哪些方式辨别方向？

2. 她可用哪些方法获得水？

3. 她应该怎样获得食物？

4. 她需要寻找或建立避难所吗？为什么？

5. 逃生期间，她应该如何保护自己？</td></tr>
<tr><td rowspan="11">实训过程评价</td><td>评价指标</td><td>自评</td><td>组内互评</td></tr>
<tr><td>达成本次实训项目目标（50 分，按正确率打分）</td><td></td><td></td></tr>
<tr><td>着装符合课堂规范（5 分）</td><td></td><td></td></tr>
<tr><td>遵守课堂纪律，做好安全防护，具备安全意识（5 分）</td><td></td><td></td></tr>
<tr><td>掌握知识点，能对所学内容进行分析、总结（5 分）</td><td></td><td></td></tr>
<tr><td>能有效利用资源查找信息，具备自主学习的能力（5 分）</td><td></td><td></td></tr>
<tr><td>能独立思考，融会贯通，提出自己的见解（5 分）</td><td></td><td></td></tr>
<tr><td>能创新性地解决问题（5 分）</td><td></td><td></td></tr>
<tr><td>注重团队协作，同学间团结友爱，共同解决问题（5 分）</td><td></td><td></td></tr>
<tr><td>认同所学专业的价值，对学习抱有热情，在学习中获得满足感、成就感（5 分）</td><td></td><td></td></tr>
<tr><td>具备理论应用于实践的能力（10 分）</td><td></td><td></td></tr>
<tr><td>小组活动经验总结</td><td colspan="3"></td></tr>
<tr><td>个人总结和反思</td><td colspan="3"></td></tr>
</table>

二、完成以下任务，并填写实训报告。

坠机事故发生后，幸存的旅客登上救生筏在海上漂流，几天后漂到一个荒岛上。他们来自不同的国家，所使用的语言也不同，但每个人都或多或少地会讲一些中文。现在他们并不知道自己所处的位置在哪里，对岛上的情况也并不了解，不知道岛上会不会有人，会有什么人或动物，岛上的植物看起来都很奇怪。眼前是一片汪洋大海，不知何时才会有船只经过，何时才会有人来救援。他们每人有一件救生衣，身穿比较轻便的衣服。每个人有一条小毛巾，随身携带着一些钱和钥匙。此外，他们还共同拥有以下这些东西：一个打火机、一把瑞士军刀、一本航海地图册、二个指南针、几件厚的外套、一本英汉法德词典、一块大塑料布、一块手表、每个人平均两千克的水、五袋饼干、一瓶盐、三瓶带有法文说明的药、每人一副太阳眼镜、一面镜子、一段粗绳子。这 15 种物品对于求生都有一些作用。

1. 如果由你来决定的话，你觉得用于求生的这 15 种物品的重要性应如何排序？为什么？最重要的排序 1，最不重要的排序 15，排序时不可出现同顺位的情形。

2. 根据上述情景，综合所学求生知识，为这些求生旅客写出至少 10 项海上求生要点。

综合应用训练报告与评价表

<table>
<tr><td>实训属性</td><td colspan="4">综合应用训练</td></tr>
<tr><td>实训目的</td><td colspan="4">熟悉海上求生技巧</td></tr>
<tr><td rowspan="6">项目小组成员</td><td>姓名</td><td>班级</td><td>学号</td><td>责任分工</td></tr>
<tr><td></td><td></td><td></td><td></td></tr>
<tr><td></td><td></td><td></td><td></td></tr>
<tr><td></td><td></td><td></td><td></td></tr>
<tr><td></td><td></td><td></td><td></td></tr>
<tr><td></td><td></td><td></td><td></td></tr>
<tr><td>实训方式和步骤</td><td colspan="4">1. 结合上面的问题，以项目小组为单位开展讨论；
2. 各项目小组进行交流和互评；
3. 思考并总结，完成实训报告</td></tr>
<tr><td>实训成果</td><td colspan="4">讨论并总结：
1. 15 种物品的重要性排序及原因<table>
<tr><td>排序</td><td>物品</td><td>原因</td></tr>
<tr><td>1</td><td></td><td></td></tr>
<tr><td>2</td><td></td><td></td></tr>
<tr><td>3</td><td></td><td></td></tr>
<tr><td>4</td><td></td><td></td></tr>
<tr><td>5</td><td></td><td></td></tr>
<tr><td>6</td><td></td><td></td></tr>
<tr><td>7</td><td></td><td></td></tr>
<tr><td>8</td><td></td><td></td></tr>
<tr><td>9</td><td></td><td></td></tr>
<tr><td>10</td><td></td><td></td></tr>
<tr><td>11</td><td></td><td></td></tr>
<tr><td>12</td><td></td><td></td></tr>
<tr><td>13</td><td></td><td></td></tr>
<tr><td>14</td><td></td><td></td></tr>
<tr><td>15</td><td></td><td></td></tr>
</table>2. 至少 10 项海上求生要点</td></tr>
</table>

续表

实训过程评价	评价指标	自评	组内互评
	达成本次实训项目目标（50分，按正确率打分）		
	着装符合课堂规范（5分）		
	遵守课堂纪律，做好安全防护，具备安全意识（5分）		
	掌握知识点，能对所学内容进行分析、总结（5分）		
	能有效利用资源查找信息，具备自主学习的能力（5分）		
	能独立思考，融会贯通，提出自己的见解（5分）		
	能创新性地解决问题（5分）		
	注重团队协作，同学间团结友爱，共同解决问题（5分）		
	认同所学专业的价值，对学习抱有热情，在学习中获得满足感、成就感（5分）		
	具备理论应用于实践的能力（10分）		
小组活动经验总结			
个人总结和反思			

实训任务三　素养提升训练

素养提升训练报告与评价表

实训属性	素养提升训练			
实训目的	通过小组课堂演讲的形式，进行素养提升教育，为民航强国事业培养接班人			
项目小组成员	姓名	班级	学号	责任分工
实训方式和步骤	1. 以项目小组为单位进行案例搜集，挖掘与课程相关的素养提升资源； 2. 各项目小组进行案例演讲和互评； 3. 思考并总结，完成实训报告			

续表

<table>
<tr><td>实训成果</td><td colspan="3">讨论并总结：通过该模块的学习，谈谈项目小组对所挖掘的素养提升资源的理解</td></tr>
<tr><td rowspan="11">实训过程评价</td><td>评价指标</td><td>自评</td><td>组内互评</td></tr>
<tr><td>达成本次实训项目目标（30 分）</td><td></td><td></td></tr>
<tr><td>演讲主题契合素养提升（10 分）</td><td></td><td></td></tr>
<tr><td>演讲主题与行业相关，增强职业认同感（10 分）</td><td></td><td></td></tr>
<tr><td>能完善自我，对自身成长起到正面激励作用（10 分）</td><td></td><td></td></tr>
<tr><td>能健全道德素养，增强社会责任感，培养积极正面的人生观、世界观（10 分）</td><td></td><td></td></tr>
<tr><td>能有效利用网络资源查找信息，具备自主学习的能力（5 分）</td><td></td><td></td></tr>
<tr><td>能独立思考，融会贯通，提出自己的见解（5 分）</td><td></td><td></td></tr>
<tr><td>能创新性地解决问题（5 分）</td><td></td><td></td></tr>
<tr><td>注重团队协作，同学间团结友爱，共同解决问题（10 分）</td><td></td><td></td></tr>
<tr><td>具备理论应用于实践的能力（5 分）</td><td></td><td></td></tr>
<tr><td>小组活动经验总结</td><td colspan="3"></td></tr>
<tr><td>个人总结和反思</td><td colspan="3"></td></tr>
</table>

模块十二 机组成员安全管理

扫码在线测试

实训任务一 基础知识训练

基础知识训练报告与评价表

实训属性	基础知识训练			
实训目的	通过练习，巩固对“机组成员安全管理”知识点的掌握			
项目小组成员	姓名	班级	学号	责任分工
实训方式和步骤	随堂测：在规定的课堂时间完成闭卷测试			
	小组 PK 赛：采用抢答形式，答对加 2 分，答错扣 1 分，小组成绩即为成员个人成绩			
实训成果	随堂测正确率 ________ /10 题			
	小组 PK 赛成绩 ________ 分，名次 ________ / 共 ________ 组			
实训过程评价	评价指标	自评	组内互评	
	达成本次实训项目目标（50 分，按正确率打分）			
	着装符合课堂规范（5 分）			
	遵守课堂纪律，做好安全防护，具备安全意识（5 分）			
	掌握知识点，能对所学内容进行分析、总结（5 分）			
	能有效利用资源查找信息，具备自主学习的能力（5 分）			

续表

实训过程评价	能独立思考，融会贯通，提出自己的见解（5分）		
	能创新性地解决问题（5分）		
	注重团队协作，同学间团结友爱，共同解决问题（5分）		
	认同所学专业的价值，对学习抱有热情，在学习中获得满足感、成就感（5分）		
	具备理论应用于实践的能力（10分）		
小组活动经验总结			
个人总结和反思			

实训任务二　综合应用训练

一、机组成员在严格管制的环境中工作，因此必须制定明确的机上指挥和管理权，以便让每位机组成员了解各自的职责，以及能够在正常或紧急情况下接替生病、受伤或失能的机组成员对客舱进行管理。请讨论机上指挥权的顺序，并填写下表。

综合应用训练报告与评价表

实训属性	综合应用训练			
实训目的	能掌握机上指挥权的接替顺序			
项目小组成员	姓名	班级	学号	责任分工
实训方式和步骤	1. 结合上面的问题，以项目小组为单位开展讨论； 2. 各项目小组进行交流和互评； 3. 思考并总结，完成实训报告			
实训成果	讨论并总结：机上指挥权的顺序			

续表

实训过程评价	评价指标	自评	组内互评
	达成本次实训项目目标（50分，按正确率打分）		
	着装符合课堂规范（5分）		
	遵守课堂纪律，做好安全防护，具备安全意识（5分）		
	掌握知识点，能对所学内容进行分析、总结（5分）		
	能有效利用资源查找信息，具备自主学习的能力（5分）		
	能独立思考，融会贯通，提出自己的见解（5分）		
	能创新性地解决问题（5分）		
	注重团队协作，同学间团结友爱，共同解决问题（5分）		
	认同所学专业的价值，对学习抱有热情，在学习中获得满足感、成就感（5分）		
	具备理论应用于实践的能力（10分）		
小组活动经验总结			
个人总结和反思			

二、保持机警性执行飞行任务是至关重要的。因此，必须采取适当的措施预防因睡眠障碍或昼夜节律紊乱而对飞行会产生负面影响。请讨论如何更好地进行疲劳管理，并填写下表。

综合应用训练报告与评价表

实训属性	综合应用训练			
实训目的	能掌握疲劳管理的策略			
项目小组成员	姓名	班级	学号	责任分工
实训方式和步骤	1. 结合上面的问题，以项目小组为单位开展讨论； 2. 各项目小组进行交流和互评； 3. 思考并总结，完成实训报告			

续表

实训成果	讨论并总结：疲劳管理的策略		
实训过程评价	评价指标	自评	组内互评
	达成本次实训项目目标（50 分，按正确率打分）		
	着装符合课堂规范（5 分）		
	遵守课堂纪律，做好安全防护，具备安全意识（5 分）		
	掌握知识点，能对所学内容进行分析、总结（5 分）		
	能有效利用资源查找信息，具备自主学习的能力（5 分）		
	能独立思考，融会贯通，提出自己的见解（5 分）		
	能创新性地解决问题（5 分）		
	注重团队协作，同学间团结友爱，共同解决问题（5 分）		
	认同所学专业的价值，对学习抱有热情，在学习中获得满足感、成就感（5 分）		
	具备理论应用于实践的能力（10 分）		
小组活动经验总结			
个人总结和反思			

实训任务三　素养提升训练

素养提升训练报告与评价表

实训属性	素养提升训练			
实训目的	通过小组课堂演讲的形式，进行素养提升教育，为民航强国事业培养接班人			
项目小组成员	姓名	班级	学号	责任分工

续表

<table>
<tr><td>实训方式和步骤</td><td colspan="3">1. 以项目小组为单位进行案例搜集，挖掘与课程相关的素养提升资源；
2. 各项目小组进行案例演讲和互评；
3. 思考并总结，完成实训报告</td></tr>
<tr><td>实训成果</td><td colspan="3">讨论并总结：通过该模块的学习，谈谈项目小组对所挖掘的素养提升资源的理解</td></tr>
<tr><td rowspan="11">实训过程评价</td><td>评价指标</td><td>自评</td><td>组内互评</td></tr>
<tr><td>达成本次实训项目目标（30 分）</td><td></td><td></td></tr>
<tr><td>演讲主题契合素养提升（10 分）</td><td></td><td></td></tr>
<tr><td>演讲主题与行业相关，增强职业认同感（10 分）</td><td></td><td></td></tr>
<tr><td>能完善自我，对自身成长起到正面激励作用（10 分）</td><td></td><td></td></tr>
<tr><td>能健全道德素养，增强社会责任感，培养积极正面的人生观、世界观（10 分）</td><td></td><td></td></tr>
<tr><td>能有效利用网络资源查找信息，具备自主学习的能力（5 分）</td><td></td><td></td></tr>
<tr><td>能独立思考，融会贯通，提出自己的见解（5 分）</td><td></td><td></td></tr>
<tr><td>能创新性地解决问题（5 分）</td><td></td><td></td></tr>
<tr><td>注重团队协作，同学间团结友爱，共同解决问题（10 分）</td><td></td><td></td></tr>
<tr><td>具备理论应用于实践的能力（5 分）</td><td></td><td></td></tr>
<tr><td>小组活动经验总结</td><td colspan="3"></td></tr>
<tr><td>个人总结和反思</td><td colspan="3"></td></tr>
</table>

模块十三 机上危险品

扫码在线测试

实训任务一 基础知识训练

基础知识训练报告与评价表

<table>
<tr><td>实训属性</td><td colspan="6">基础知识训练</td></tr>
<tr><td>实训目的</td><td colspan="6">通过练习，巩固对“机上危险品”知识点的掌握</td></tr>
<tr><td rowspan="6">项目小组成员</td><td>姓名</td><td>班级</td><td>学号</td><td colspan="3">责任分工</td></tr>
<tr><td></td><td></td><td></td><td colspan="3"></td></tr>
<tr><td></td><td></td><td></td><td colspan="3"></td></tr>
<tr><td></td><td></td><td></td><td colspan="3"></td></tr>
<tr><td></td><td></td><td></td><td colspan="3"></td></tr>
<tr><td></td><td></td><td></td><td colspan="3"></td></tr>
<tr><td rowspan="2">实训方式和步骤</td><td colspan="6">随堂测：在规定的课堂时间完成闭卷测试</td></tr>
<tr><td colspan="6">小组 PK 赛：采用抢答形式，答对加 2 分，答错扣 1 分，小组成绩即为成员个人成绩</td></tr>
<tr><td rowspan="2">实训成果</td><td colspan="6">随堂测正确率 ________ /10 题</td></tr>
<tr><td colspan="6">小组 PK 赛成绩 ________ 分，名次 ________ / 共 ________ 组</td></tr>
<tr><td rowspan="6">实训过程评价</td><td colspan="4">评价指标</td><td>自评</td><td>组内互评</td></tr>
<tr><td colspan="4">达成本次实训项目目标（50 分，按正确率打分）</td><td></td><td></td></tr>
<tr><td colspan="4">着装符合课堂规范（5 分）</td><td></td><td></td></tr>
<tr><td colspan="4">遵守课堂纪律，做好安全防护，具备安全意识（5 分）</td><td></td><td></td></tr>
<tr><td colspan="4">掌握知识点，能对所学内容进行分析、总结（5 分）</td><td></td><td></td></tr>
<tr><td colspan="4">能有效利用资源查找信息，具备自主学习的能力（5 分）</td><td></td><td></td></tr>
</table>

续表

实训过程评价	能独立思考，融会贯通，提出自己的见解（5分）		
	能创新性地解决问题（5分）		
	注重团队协作，同学间团结友爱，共同解决问题（5分）		
	认同所学专业的价值，对学习抱有热情，在学习中获得满足感、成就感（5分）		
	具备理论应用于实践的能力（10分）		
小组活动经验总结			
个人总结和反思			

实训任务二　综合应用训练

一、为了便于制定相应的运输条件，采取相应的防护措施，以及一旦发生事故便于施救，按危险货物性质相近、运输条件相同的原则，将危险品货物分为九类。请进行航空危险品分类并分别列举样例，填写实训报告。

综合应用训练报告与评价表

实训属性	综合应用训练			
实训目的	通过实际举例，掌握航空危险品的具体分类			
项目小组成员	姓名	班级	学号	责任分工
实训方式和步骤	1. 结合上面的问题，以项目小组为单位开展研讨； 2. 各项目小组进行交流和互评； 3. 思考并总结，完成实训报告			
实训成果	讨论并分析：危险品的分类			

续表

实训过程评价	评价指标	自评	组内互评
	达成本次实训项目目标（50分，按正确率打分）		
	着装符合课堂规范（5分）		
	遵守课堂纪律，做好安全防护，具备安全意识（5分）		
	掌握知识点，能对所学内容进行分析、总结（5分）		
	能有效利用资源查找信息，具备自主学习的能力（5分）		
	能独立思考，融会贯通，提出自己的见解（5分）		
	能创新性地解决问题（5分）		
	注重团队协作，同学间团结友爱，共同解决问题（5分）		
	认同所学专业的价值，对学习抱有热情，在学习中获得满足感、成就感（5分）		
	具备理论应用于实践的能力（10分）		
小组活动经验总结			
个人总结和反思			

二、某些危险品过于危险而不能用航空器载运，有些危险品只能由货机载运，还有某些危险品客机和货机都可以运输。请分析不同危险品的运输限制。

综合应用训练报告与评价表

实训属性	综合应用训练			
实训目的	掌握危险品运输限制知识			
项目小组成员	姓名	班级	学号	责任分工
实训方式和步骤	1. 结合上面的问题，以项目小组为单位开展讨论； 2. 各项目小组进行交流和互评； 3. 思考并总结，完成实训报告			

续表

<table>
<tr><td>实训成果</td><td colspan="3">讨论并分析：
1. 何种危险品在任何情况下都禁止空运？

2. 指出下列物品可能含有哪些危险品：旅客行李、飞机零部件、电冰箱、野营用品、潜水设备、摄像器材

3. 下列何种物品需要得到经营人的许可：小型医用温度计、安全火柴、运动子弹、节能灯泡</td></tr>
<tr><td rowspan="11">实训过程评价</td><td>评价指标</td><td>自评</td><td>组内互评</td></tr>
<tr><td>达成本次实训项目目标（50 分，按正确率打分）</td><td></td><td></td></tr>
<tr><td>着装符合课堂规范（5 分）</td><td></td><td></td></tr>
<tr><td>遵守课堂纪律，做好安全防护，具备安全意识（5 分）</td><td></td><td></td></tr>
<tr><td>掌握知识点，能对所学内容进行分析、总结（5 分）</td><td></td><td></td></tr>
<tr><td>能有效利用资源查找信息，具备自主学习的能力（5 分）</td><td></td><td></td></tr>
<tr><td>能独立思考，融会贯通，提出自己的见解（5 分）</td><td></td><td></td></tr>
<tr><td>能创新性地解决问题（5 分）</td><td></td><td></td></tr>
<tr><td>注重团队协作，同学间团结友爱，共同解决问题（5 分）</td><td></td><td></td></tr>
<tr><td>认同所学专业的价值，对学习抱有热情，在学习中获得满足感、成就感（5 分）</td><td></td><td></td></tr>
<tr><td>具备理论应用于实践的能力（10 分）</td><td></td><td></td></tr>
<tr><td>小组活动经验总结</td><td colspan="3"></td></tr>
<tr><td>个人总结和反思</td><td colspan="3"></td></tr>
</table>

三、某航班在平飞过程中，被警告有爆炸物，作为乘务员，应当如何与机上所有机组成员通力合作，解除爆炸物威胁？请就此事编写方案，并填写实训报告。

综合应用训练报告与评价表

实训属性	综合应用训练
实训目的	掌握空中解除爆炸物威胁的处置方法

续表

<table>
<tr><td rowspan="6">项目小组成员</td><td>姓名</td><td>班级</td><td>学号</td><td colspan="2">责任分工</td></tr>
<tr><td></td><td></td><td></td><td colspan="2"></td></tr>
<tr><td></td><td></td><td></td><td colspan="2"></td></tr>
<tr><td></td><td></td><td></td><td colspan="2"></td></tr>
<tr><td></td><td></td><td></td><td colspan="2"></td></tr>
<tr><td></td><td></td><td></td><td colspan="2"></td></tr>
<tr><td>实训方式和步骤</td><td colspan="5">1. 结合上面的问题，以项目小组为单位开展讨论；
2. 各项目小组进行交流和互评；
3. 思考并总结，完成实训报告</td></tr>
<tr><td>实训成果</td><td colspan="5">讨论并总结：空中解除爆炸物威胁处置方案
1. 任务流程

2. 操作步骤</td></tr>
<tr><td rowspan="11">实训过程评价</td><td colspan="3">评价指标</td><td>自评</td><td>组内互评</td></tr>
<tr><td colspan="3">达成本次实训项目目标（50 分，按正确率打分）</td><td></td><td></td></tr>
<tr><td colspan="3">着装符合课堂规范（5 分）</td><td></td><td></td></tr>
<tr><td colspan="3">遵守课堂纪律，做好安全防护，具备安全意识（5 分）</td><td></td><td></td></tr>
<tr><td colspan="3">掌握知识点，能对所学内容进行分析、总结（5 分）</td><td></td><td></td></tr>
<tr><td colspan="3">能有效利用资源查找信息，具备自主学习的能力（5 分）</td><td></td><td></td></tr>
<tr><td colspan="3">能独立思考，融会贯通，提出自己的见解（5 分）</td><td></td><td></td></tr>
<tr><td colspan="3">能创新性地解决问题（5 分）</td><td></td><td></td></tr>
<tr><td colspan="3">注重团队协作，同学间团结友爱，共同解决问题（5 分）</td><td></td><td></td></tr>
<tr><td colspan="3">认同所学专业的价值，对学习抱有热情，在学习中获得满足感、成就感（5 分）</td><td></td><td></td></tr>
<tr><td colspan="3">具备理论应用于实践的能力（10 分）</td><td></td><td></td></tr>
<tr><td>小组活动经验总结</td><td colspan="5"></td></tr>
<tr><td>个人总结和反思</td><td colspan="5"></td></tr>
</table>

四、遇到机上有危险品出现火情或渗透，我们应当如何处置？请小组讨论完成并填写实训报告。

综合应用训练报告与评价表

<table>
<tr><td>实训属性</td><td colspan="5">综合应用训练</td></tr>
<tr><td>实训目的</td><td colspan="5">掌握机上危险品发生火情或者渗漏的处置方法</td></tr>
<tr><td rowspan="6">项目小组成员</td><td>姓名</td><td>班级</td><td>学号</td><td colspan="2">责任分工</td></tr>
<tr><td></td><td></td><td></td><td colspan="2"></td></tr>
<tr><td></td><td></td><td></td><td colspan="2"></td></tr>
<tr><td></td><td></td><td></td><td colspan="2"></td></tr>
<tr><td></td><td></td><td></td><td colspan="2"></td></tr>
<tr><td></td><td></td><td></td><td colspan="2"></td></tr>
<tr><td>实训方式和步骤</td><td colspan="5">1. 结合上面的问题，以项目小组为单位开展讨论；
2. 各项目小组进行交流和互评；
3. 思考并总结，完成实训报告</td></tr>
<tr><td>实训成果</td><td colspan="5">讨论并总结：机上危险品发生火情或者渗漏的处置方案</td></tr>
<tr><td rowspan="11">实训过程评价</td><td colspan="3">评价指标</td><td>自评</td><td>组内互评</td></tr>
<tr><td colspan="3">达成本次实训项目目标（50 分，按正确率打分）</td><td></td><td></td></tr>
<tr><td colspan="3">着装符合课堂规范（5 分）</td><td></td><td></td></tr>
<tr><td colspan="3">遵守课堂纪律，做好安全防护，具备安全意识（5 分）</td><td></td><td></td></tr>
<tr><td colspan="3">掌握知识点，能对所学内容进行分析、总结（5 分）</td><td></td><td></td></tr>
<tr><td colspan="3">能有效利用资源查找信息，具备自主学习的能力（5 分）</td><td></td><td></td></tr>
<tr><td colspan="3">能独立思考，融会贯通，提出自己的见解（5 分）</td><td></td><td></td></tr>
<tr><td colspan="3">能创新性地解决问题（5 分）</td><td></td><td></td></tr>
<tr><td colspan="3">注重团队协作，同学间团结友爱，共同解决问题（5 分）</td><td></td><td></td></tr>
<tr><td colspan="3">认同所学专业的价值，对学习抱有热情，在学习中获得满足感、成就感（5 分）</td><td></td><td></td></tr>
<tr><td colspan="3">具备理论应用于实践的能力（10 分）</td><td></td><td></td></tr>
<tr><td>小组活动经验总结</td><td colspan="5"></td></tr>
<tr><td>个人总结和反思</td><td colspan="5"></td></tr>
</table>

实训任务三　素养提升训练

素养提升训练报告与评价表

<table>
<tr><td>实训属性</td><td colspan="4">素养提升训练</td></tr>
<tr><td>实训目的</td><td colspan="4">通过小组课堂演讲的形式，进行素养提升教育，为民航强国事业培养接班人</td></tr>
<tr><td rowspan="6">项目小组成员</td><td>姓名</td><td>班级</td><td>学号</td><td>责任分工</td></tr>
<tr><td></td><td></td><td></td><td></td></tr>
<tr><td></td><td></td><td></td><td></td></tr>
<tr><td></td><td></td><td></td><td></td></tr>
<tr><td></td><td></td><td></td><td></td></tr>
<tr><td></td><td></td><td></td><td></td></tr>
<tr><td>实训方式和步骤</td><td colspan="4">1. 以项目小组为单位进行案例搜集，挖掘与课程相关的素养提升资源；
2. 各项目小组进行案例演讲和互评；
3. 思考并总结，完成实训报告</td></tr>
<tr><td>实训成果</td><td colspan="4">讨论并总结：通过该模块的学习，谈谈项目小组对所挖掘的素养提升资源的理解</td></tr>
<tr><td rowspan="11">实训过程评价</td><td colspan="2">评价指标</td><td>自评</td><td>组内互评</td></tr>
<tr><td colspan="2">达成本次实训项目目标（30 分）</td><td></td><td></td></tr>
<tr><td colspan="2">演讲主题契合素养提升（10 分）</td><td></td><td></td></tr>
<tr><td colspan="2">演讲主题与行业相关，增强职业认同感（10 分）</td><td></td><td></td></tr>
<tr><td colspan="2">能完善自我，对自身成长起到正面激励作用（10 分）</td><td></td><td></td></tr>
<tr><td colspan="2">能健全道德素养，增强社会责任感，培养积极正面的人生观、世界观（10 分）</td><td></td><td></td></tr>
<tr><td colspan="2">能有效利用网络资源查找信息，具备自主学习的能力（5 分）</td><td></td><td></td></tr>
<tr><td colspan="2">能独立思考，融会贯通，提出自己的见解（5 分）</td><td></td><td></td></tr>
<tr><td colspan="2">能创新性地解决问题（5 分）</td><td></td><td></td></tr>
<tr><td colspan="2">注重团队协作，同学间团结友爱，共同解决问题（10 分）</td><td></td><td></td></tr>
<tr><td colspan="2">具备理论应用于实践的能力（5 分）</td><td></td><td></td></tr>
<tr><td>小组活动经验总结</td><td colspan="4"></td></tr>
<tr><td>个人总结和反思</td><td colspan="4"></td></tr>
</table>